建築知識
kenchikuchishiki

# 世界で一番くわしい

# 建築構造 最新版

# 11

江尻憲泰 著
Norihiro Ejiri

X-Knowledge

本文デザイン　　　　　　ユーホーワークス
カバー・表紙デザイン　　細山田デザイン事務所
印刷・製本　　　　　　　シナノ書籍印刷

# はじめに

　本書は、既刊である「世界で一番やさしい建築構造」に用語解説などを盛り込んで再構成し、建物にかかる荷重の種類から具体的な設計手法、構造計算の基本までを網羅した解説書です。実務を始めたばかりの意匠設計者や学生にも読みやすい内容となることを意図して、2012年に初版を出版しました。

　おかげさまで、皆様からのご好評をいただき、この度改訂版を出版することとなりました。この10年の間に、技術の革新や大きな災害などがあり、建築を取り巻く環境は大きな変化を遂げています。改訂版では、現代の情勢に合わせて少し手直しをしています。

　「建築構造」と聞くと、難しい数式だらけでとっつき難いというイメージを持たれている方が多いのではないでしょうか。確かに構造設計の現場では、電卓や計算機を駆使して計算を行います。しかしその一方で、業務の80〜90%は意匠設計者との打ち合わせや材料の選定、構造システムの検討といった、計算という作業からはおよそかけ離れた業務で占められています。構造設計者にとって計算はもちろん重要ですが、決して計算だけができればよいというわけではないのです。

　こうした背景を鑑み、本書では、建築構造を計算ではなく知識として理解できるよう、できる限り計算部分を少なくして、実務全般にわたる内容としています。

　建築構造は、人の安全性確保や、人々が快適に生活できる空間をつくり出すためにたいへん重要な要素です。本書は広範な読者を対象とはしていますが、本書を読み、建築構造に興味を持って構造設計の道へと進んでくれる諸氏が現れることを願っています。

　また、建築は多くの人と人との繋がりでつくられますから、お互いに話が通じなければなりません。会話を円滑にするためにも、相手の分野に対する知識が必要です。意匠設計者を目指す読者には、構造設計者との会話や、建築主に構造の話をするときの知識として、本書がお役に立てば幸いです。

2022 年 5 月吉日　　　江尻憲泰

注　本書は、2012年1月に発刊した『世界で一番くわしい建築構造』を加筆・修正したものです

CONTENTS

## CHAPTER 3
# 構造部材の設計

## CHAPTER 4
# 地震に負けない建築

## CHAPTER 5
# 構造設計の実務

## CHAPTER 6
# 構造計算の実務と法規

CHAPTER **1**

# 荷重と外力

# 建物に作用する力

建物への荷重は、固定荷重、積載荷重、積雪荷重、地震力、風圧力の5つで、複数を合わせて構造計算する

## 鉛直荷重と水平力

建物にはさまざまな力が加わるが、基本的には鉛直荷重と水平力の2つがある。鉛直荷重は、固定荷重、積載荷重、積雪荷重に分けられ、水平力には、地震による地震力（地震荷重：K）と風の力による風圧力（風荷重：W）がある。

固定荷重（G）や積載荷重（P）のように、建物に常に作用する力を長期荷重（G＋P）といい、地震や風のように短期間だけ作用する荷重を短期荷重という。これらを地震時はG＋P＋K、暴風時はG＋P＋Wのように組み合わせて構造計算しなければならない。なお、地震時と暴風時が重なる確率は低いため、風荷重と地震荷重を組み合わせる必要はない。

このほかに、建物周囲の地盤や地下水によって基礎にかかる土圧や水圧、部材が寒暖によって収縮・膨張することで発生する温度応力、人が室内で飛び跳ねたときなどに発生する衝撃荷重、工場などでは、クレーンなどの設備機器が移動するたびに起こる振動による繰返荷重も考慮して構造設計しなければならない。

## 区域で変わる積雪荷重の扱い

積雪荷重の目安は、一般に1cm当たり20N/m²として計算し、年間を通してあまり雪の降らない一般区域では、最大積雪深から算出した荷重（積雪荷重：S）を短期荷重として扱う。一方、多雪区域では、長期間の積雪が見込まれるため、短期荷重だけではなく長期荷重としても積雪荷重を考慮し、その場合は、積雪荷重を0.7倍した値とする。

多雪区域では、積雪荷重と風荷重や地震荷重が同時に建物に生じる可能性があるため、地震時や暴風時に対する構造計算では、地震荷重や風荷重に積雪荷重を組み合わせて検討する必要がある。この場合は、積雪荷重を0.35倍した値を短期荷重として見込む。

● 土圧
地中にはたらく上下左右の地盤からの圧力。建物や擁壁が土と接する面にはたらく土からの圧力も含む

● 温度応力
熱応力ともいい、温度が上昇や下降する温度差によって、構造物に発生する応力を指す

● 衝撃荷重
短時間に急激に加えられる荷重

● 繰返荷重
方向が同じで、大きさが時間によって変わる荷重

## 荷重の種類

|  | 一般地域 | 多雪区域 |
|---|---|---|
| 常時荷重 | ● 固定荷重<br>● 積載荷重 | ● 固定荷重<br>● 積載荷重<br>● 積雪荷重 |
| 臨時荷重 | ● 地震力<br>● 風圧力<br>● 積雪荷重 | ● 地震力<br>● 風圧力 |

## 鉛直荷重

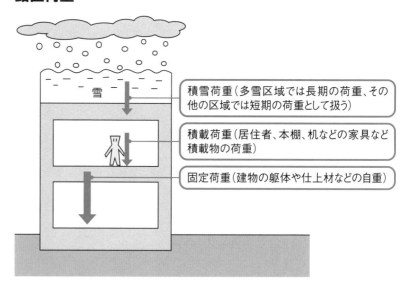

雪

積雪荷重（多雪区域では長期の荷重、その他の区域では短期の荷重として扱う）

積載荷重（居住者、本棚、机などの家具など積載物の荷重）

固定荷重（建物の躯体や仕上材などの自重）

# 水平力

## ①地震力

左右に揺れる

## ②風圧力

左右に揺れる

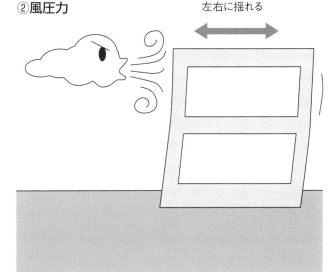

# そのほかの外力

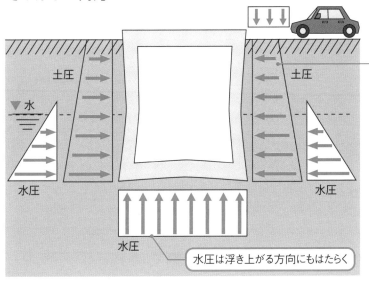

車などの上載荷重も土圧になる

土圧

土圧

▽水

水圧

水圧

水圧

水圧は浮き上がる方向にもはたらく

> 建物には、このほかにも、地盤や地下水によって基礎にかかる土圧・水圧、日射などの熱による温度応力、物がぶつかったときに生じる衝撃荷重、設備機器の移動による繰返荷重などが作用する

# 積雪の取り扱い方

| | | | |
|---|---|---|---|
| 一般区域 | 最大積雪深(S) | 1週間後 雪が残っていない | 積雪しても、すぐに雪が溶けてしまうため、積雪荷重は短期の荷重として扱う |
| 多雪区域 | 最大積雪深(S) | 1カ月後 雪がまだ残っている | 積雪した雪はすぐには溶けない。そのため、積雪荷重は、長期の荷重として扱う。ただし、最大積雪深の0.7倍として計算する。また、積雪時に地震が起こる可能性はあまり高くないので、地震力の計算の際は、最大積雪深の0.35倍の積雪過重で計算する |

積雪荷重（N/㎡）＝積雪の単位重量（深さ1cm当たり、N/㎡）×垂直積雪量（cm）×屋根形状係数

注　積雪の単位重量：一般区域20N/㎡、多雪区域30N/㎡

# 固定荷重と積載荷重

## 固定荷重は実際に使う部材の荷重。
## 積載荷重は構造計算の対象により、法規で定められた数値を用いる

### 固定荷重とは

固定荷重は、建物の構造設計をするうえで最初に把握しなければならない荷重である。力の方向が常に一定であるため、死荷重（Dead Load：DL）とも呼ばれる。

固定荷重には、柱、梁、床などの構造躯体、外壁や床、天井などの仕上材などの荷重が含まれる。設備は、通常、積載荷重に含めるが、特に重い設備を設置するときは固定荷重として扱う場合もある。このほか、配管や耐火被覆材の荷重なども固定荷重に含まれる。

固定荷重を算出するには、部材や仕上材の単位当たりの重量に注目する。主な構造材料では、木が$8kN/m^3$、鉄が$78kN/m^3$、コンクリートが$23 \sim 24kN/m^3$（軽量コンクリートならば$17 \sim 21kN/m^3$）となる。

建築基準法施行令84条には、建物の部分、種別と単位面積当たりの荷重が規定されているが、実情に合わせた構造計算をするには、メーカーのカタログなどを参考にして実際に使う部材の荷重で計算することが望ましい。

### 積載荷重とは

積載荷重とは、建物のなかの人や家具、物品などの荷重のことである。力の大きさや荷重の位置が一定でないため活荷重（Live Load：LL）ともいう。

積載荷重は建物の用途や居室の種類、構造計算の対象ごとに建築基準法施行令85条に計算用の数値が定められている。床の計算用、柱・大梁・基礎の計算用、地震力の計算用の3つがあり、床用、柱・大梁・基礎用、地震用の順番に値が小さくなる。

ただし、ピアノや本棚など、特に荷重の大きいものを設置する場合、建物の一定部分に集中的に荷重がかかるため、別途、構造計算する必要がある。

● 死荷重
物体にはたらく力の大きさや方向が時間に関係なく一定であるような荷重のこと。外部からかかる重さを除外した、構造物自体の重さであり、静荷重ともいう

● kN（キロニュートン）
応力などの力の単位。
$1t = 9.80665kN$

● 活荷重
動荷重ともいい、物体にはたらく力の大きさや方向が時間とともに変化するような荷重

## 構造計算用の積載荷重（令85条）

| 室の種類 | 構造計算の対象 | （い）床の構造計算をする場合（N/m²） | （ろ）大梁、柱または基礎の構造計算をする場合（N/m²） | （は）地震力を計算する場合（N/m²） |
|---|---|---|---|---|
| (1) 住宅の居室、住宅以外の建築物における寝室または病室 | | 1,800 | 1,300 | 600 |
| (2) 事務室 | | 2,900 | 1,800 | 800 |
| (3) 教室 | | 2,300 | 2,100 | 1,100 |
| (4) 百貨店または店舗の売り場 | | 2,900 | 2,400 | 1,300 |
| (5) 劇場、映画館、演芸場、観覧場、公会堂、集会場、その他これらに類する用途に供する建築物の客席または集会室 | 固定席の場合 | 2,900 | 2,600 | 1,600 |
| | その他の場合 | 3,500 | 3,200 | 2,100 |
| (6) 自動車車庫および自動車通路 | | 5,400 | 3,900 | 2,000 |
| (7) 廊下、玄関または階段 | | (3)から(5)までに揚げる室に連絡するものにあっては、(5)の「その他の場合」の数値による | | |
| (8) 屋上広場またはバルコニー | | (1)の数値による。ただし、学校または百貨店の用途に供する建物にあっては、(4)の数値による | | |

## 固定荷重

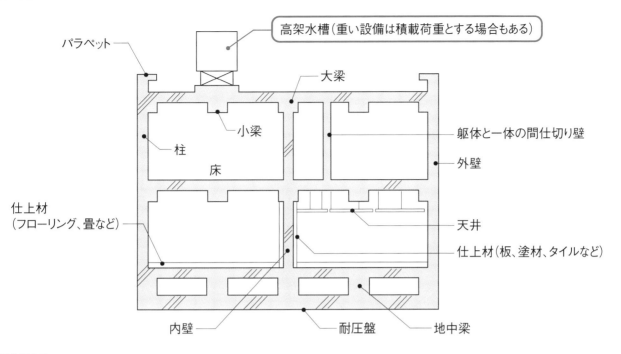

高架水槽(重い設備は積載荷重とする場合もある)

パラペット

大梁

小梁

柱

床

躯体と一体の間仕切り壁

外壁

仕上材
(フローリング、畳など)

天井

仕上材(板、塗材、タイルなど)

内壁

耐圧盤

地中梁

## 積載荷重

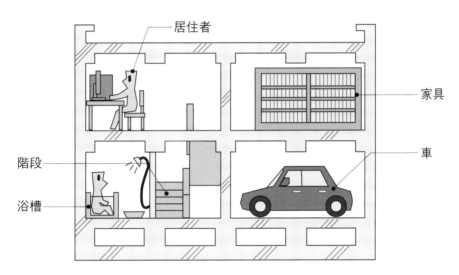

居住者

家具

階段

車

浴槽

## 荷重の組合せ

| | 一般地域 | | 多雪区域 |
|---|---|---|---|
| | ① | ② | |
| 長期荷重 | 固定荷重＋積載荷重 | | 固定荷重＋積載荷重＋積雪荷重 |
| 短期荷重 | 常時荷重＋臨時荷重＝(固定荷重＋積載荷重)＋最大(地震力or風圧力) | 常時荷重＋臨時荷重＝(固定荷重＋積載荷重)＋積雪荷重 | 常時荷重＋臨時荷重＝(固定荷重＋積載荷重＋積雪荷重)＋最大(地震力or風圧力) |

注 「最大(地震力or風圧力)」は、地震力と風圧力のうち大きいほう、という意味

荷重と外力

構造の材料と仕組み

構造部材の設計

地震に負けない建築

構造設計の実務

構造計算のあらまし方針

# 風圧力

## 風圧力は建物が高くなるほど強くなる。
## 風の強い地域では、地震力よりも風圧力に注意して設計する

### 風圧力と速度圧

建物に風が当たると、建物を押したり（圧縮力）、引張ったり（引張り力）する力が発生する。この力を風圧力と呼ぶ。風圧力の大きさには、速度圧が深く関係している。

速度圧とは建物の面に生じる荷重のことである。速度圧は、空気の密度などを考慮して定められた係数0.6と、建築物の屋根の高さや周辺環境に応じて算出される数値（E）、そしてその地方での過去の台風の被害の程度などに応じて国土交通大臣が定めた基準風速（$V_0$）の2乗との積で求められる。

一般に速度圧は、建物が高くなるほど大きくなる傾向にある。また、建物の近くに、風を有効に遮るほかの建築物や防風林などがある場合は、風速が小さくなるため、速度圧を1/2まで減らして構造計算することが認められている。

### 風圧力と風荷重

風圧力は、国土交通大臣が定めた風力係数（$C_f$）に、速度圧（$q$）を乗じて算出する。風力係数は、建物の形状や風を受ける面（見付面または受圧面）の方向によって値が異なる。形状や風を受ける面ごとの風力係数の算出方法は、平成12年建設省告示1454号に規定されている。

風荷重（P）は風圧力（W）に見付面積（受圧面積）を乗じて算出できる。風荷重は各階ごとに計算する。見付面積は上下階の階高の1/2の位置を足した値となる。

実際の建物が風を受けると、風は見付面に沿って流れる。そのため、建物の隅部には、ほかの部分よりも大きな力が作用することになる。仕上材の風荷重算出方法は告示に規定されており、それを用いて隅部の仕上材の耐力を検討する必要がある。

● 基準風速
設計風速を決める際の基準となる風速で、その地方における過去の観測データに応じて国土交通大臣が定める

● 風力係数
建築物にはたらく風圧力を計算する時に用いられる係数。建物の表面に生じる局部的な風圧力を算出する際には、風圧係数が用いられる

### 地表面粗度区分

| 地表面の粗土区分 | 周辺地域の地表面状況 |
|---|---|
| I | 海岸線など極めて平坦で障害物がない区域 |
| II | 海岸線・湖岸線までの距離や建物高さに応じて規定される。または行政の定めによる |
| III | 地表面粗度区分 I、II、IV以外の区域。多くの一般地域はIII区分 |
| IV | 都市計画区域内で、都市化が極めて著しい区域 |

注　詳しくは平成12年建設省告示1454号（令和2年改正）参照

### 風力係数の例

建物の形状や部位によって加わる風圧力が異なることを考慮して、それぞれの壁面・屋根面に設けた係数。風下側や側面も係数が大きいことに注目

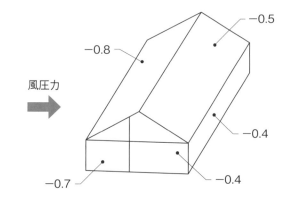

風圧力

$-0.5$
$-0.8$
$-0.4$
$-0.7$
$-0.4$

## 速度圧の計算式

$$q = 0.6 \times E \times V_0^2$$
$$E = E_r^2 \times G_f$$

q ： 速度圧（N/m²）
E ： 周辺の状況に応じて国土交通大臣が定めた方法により算出した係数
$V_0$ ： 基準風速（m/s）
　　各地域ごとに建築基準法で定められている
$E_r$ ： 平均風速の高さ方向の分布を表す係数
$G_f$ ： 突風などの影響を考慮した係数（ガスト影響係数）

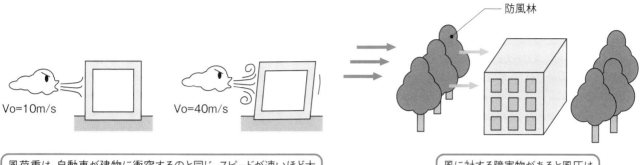

$V_0 = 10\,\text{m/s}$　　$V_0 = 40\,\text{m/s}$　　防風林

風荷重は、自動車が建物に衝突するのと同じ。スピードが速いほど大きな荷重となる

風に対する障害物があると風圧は小さくなる

## 風圧力と風荷重の計算式

### 風圧力

$$W = C_f \times q$$

W ： 風圧力（N/m²）
$C_f$ ： 風力係数
q ： 速度圧（N/m²）
P ： 風荷重（N）

### 風荷重

$$W \times \text{見付面積} = P$$

建物1階が風を受ける面積（見付面積）

1/2
1/2
2F
1F

注　木造の場合の見付面積は床面から1.35m以下の部分を除いた壁面積を採用

## 建物隅部の風荷重

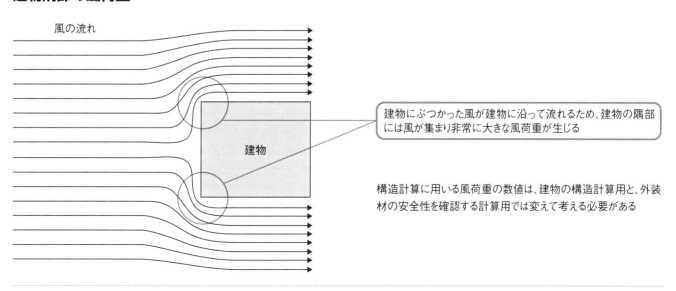

風の流れ

建物

建物にぶつかった風が建物に沿って流れるため、建物の隅部には風が集まり非常に大きな風荷重が生じる

構造計算に用いる風荷重の数値は、建物の構造計算用と、外装材の安全性を確認する計算用では変えて考える必要がある

# 地震力

## 地震力は、建物の重量に比例して大きくなるが、地盤の硬さしだいで建物の揺れ方は異なる

### 地震力と地震層せん断力係数

建物が地震の揺れを受けると、建物は地震層せん断力($Q_i$)という水平力(地震力)を受ける。地震層せん断力は、地震層せん断力係数($C_i$)と建築物の重量を掛けて算出する。つまり地震力は、建物の重量に比例して大きくなる。

地震層せん断力係数は、地震地域係数($Z$)、振動特性係数($R_t$)、地震層せん断力係数の高さ方向の分布係数($A_i$)、標準せん断力係数($C_0$)を掛けて求める。

地震地域係数は、過去の地震記録をもとに定められた低減係数で、0.7〜1.0の範囲で地域別に値が決められている。

振動特性係数は、建物の固有の揺れ方(固有周期)と地盤の硬さに応じて定められた低減係数である。地盤の硬さは3種類に分かれており、同じ固有周期の建物ならば、軟らかい地盤ほど揺れが大きくなる。

地震層せん断力係数の高さ方向の分布係数は、建物の高さ方向での揺れの違いを求める係数である。高い階ほど揺れが大きくなるので、係数も大きくなる。

標準せん断力係数は、重力加速度に対する建物に生じる速度の割合で、建築基準法施行令88条で数値が定められている。

### 地震力算出の注意点

構造計算では、各階で地震力に対する安全性を確認する。したがって、地震力の算出に用いる建物の重量は、地震力を求める任意の階以上の重量(固定荷重と積載荷重)としなければならない。

また、これまで述べた地震力の算出式は、地上部のもので、地下部の地震力については別途、構造計算する必要がある。

このほか、建物の屋上に設けられた煙突や水槽なども構造計算の方法が異なるので注意が必要だ。

● 層せん断力
地震のように、外からの力を受けて複数の層をもつ建物が振動するとき、ある層に発生するせん断力の総和

### 振動特性係数($R_t$)の特徴

| 地盤の硬軟 | 硬い　←→　軟らかい | |
| --- | --- | --- |
| | 小　──→　大 | |
| 建物の高さ | 高い　←→　低い | |
| | 小　──→　大 | |
| 構造種別 | S | RC |
| | 小 | 大 |

振動特性係数は、地盤の性状や、建物の高さと構造形式などで決まる建物の固有周期で変わってくる

### 地震層せん断力係数の高さ方向の分布図($A_i$)

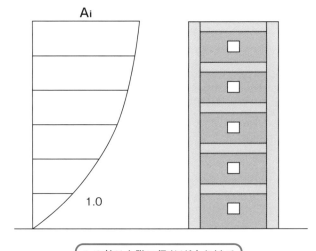

$A_i$の値は上階に行くほど大きくなる

## 地震力の算定式

建物の各階を「層」とみなし、地震力として各層に生じる層せん断力$Q_i$[kN/m²]を以下の式で求める

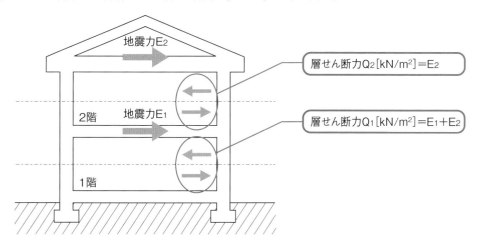

層せん断力$Q_2$[kN/m²]＝$E_2$

層せん断力$Q_1$[kN/m²]＝$E_1＋E_2$

$$Q_i=C_i×W_i$$

$Q_i$：i階の地震層せん断力
$C_i$：i階の地震層せん断力係数
$W_i$：i階が支える建物重量

地震層せん断力係数$C_i$は、以下のように求める

$$C_i=Z×R_t×A_i×C_0$$

$Z$ ：地震地域係数
　　各地域で予想される地震動の強さの比率を表す
$R_t$：振動特性係数
　　建物の固有周期と地盤の種別の組合せに応じて、地震力を低減する係数
$A_i$：地震層せん断力係数の高さ方向の分布係数
　　地震時に建物上階ほど大きく応答する傾向を考慮した割増し係数である
$C_0$：標準せん断力係数
　　中地震を想定した一次設計用は0.2以上、大地震を想定した二次設計用は1.0以上とする

## 地階の地震力

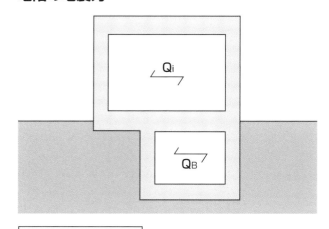

$$Q_B=Q_i+k×W_B$$

$k$ ：地下の水平震度
　　深さ20mくらいまでは深くなるほど小さくなる。
　　地下1階ならば、k=0.1として計算する
$W_B$：地下階の重量

## 屋上の塔屋などの地震力

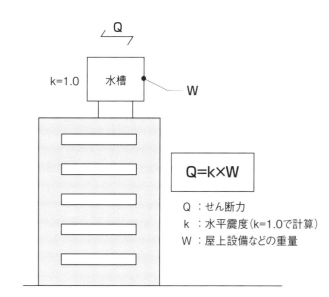

$$Q=k×W$$

$Q$ ：せん断力
$k$ ：水平震度（k=1.0で計算）
$W$ ：屋上設備などの重量

荷重と外力

構造の材料と仕組み

構造部材の設計

地震に負けない建築

構造設計の実務

構造設計のための数学

# 応力(軸力・曲げ・せん断)

## 部材が力を受けたとき部材内部に生じる力が応力で、軸力、曲げ、せん断の3種類がある

### 応力の種類

部材に荷重(外力)が加わると、その外力につり合う力が部材内部に生じる。この力を応力と呼ぶ。外力の作用の仕方によって、応力は「軸力(N)」「曲げモーメント(M)」「せん断力(Q)」の3つに分類することができる。

軸力とは、部材の軸方向に作用する力のことで、引張り力と圧縮力の2つがある。引張り力は材を引き伸ばそうとしたとき、圧縮力は材を押しつぶそうとしたとき、それぞれ部材内部に生じる力である。この軸力は部材断面に均等に作用する。

曲げモーメントは、部材を曲げようとする力のことである。曲げモーメントは、部材断面で均等に生じず、凹状に変形している側では圧縮力が、凸状に変形している側では引張り力が生じている。圧縮力と引張り力の境界は中立軸と呼ぶ。

軸力や曲げモーメントと比較して、理解し づらいのがせん断力である。せん断力は、材を軸方向と直交方向にずらす(切断する)際に発生する力である。せん断力を利用した身近なものがハサミである。ハサミは2枚の刃で紙を上下にずらして切断するが、このとき紙に生じている力がせん断力である。せん断力が生じると、部材は平行四辺形に変形する。

なお、軸力は独立した応力であるが、せん断力と曲げモーメントのはたらきは密接な関係がある。

### 応力も組み合わせる

軸力、曲げモーメント、せん断力はそれぞれ単独で発生するものではない。

たとえば、梁に荷重がかかった場合、梁とそれを支える柱には、曲げモーメントと軸力が同時に発生する。このように、部材の構造の安全性を確認する場合は、軸力、曲げモーメント、せん断力を複合的に考慮して構造計算する必要がある。

● 引張り力
部材にはたらく外力が、互いに材軸方向に引き伸ばそうとする際に、部材の内部にはたらく力

● 圧縮力
部材にはたらく外力が互いを押し合うように作用した際に、部材の内部にはたらく力

## 壁の抵抗形式の分類

### ①軸力抵抗型
圧縮または引張り力の軸力だけで抵抗する、筋かいや鋼製ブレースなどで、線材を斜めに設けたものがある

### ②せん断抵抗型
壁材自体が菱形に変形し、「面」で抵抗する。構造用合板や石膏ボードなどを軸組に釘打ちする乾式のものと、土塗壁やモルタル塗り壁など、湿式のものがある

### ③曲げ抵抗型
柱や梁などがS字形に変形して抵抗する。貫、面格子、ラーメン架構などがある

筋かいの板厚と留め付け方が耐力に影響

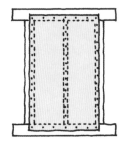

パネル式は釘の太さと間隔が耐力に大きく影響。面材の板厚と強度が耐力にやや影響

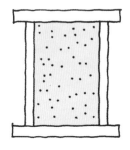

塗り壁は土やモルタルの塗り厚が耐力に影響

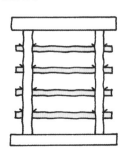

貫の幅が耐力に影響。貫のせいが耐力にやや影響

# 軸力

### ①引張り力

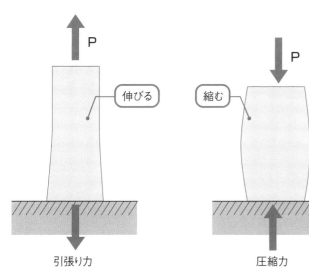

伸びる

引張り力

### ②圧縮力

縮む

圧縮力

↓ P（圧縮力）

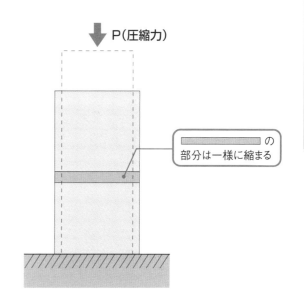

の部分は一様に縮まる

# 曲げモーメント

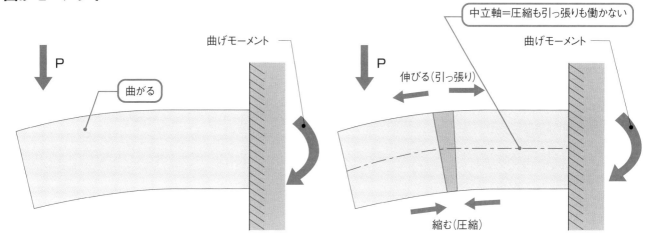

曲がる

曲げモーメント

中立軸＝圧縮も引っ張りも働かない

伸びる（引っ張り）

曲げモーメント

縮む（圧縮）

# せん断力

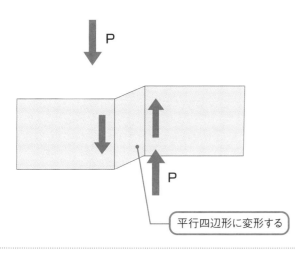

平行四辺形に変形する

# フレーム部材の変形

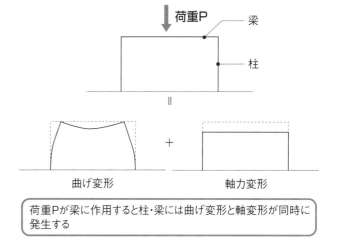

荷重P

梁

柱

曲げ変形 ＋ 軸力変形

荷重Pが梁に作用すると柱・梁には曲げ変形と軸変形が同時に発生する

# 力の合成

## 同一線上の力の合成は、力の量の和もしくは差となる。同一線上でない場合、それぞれを1辺とする平行四辺形の対角線が合力になる

### ベクトルとは

　構造計算で力を扱う場合は、力の大きさ（量）だけでなく、力の作用する方向についても検討しなければならない。この力の方向と大きさのことをベクトルという。

　ベクトルは矢印を使って表される。矢印の向きが力の作用する方向を示し、矢印の長さが力の大きさを示す。

　部材にはさまざまなベクトルをもつ力が作用している。構造計算では、それらを合成・分解しながら部材の安全性を確認する。

### 力を合成する

　力はベクトルによって合成することが可能である。複数のベクトルが同一線上にある場合、力の量の和（あるいは差）が合成した力（合力）となる。

　たとえば、木を押す大人の後ろから、子どもが同じ方向に力を加えたとする。大人が木を押す大きな力と、子どもが大人を押す小さな力は、ベクトルが同一線上にあるため、結果、2つの力を足し合わせた量が、木に流れる力の総量となる。一方、子どもと大人が互いに1本の木の端を持ち、引き合う場合、木に流れる力は、子どもの力と大人の力の差になる。

　複数のベクトルが同一線上にない状態、すなわち力が2つの方向にあるときは、それぞれのベクトルを1辺としてつくられる平行四辺形の対角線の向きが力の方向で、長さが合成した力の量になる。これを「平行四辺形の法則」という。

　2つ以上の力を合成する場合は、まず、任意の2つのベクトルを辺にもつ平行四辺形をつくり対角線を求める。次に、その対角線と残りのベクトルを辺にした平行四辺形をつくり対角線を求める。これを繰り返し、最終的に残った対角線の長さと方向が、合成した力のベクトルとなる。

### ベクトルとは

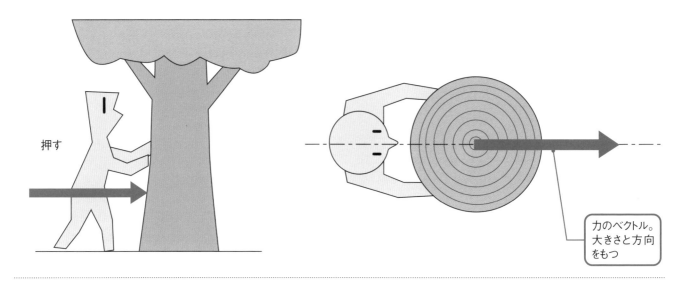

押す

力のベクトル。大きさと方向をもつ

# 力の合成

## ①同一方向に作用する2つの力の合成

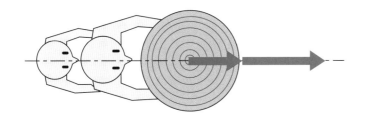

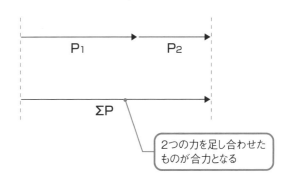

2つの力を足し合わせたものが合力となる

## ②一点に作用する2つの力の合成

小さなベクトル

合成した力

大きなベクトル

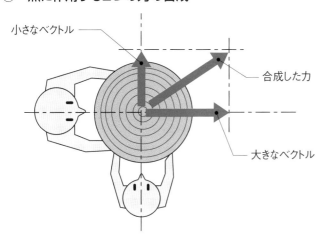

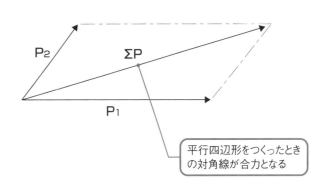

平行四辺形をつくったときの対角線が合力となる

## ③一点に作用する3つ以上の力の合成

$P_1$と$P_2$を合成するための平行四辺形

$P_{1+2}$と$P_3$を合成するための平行四辺形

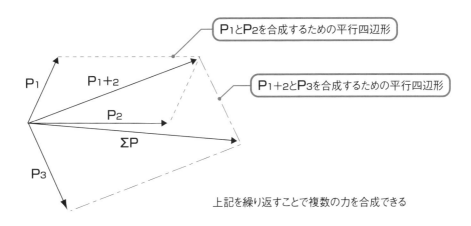

上記を繰り返すことで複数の力を合成できる

## ④平行方向の力の合成

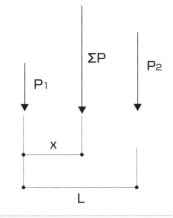

$$\Sigma P = P_1 + P_2$$

$$x = \frac{P_2 \times L}{P_1 + P_2}$$

荷重と外力

構造の材料と仕組み

構造部材の設計

地震に負けない建築

構造設計の実務

構造計算の実務と法律

# 力の分解

力の合成の手順を逆にすると、力は分解できる。
構造計算では、部材にはたらく力を合成・分解し応力を求める

## 分解は合成の逆

力は合成できるだけでなく、任意の方向に分解して考えることもできる。建物の部位や荷重の種類によっては、力を分解して構造計算する必要がある。

力を分解する場合は、基本的には、力の合成の逆を行えばよい。分解したい力のベクトルを対角線とした平行四辺形をつくれば、平行四辺形の交差する2辺が分解された力のベクトルとなる。理論上、任意の対角線に対して平行四辺形は無数につくることができるため、分解するベクトルの組み合わせも無数に考えることができる。

ただし、現実の建物のほとんどは、水平・垂直の部材を基本として構成されている。そのため、平行四辺形の対角線を斜辺とした直角三角形になることが多く、三角関数（$\sin\theta$、$\cos\theta$、$\tan\theta$）で残りの2辺の長さを簡単に求めることができる。

## 構造計算は力の合成と分解

構造計算は、建物に流れる力を正しく評価することから始まる。建物を構成する部材は縦方向の柱、横方向の梁、斜め方向の筋かいなど、さまざまな方向をもっている。また、地震力や風圧力など、建物に作用する外力も加力方向が必ずしも定まっていない。したがって構造計算では、部材の方向に応じた力の合成・分解が欠かせない。

たとえば、耐風梁などは、水平方向から風荷重を受けると同時に建物上階から伝わる鉛直方向の荷重も支えているため、これらを合成して構造計算をしなければならない。

また、木造の登り梁などは、部材の方向が鉛直方向でないため、作用する力を分解して考えなければならない。つまり、登り梁が受ける鉛直方向の荷重は、材の直交方向にかかる等分布荷重と、材軸方向の軸力に分解して応力計算をする必要がある。

● 耐風梁
間柱を支柱として、壁面に作用する風荷重を直行の方向の骨組みに流して風に対抗する梁

● 登り梁
屋根の勾配などに合わせ、水平梁でなく、桁から棟のほうに向かって斜めに架けられる梁のことで、勾配天井や天井を設けない場合などに用いる

---

## 力の分解

分解例1

分解例2

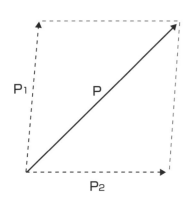

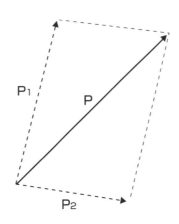

任意の平行四辺形をつくり任意の力のベクトルに分解できる。左図では同じ力Pに対して、2つの分解例を示した

## 三角関数の基本

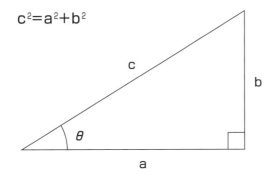

$$c^2 = a^2 + b^2$$

$$\sin\theta = \frac{b}{c}$$

$$\cos\theta = \frac{a}{c}$$

$$\tan\theta = \frac{b}{a}$$

| $\theta$ | $\sin\theta$ | $\cos\theta$ | $\tan\theta$ |
|---|---|---|---|
| 30° | $\frac{1}{2} = 0.500$ | $\frac{\sqrt{3}}{2} = 0.866$ | $\frac{1}{\sqrt{3}} = 0.577$ |
| 45° | $\frac{1}{\sqrt{2}} = 0.707$ | $\frac{1}{\sqrt{2}} = 0.707$ | $\frac{1}{1} = 1.0$ |
| 60° | $\frac{\sqrt{3}}{2} = 0.866$ | $\frac{1}{2} = 0.500$ | $\frac{\sqrt{3}}{1} = 1.732$ |

## 登り梁にかかる鉛直荷重

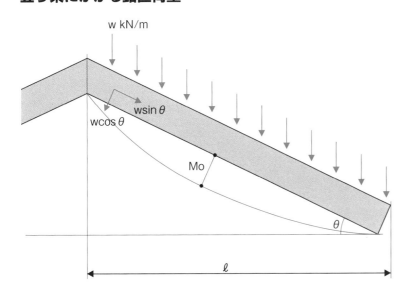

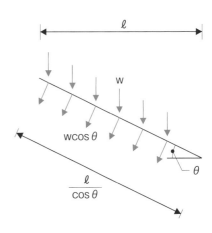

斜面の平行方向には $w\ell\sin\theta$ の力が作用し、これが桁側の壁を押し開こうとする

wを水平面単位長さ当たりの荷重とする。スパンℓの荷重はwℓ[kN]。また、斜面に直角方向の成分はwℓcosθ。これは水平距離ℓについての荷重である。斜面の長さはℓ/cosθであるから、斜面単位長さあたりの荷重は

$$w\ell\cos\theta \div \frac{\ell}{\cos\theta} = w\cos^2\theta$$

曲げモーメントの最大値は

$$Mo = \frac{1}{8} w\ell^2$$
$$= \frac{1}{8} \times w\cos^2\theta \times \left(\frac{\ell}{\cos\theta}\right)^2 = \frac{1}{8} w\ell^2$$

よって、梁が水平の場合と同様である

# 反力とつり合い

## 物に力が加わるとそれと反対方向に同じ大きさの反力が生じる。力がつり合うとは、力と反力の和が0になること

### 支点には反力が生じる

　物にある方向から力が加わったとき、その物が動かなければ、加力方向と逆方向に同じだけの力が発生している。この力を反力という。作用する方向によって、鉛直反力（V）、水平反力（H）、回転反力（$R_\theta$）の3種類に分けられる。また、反力は支点に発生するが、支点の種類（回転移動端・回転端・固定端）によって発生する反力が異なる。

　支点が回転移動端（ピン・ローラー支点）の場合は、ある方向には自由にスライドできるが、鉛直方向が拘束されているため、鉛直反力が生じる。

　回転端（ピン支点）の場合、端部の回転が自由であるため回転反力は発生しないが、水平・鉛直方向は拘束されているのでそれぞれ反力が生じる。

　固定端は、垂直・水平・回転のいずれも動かないので、すべての方向に反力が生じることになる。

### 力のつり合いと反力

　建物が安定するためには、作用させた力と反力が必ずつり合っていなければならない。構造計算では、つり合いの方程式を用いてこのことを確認する。

　つり合いの方程式は、すべての方向（垂直・水平・回転方向）に対して、作用する力と反力を足し合わせると0になることを確認する計算式である。

　直線的に作用する力の場合、力の合成・分解の箇所でも解説したように、作用させた力を垂直・水平方向に合成・分解して求めた力と同じだけの反力が、支点の各方向に生じていると考える。

　回転方向の力（曲げモーメント）に対して発生する各支点の反力は、曲げモーメントを支点間距離で割って算出した力となる。

　なお、曲げモーメントが作用する位置が変わっても、両支点に生じる支点反力の値は変わらない。

● 反力
外力を受けたとき、構造物や部材の支点にはたらく力

## 支点の反力

①回転移動端

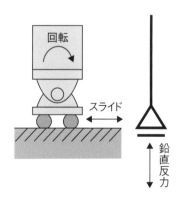

②回転端

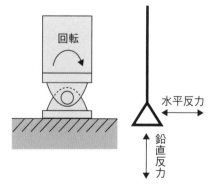

③固定端

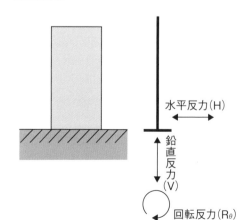

## 単純梁の例

### ①鉛直方向の力に対する反力

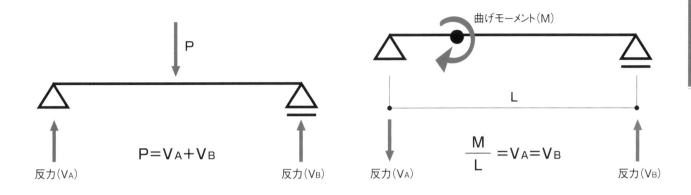

$$P = V_A + V_B$$

$$\frac{M}{L} = V_A = V_B$$

### ②斜め方向の力に対する反力

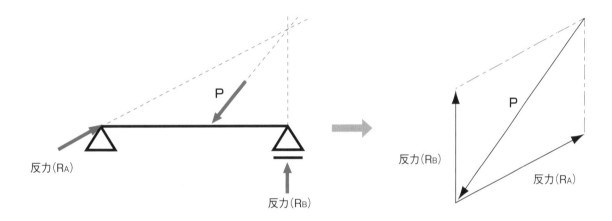

## 力のつり合い式

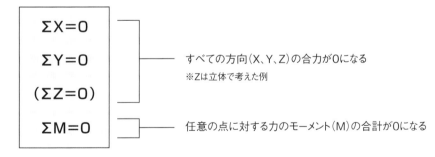

$$\Sigma X = 0$$
$$\Sigma Y = 0$$
$$(\Sigma Z = 0)$$
$$\Sigma M = 0$$

すべての方向（X、Y、Z）の合力が0になる
※Zは立体で考えた例

任意の点に対する力のモーメント（M）の合計が0になる

荷重と外力

構造の材料と仕組み

構造部材の設計

地震に負けない建築

構造設計の実務

構造計算の実務と法規

# 静定・不静定・不安定

荷重と反力のつり合いで、建物の構造は静定・不静定・不安定に分かれ、最も安定しているのが不静定である

## 安定と不安定

部材にかかる荷重と反力がつり合うと、建物は動かずに安定を保っている。一方、荷重と反力がつり合わないと、建物は倒壊する。構造力学上、前者の状況を「安定」、後者を「不安定」という。

安定は、さらに静定と不静定の2つに分けることができる。

静定とは、1カ所の節点（接合部）が壊れると構造全体が壊れる（不安定になる）状況をいう。

一方、不静定とは、1カ所の節点（接合部）が壊れても構造全体が壊れない（不安定にならない）状況をいう。つまり、静定構造よりも不静定構造のほうが、安定していることになる。

## 不静定次数で変わる安全性

不静定の構造で、接合部を壊していったとき、最終的に構造が不安定になるまでに要する接合部の数（次数）を不静定次数と呼ぶ。不静定次数は、部材数、反力数、剛節接合部数、節点数から求めることができる。

不静定次数が高いほど、構造上の安定した建物といえる。逆に、たとえ構造計算上、建物全体の強度（耐力）が同じだとしても、不静定次数が違うと、実際の構造の安全性は異なることになる。たとえば、鉄骨ラーメン構造と鉄骨ブレース構造では、構造計算上同じ耐力をもつように設計しても、後者のほうが不静定次数が低いため安全性が低いと考えることができる。

建物の構造の安全性を許容応力度計算で確認する場合、部材がすべて壊れないことが条件になるので、建物が安定か不安定かはさほど考えなくてもよい。一方、部材の接合部を計算上1つずつ壊しながら構造の安全性の限界を確かめる保有水平耐力計算をする場合、安定・不安定は大切な概念である。

● 許容応力度計算
構造計算の方法の1つ。建築物にかかる長短期の荷重や地震力などを想定して応力を算出し、構造部の許容しうる応力が、そこに加わることが想定される応力に耐えうるかどうかを許容応力度と比較し、安全度を考える方法

● 保有水平耐力
建築物が地震力や風圧力などの水平力に対して耐えることができる抵抗力のこと。各階の柱、耐力壁、筋かい、個別の柱や接合部が負担する水平せん断力の和として得られる

## 安定・不安定の判別式

$$m＝n＋s＋r－2k≧0…安定$$
$$m＝n＋s＋r－2k＜0…不安定$$

m：不静定次数
n：反力数
s：部材数
r：剛節接合部数
k：接点数

### 剛接部の考え方

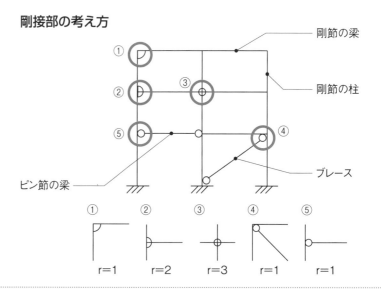

剛節の梁
剛節の柱
ブレース
ピン節の梁

① r=1 ② r=2 ③ r=3 ④ r=1 ⑤ r=1

## 安定・不安定の判別例

### ①静定

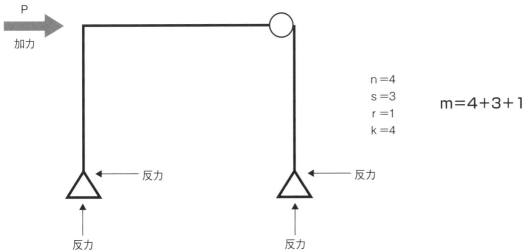

P
加力

n =4
s =3
r =1
k =4

反力
反力
反力

$m = 4 + 3 + 1 - 2 \times 4 = 0$

### ②不静定

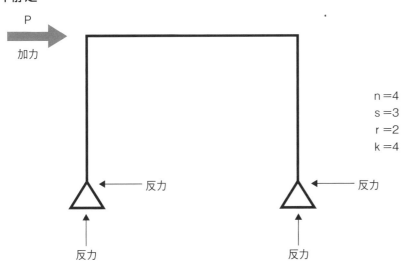

P
加力

n =4
s =3
r =2
k =4

反力
反力
反力

$m = 4 + 3 + 2 - 2 \times 4 = 1 > 0$

### ③不安定

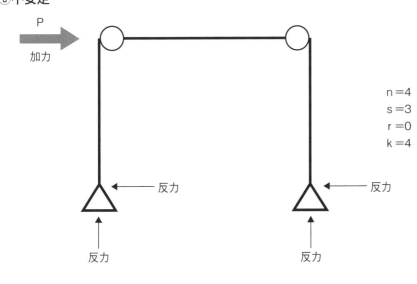

P
加力

n =4
s =3
r =0
k =4

反力
反力
反力

$m = 4 + 3 + 0 - 2 \times 4 = -1 < 0$

# 応力図の描き方

**構造計算の際には応力図で視覚化する。
最も重要な曲げモーメントの応力図は必ず覚えておく**

## 応力分布を視覚化する

建物に発生するさまざまな応力を正しく把握するために、構造計算の際には応力分布を図式化する。これを応力図という。

応力図には「曲げモーメント」「せん断力」「軸力」の3種類がある。応力図の描き方は、人によってさまざまである。以下では、3種類の応力図の慣用的な描き方について解説する。

### ①曲げモーメントの応力図

最も重要な応力図は、曲げモーメントの応力図である。せん断力による破壊は危険なので、建物の最終的な耐力が曲げモーメントで決まるように設計することが多い。また、部材にはたらく曲げモーメントの分布を把握することで、応力があまり大きくない位置に接合部を設計することができる。

曲げモーメント図は、一般的には、引張り力がはたらく側が凸状になるように描く。たとえば、両端が固定された梁に等分布荷重がかかる場合、梁の端部では梁の上端に、中央部では下端にそれぞれ引張り力が生じる。

### ②せん断力の応力図

せん断力の応力図は、部材にかかるせん断力を上下に振り分け、一方を部材上部に、もう一方を部材下部に突出するように描く。

たとえば、単純梁に集中荷重がかかる場合、荷重がかかる点を中心に上下に等分にしたせん断力を描く。

### ③軸力の応力図

軸力の応力図は、部材に沿って応力を描く。応力は、部材の左右（軸力は、主に柱に生じる。梁に軸力が生じる場合は上下）のいずれの方向に描いてもよい。引張りと圧縮のどちらの応力を描いてもよいが、圧縮側には−（マイナス）の記号を、引張り側には＋（プラス）の記号を付けると分かりやすい。

● 等分布荷重
物体の表面に一様に荷重がかかる状態

## 曲げモーメントの応力図

### ①単純梁等分布荷重

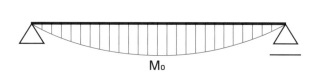

$M_0$

### ②単純梁集中荷重

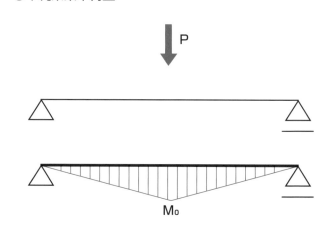

$M_0$

## せん断力の応力図

①単純梁等分布荷重

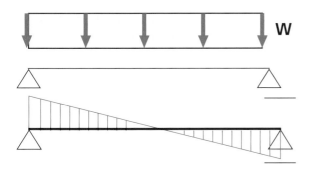

②単純梁集中荷重

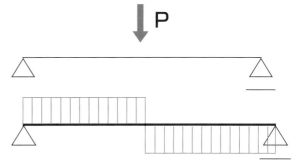

## 軸力の応力図

鉛直方向等分布荷重

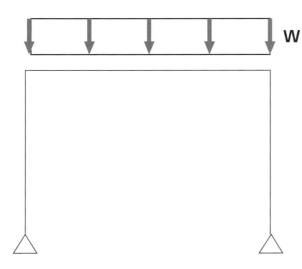

軸力は方向を判断することが難しい。応力図では、引張り側に＋、圧縮側に－の記号を付けて区別する

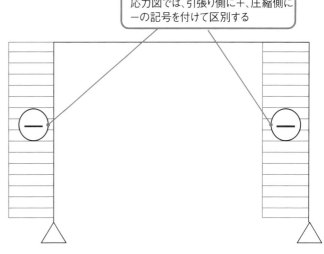

## ラーメン架構の応力図例（曲げモーメント）

①等分布荷重

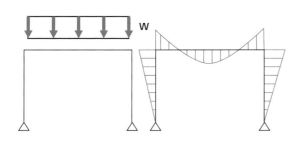

②集中荷重

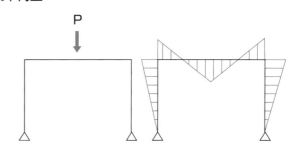

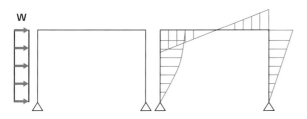

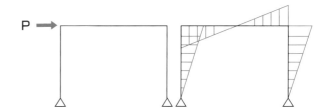

荷重と外力

構造の材料と仕組み

構造部材の設計

地震に負けない建築

構造設計の実務

構造計算のまとめと実践

# 部材の変形

部材の性質によって、変形の仕方は異なる。
部材の壊れ方を考慮して構造部材を選択する

## 部材の変形性状

部材の変形の進み方は一様ではない。たとえば、鋼材に力を加えると、はじめは応力度とひずみ度が比例関係になる。グラフにすれば、直線で表される部分で、この範囲を弾性域と呼ぶ。弾性域では、部材に力を加えると変形するが、力を取り除くともとの形に戻る。

さらに力を加えると、ある段階で応力度が一度落ちる。この点を降伏点という。降伏点を過ぎると部材の力を取り除いてももとの形に戻らない。降伏点以降の範囲を塑性域（そせい）と呼ぶ。塑性域では、応力度とひずみ度の関係を示すグラフ（応力度—ひずみ度曲線）が緩やかな曲線を描く。部材は大きく変形し、最終的には破断して変形が止まる（部材が壊れる）。

グラフの線とグラフ横軸で囲まれた面積が、材料が吸収できるエネルギー量である。塑性域が長い材料ほどエネルギー吸収量が大きくなる。

## 木材と鉄筋コンクリートの変形

木材の場合、材に力が加わると、応力度・ひずみ度ともにほぼ比例関係で大きくなり、応力度に対してひずみ度が増大することなく破断する。これは木材がほとんど靭性をもたないためであり、塑性域に至らずに材が破断してしまう破壊形式を脆性破壊（ぜいせい）と呼ぶ。

一方、鉄筋コンクリートの場合、力を加えた当初は、応力度とひずみ度が比例関係で大きくなる。やがて、コンクリートにひびが入ると、鉄筋が応力を負担するようになるため、応力度とひずみ度の傾斜はやや緩やかになる。さらに力が加わり、鉄筋の降伏点を過ぎ、鉄筋が破断するまで応力度—ひずみ度曲線はほぼ横ばいになる。

コンクリートに靭性はないが、鉄筋は靭性に富む材のため、このような変形性状となる。

● 靭性
部材が外力を受けても破壊されにくい粘り強さを表すことば

## 部材の変形

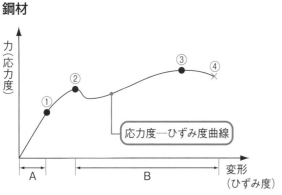

鋼材

①：弾性限　　　A：弾性域
②：降伏点　　　B：塑性域
③：引張り強さ
④：破点

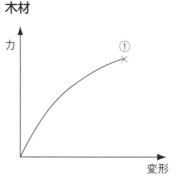

木材

①：破壊点

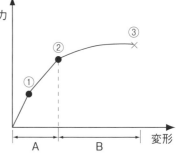

鉄筋コンクリート

①：コンクリートの　A：弾性域
　　ひび割れ点　　B：塑性域
②：鉄筋の降伏点
③：鉄筋の破断点

# 断面の性質

## 断面積、断面2次モーメント、断面係数、断面2次半径は構造計算の基礎数値。鉄骨造では幅厚比も把握する

### 断面の性質を数値化する

部材に発生した応力計算や断面の安全性の確認のために、断面の性質を数値化する必要がある。建物の構造計算をする際に、最低限押さえておくべき断面の性質は、断面積、断面2次モーメント、断面係数、断面2次半径、幅厚比の5つである。

**①断面積（A）**

断面積は、軸力やせん断力を求めるために必要な性質である。形鋼などの断面積を求める場合、計算対象となる応力で断面部分を決めなければならない。たとえば、H形鋼のせん断応力を計算する場合、せん断力に有効な部分はウェッブになるため、断面積にフランジ部分は含まない。

**②断面2次モーメント（I）**

断面2次モーメントは、曲げ剛性を求めるのに必要な性質で、値が大きいほど部材が曲がりにくくなる。

部材が複雑な断面形状をもつ場合は、計算しやすいかたちに分けて断面2次モーメントを算出し、それらを足し引きして算出する。

**③断面係数（Z）**

断面係数は、断面最外縁の応力度を算出するときに用いる性質である。最外縁の応力度は、鉄骨造の断面計算やコンクリートのひび割れを計算するときなどに必要となる。

**④断面2次半径（i）**

断面2次半径は、座屈に関係する性能を表す。断面2次半径は、細長比（λ）を算出するために用いる。細長比は、柱などの圧縮部材の安全性を確認する指標である。

**⑤幅厚比**

幅厚比は、局部的な座屈が起きないかを確認する指標で、値が大きいほど座屈しやすくなる。H形鋼のフランジ部分の座屈性能を確認するときなどに用いる。

● 細長比
柱などの棒状の部材の細長さを表す無次元の指標。柱のような圧縮力のかかる部材断面の、座屈しやすさを示す際の目安となる。記号はλ（ラムダ）で表す

---

## 断面の算定式

### 基本の公式

①断面積A　　$A = B \times H$

②断面2次モーメントI

$$I = \frac{1}{12} B \times H^3$$

③断面係数Z　　$Z = \frac{1}{6} B \times H^2$

④断面2次半径i

$$i = \sqrt{\frac{I}{A}}$$

⑤幅厚比　　$\dfrac{b}{t}$

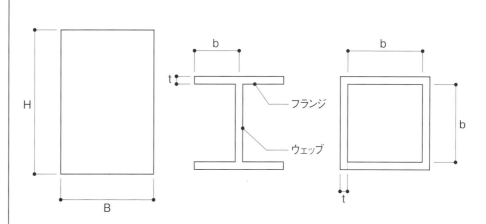

# Column

## 新しい構造形式をつくる

　ラーメン構造やトラス構造など、構造形式を表す名称はたくさんある。ただしこれらは便宜的に付けられているだけで、実際の建物では、さまざまな構造的な特徴が重なって１つの建築物になっていることが少なくない。したがって、基本的な構造形式を理解したら、今度はあまり構造形式にとらわれずに構造の成り立ちを考えることが重要である。

　下の図の事例は、傘を積み重ねてつくった構造である。傘の骨をトラス（ドーム）状に組んで形をつくっている。傘の細い骨では、自重による圧縮力で座屈するが、傘の膜にテンションを生じさせることで細い傘の骨の座屈が防止されている。これはトラス構造と膜構造を併用した構造形式といえよう。

### ■ 傘でつくったドーム

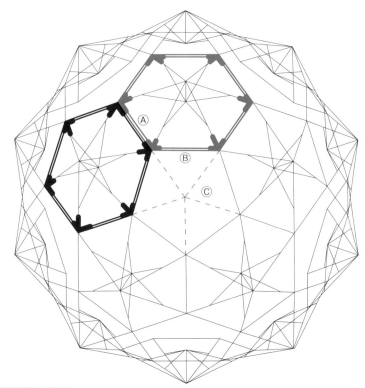

応力解析時のイメージ図

Ⓐ2本の骨どうしを束ねる
Ⓑ骨組が1本
Ⓒ布どうしをジッパーで接合

全景。傘の布が張っている部分と緩んでいる部分があるのが分かる

内観。細い骨でトラスのドームがつくられているのが分かる

## CHAPTER 2

# 構造の材料と仕組み

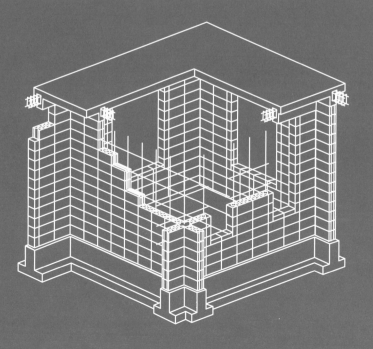

# 構造材料

## 建築構造材の代表は、木材、鉄鋼、コンクリートで、建築基準法で規定される

### 代表的な構造材料

建築の主要な構造材料は、木材、鉄鋼、コンクリートの3つだが、木材はJAS（日本農林規格）の、鉄鋼とコンクリートはJIS（日本工業規格）の規格品を用いることが建築基準法で定められている。ほかに建築材料として使えるJIS規格品に、ステンレスやアルミなどがある。JISやJASの規格外でも、大臣認定を取得すれば構造材料として使用できる。

なお、木材はJASの規格品以外にも、無等級材と呼ばれる材が建築基準法で規定され、構造材とされている。

### 構造材料の検討

建築の構造計算で用いる許容応力度計算とは、材料の許容応力度が材に生じる応力以上であることを確かめる手法である。その算出方法は建築基準法施行令で規定され、圧縮、引張り、曲げ、せん断の4つの材料強度（基準強度）に建築基準法で定められた長期用と短期用の2つの係数を乗じて求める。

構造材は、プランや居住スタイルなども考慮して選ぶ。その際検討すべき項目として、①強度、②比強度（単位重量当たりの強度）、③熱伝導率、④蓄熱性、⑤透湿性、⑥遮音性、⑦耐火性、⑧意匠性などがある。

### 新しい鋼材やコンクリート

鋼材系の新しい構造材料には、アルミやステンレス鋼がある。前者は、鉄鋼に比べると強度面で劣るが、軽量で加工しやすく施工性がよい。後者は、鋼材に近いが、錆・腐食に強く、耐久性を要する構造物に向く。このほか、極軟鋼や、TMCP鋼などがある。

コンクリート系では、繊維コンクリートがある。住宅建築の構造材料になる可能性をもつ建材はほかに、FRPやガラスなどがある。

● 極軟鋼
炭素含有率が0.08〜0.12％の鋼材。0.08％以下を特別極軟鋼、0.12〜0.20％を軟鋼、0.20〜0.30％を半軟鋼という。一方、硬鋼とは、0.30〜0.40％（半硬鋼）から0.50〜0.80％まで（最硬鋼）である

● TMCP鋼
TMCP（Thermo-mechanical Controlled Process）とは、制御圧延や制御冷却によって金属の結晶粒の大きさを細かくし、鋼材の強度を上げる技術で、TMCP鋼はこれにより、製造された鋼材

● 繊維コンクリート
樹脂などの繊維質をコンクリートに混入させたもので、コンクリートにひび割れが発生した際、補強繊維がひび割れ面間をつなぎとめることによって引張り力を制御する

● FRP
Fiber Reinforced Plastics の略で、ガラスなどで繊維強化されたプラスチックの総称

### 代表的な構造材料

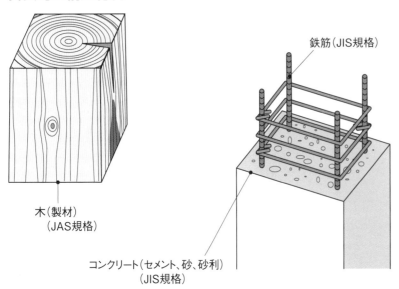

鉄筋（JIS規格）

木（製材）
（JAS規格）

コンクリート（セメント、砂、砂利）
（JIS規格）

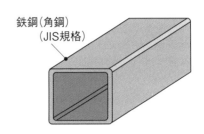

鉄鋼（角鋼）
（JIS規格）

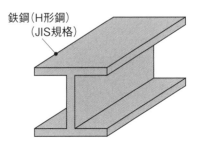

鉄鋼（H形鋼）
（JIS規格）

## 構造材料として考慮すべき性能

| 性　　　能 | 内　　容 |
|---|---|
| 強　　　　　度 | 外力に対する強さ(機械的性質) |
| 比　　強　　度 | 強度を比重で除した値。比強度が大きいほど軽くて強い材料 |
| 熱　伝　導　率 | 熱の伝わりやすさ(鋼材は熱を伝えやすい) |
| 蓄　　熱　　性 | 熱をためる性能(コンクリートは熱を長い間ためる) |
| 透　　湿　　性 | 湿気を透過・放出させる性能(木材は湿気を調整する) |
| 遮　　音　　性 | 音を遮断する性能 |
| 耐　　火　　性 | 火(火災)に対する抵抗能力 |
| 意　　匠　　性 | 形状・模様・色彩など、美観に関する性能 |

## 鉄鋼系の材料

新しい鉄鋼系材料

**アルミニウム合金**
平成14年国土交通省告示410号により、建築材料として使用可能になった

**ステンレス**
1998年の建築基準法改正で、構造材として使用可能になった
(SUS304A、SUS304H2A、SUS316A、SCS13AACF)

鉄鋼

**極軟鋼**（低降伏点鋼）
制震構造用鋼材として使われることが多い

**TMCP鋼**（熱加工制御鋼）
従来の材と比較して、厚板の溶接性や強度が向上している。国土交通大臣認定材

アルミのパンチングメタルでつくった梁

## 繊維コンクリート

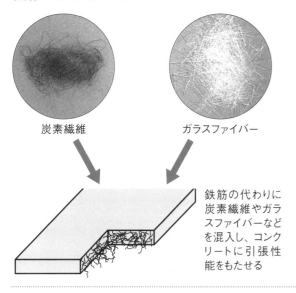
炭素繊維　　　　　ガラスファイバー

鉄筋の代わりに炭素繊維やガラスファイバーなどを混入し、コンクリートに引張性能をもたせる

## FRPの構造体

FRPのデッキの載荷試験。高い耐久性と強度をもつFRPをトラス状に組むことで、軽くて高強度のデッキをつくることができる。FRPはすでに土木では利用されている。今後、建築での利用が期待される

荷重と外力

構造の材料と仕組み

構造部材の設計

地震に負けない建築

構造設計の実務

構造計算の実務と法規

# 木材と木質材料

**製材の材料強度区分は3つ。代表的な構造材には、構造用集成材、構造用合板、単板積層材、構造用パネルなどがある**

## 木材の性質

構造材料という観点から木材（製材）の性質に注目すると、材の方向で性質が変わる点がまず重要である。木材は、繊維方向の強度が高く、半径方向や接線方向の強度が低いという性質をもつが、これを異方性という。木造住宅で梁に対して柱材のほうが断面が小さくなるのはこの性質のためである。

また、製材は、木は成長過程でねじれや節、割れなどが生じるため、同じ樹種でも材によって強度や特性にばらつきがある。木材に含まれる水分の割合の比（含水率）によっても強度が異なり、同じ樹種であれば含水率が低いほど強度が高くなる。構造材に木材を使用する場合、含水率を12〜15％程度になるまで乾燥させておくことが望ましい。

構造用製材は、目視等級区分・機械式等級区分・無等級の3つの区分があり、それぞれ基準強度（圧縮・引張り・曲げ・せん断）が定められている。

## 木材の弱点を補う木質材料

木材（製材）の「材によって強度や材質がば

らつく」という構造的弱点を補うために、木材を原料に人工的につくった構造材料が「構造用」木質材料である。代表的なものに、集成材・合板・単板積層材・パネルがある。

①**構造用集成材** 5〜50mm程度のひき板（ラミナ）を繊維方向を変えながら積層した材で、梁や柱などに使用される。使われるひき板の強度によって、異等級構成と同一等級構成の2つに分類できる。

②**構造用合板** 5〜15mmの単板（ベニア）を、繊維方向を変えながら積層してつくられた材。耐力壁などに用いられ、使用する環境や用途によって分類（特類・1類）や強度等級（1級・2級）が決められている。

③**単板積層材** 2〜6mm程度の単板を、繊維方向をそろえて積層してつくられた材。一般にLVL（Laminated Veneer Lumber）と呼ばれる。集成材と同様に、梁・柱などに使用される。等級（特級・1級・2級）によって層の数が異なる。

④**構造用パネル** 木材の小片を接着・成型した板材。床・屋根・壁などで用いられる。OSB（Oriented Strandboard）やMDF（Medium Density Fiberboard）などがある。

● 目視等級区分
日本農林規格（JAS）の強度等級区分の1つ。節の位置や径を目で確認しながら材料の強度を測定する。梁など曲げ部材に用いる甲種と柱などの圧縮材に用いる乙種があり、さらにそれぞれが1・2・3級に分かれている

● 機械式等級区分
JASの強度区分の1つ。機械でヤング係数を確認して等級を決める

● 無等級
JAS規格以外の材。樹種と強度が建築基準法施行令で定められている。構造材に無等級材を使う場合は、余裕をもたせた設計とする

● 異等級構成
強度が異なるひき板を積層した集成材。さらに、材の中間部分からひき板の強度が対称関係に積層した対称構成と、非対称に積層した非対称構成の2つに分類される

● 同一等級構成
すべて同じ強度のひき板で積層した材

## 構造用製材の強度

### 構造用製材の等級区分

目視等級
　甲種　　　　乙種
1級 2級 3級　1級 2級 3級
大 ← 小　　大 ← 小
　強度　　　　強度

甲種：主に梁などに使用
乙種：主に柱などに使用

機械式等級　　無等級
E50 ――― E150
小　　　　　大
　　強度
E120
　　→ ヤング係数を表す

機械式等級を採用している構造用製材は実際には少ない

## 構造用集成材

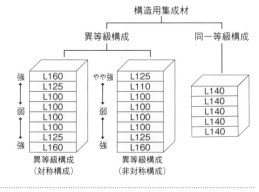

異等級構成（対称構成）　異等級構成（非対称構成）　同一等級構成

## 木と木材（製材）の名称

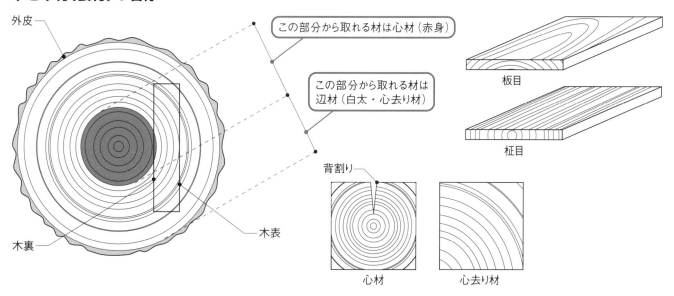

外皮

この部分から取れる材は心材（赤身）

この部分から取れる材は辺材（白太・心去り材）

木表

木裏

板目

柾目

背割り

心材

心去り材

## 木材の性質

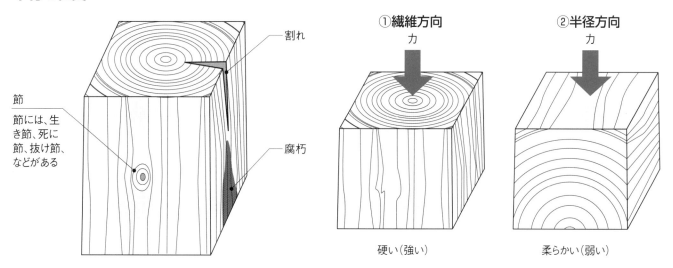

割れ

節

節には、生き節、死に節、抜け節、などがある

腐朽

①繊維方向
力

硬い（強い）

②半径方向
力

柔らかい（弱い）

## 構造用合板

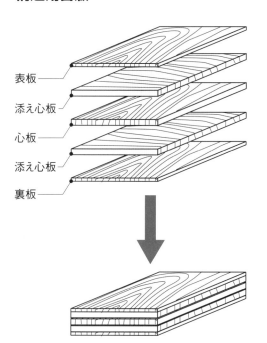

表板

添え心板

心板

添え心板

裏板

## 単板積層材（LVL）

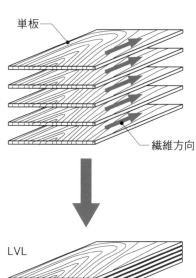

単板

繊維方向

LVL

## 構造用パネル（OSB）

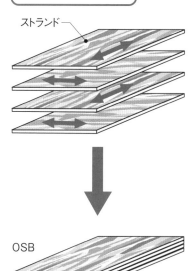

木のあばれを防ぐため、ストランドの配向を変える

ストランド

OSB

荷重と外力

構造の材料と仕組み

構造部材の設計

地震に負けない建築

構造設計の実務

構造計算の実務と法規

# 鋼材

## 鉄鋼は強度が高い反面、熱や錆に弱いため、耐火被覆や防錆処理が必須

### 鉄鋼の特徴

鋼材は、コンクリートや木材と比べて強度が高い。引張り力に強く、靭性に富み、ねばるため、変形時に多くのエネルギーを吸収できる。一方で熱を受けると膨張する性質をもち、膨張する比率(線形膨張率)はコンクリートとほぼ同じである。さらに長時間、熱にさらされると強度や剛性が著しく低下するため、耐火被覆などの処理が必要である。また錆びやすいので、防錆処理も欠かせない。

構造材料として使用される鋼は、通常、JIS規格材を使う。建築の構造材料で用いる主な規格材には建築構造用圧延鋼材(SN材)、一般構造用圧延鋼材(SS材)、溶接構造用圧延鋼材(SM材)、建築構造用炭素鋼管(STKN材)、一般構造用炭素鋼管(STK材)などがある。

材の種類は、SS400のように、アルファベット(鋼材の種類)と数字(引張り強度)で分類する。なお、引張り強度を上げても、鋼材のヤング係数は同じである。

建築構造に使う鋼材の形状には、H形鋼、I形鋼、山形鋼、溝形鋼、鋼管、平鋼、棒鋼、鋼板などがある。

### 工場のグレード

鋼材は、加工しづらいため、工場で部材を製作し、建築現場で組み立てるのが基本である。鉄鋼工場は、制作できる鋼材の種類や建築物によって、5つのグレードに分かれる。設計する建物規模や予算などを考慮し、工場を選択する必要があるが、工場によって得意・不得意な加工があるため、特殊な形状の建物を設計する場合などは、加工が可能かを事前に確認しておく。

● ヤング係数
ヤング率ともいい、弾性係数の1つで、垂直の応力度と材軸方向のひずみ度の比率を示す。材料によって異なる

### 形鋼の種類

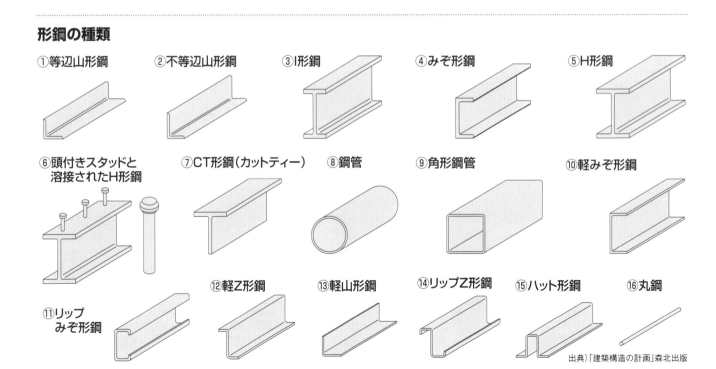

① 等辺山形鋼 ② 不等辺山形鋼 ③ I形鋼 ④ みぞ形鋼 ⑤ H形鋼 ⑥ 頭付きスタッドと溶接されたH形鋼 ⑦ CT形鋼(カットティー) ⑧ 鋼管 ⑨ 角形鋼管 ⑩ 軽みぞ形鋼 ⑪ リップみぞ形鋼 ⑫ 軽Z形鋼 ⑬ 軽山形鋼 ⑭ リップZ形鋼 ⑮ ハット形鋼 ⑯ 丸鋼

出典)「建築構造の計画」森北出版

## 鋼材の種類

| 鋼材等種別 | | 主な使用範囲 |
|---|---|---|
| 建築構造用圧延鋼材 | SN400A | 塑性変型性能を期待しない部位、部材に使用。溶接を行う構造耐力上主要な部分への使用はしない |
| | SN400B SN490B | 一般の構造部位に使用 |
| | SN400C SN490C | 溶接加工時を含め、板厚方向に大きな引張応力を受ける部位・部材に使用 |
| 建築構造用圧延棒鋼 | SNR400A SNR400B SNR490B | アンカーボルト、ターンバックル、ボルトなどに使用 |
| 一般構造用圧延鋼材 | SS400 | 簡易的な構造やSN材に規格がない鋼材に使用 |
| 溶接構造用圧延鋼材 | SM400A SM490A SM490B | SN材の補完材料 |
| 建築構造用炭素鋼管 | STKN400W STKN400B STKN490 | 柱、トラス構造、鉄塔、工作物に使用 |
| 一般構造用炭素鋼管 | STK400 STK490 | STKN材の補完材料に使用 |
| 一般構造用角形鋼管 | STKR400 STKR490 | BCP、BCRの補完材料 |
| 一般構造用軽量形鋼管 | SSC400 | 仕上材取付用2次部材、工作物に使用 |

出典）『建築鉄骨設計基準・同解説』（建設大臣官房官庁営繕部・監修）をもとに作成

## 大臣認定工場のグレードと適用範囲

| グレード区分 | 建物規模延床面積 建物高さ | 鋼材種別・板厚 | 通しダイアフラム（開先なし） | 作業条件 |
|---|---|---|---|---|
| J | 鉄骨溶接構造の3階以下の建築物 / 延べ面積500㎡以下 / 高さ13m以下かつ軒高10m以下 | 400N級炭素鋼 板厚16mm以下 | 400N級および490N級 | 原則下向き姿勢で、溶接技能者の資格はSA-2F 又はA-2F。ただし、横向姿勢の場合はSA-2F 及びSA-2H 又はA-2F 及びA-2H、かつ溶接管理技術者は溶接管理技術者2級又は鉄骨製作管理技術者2級あるいは管理の実務を資格取得後3年以上経験した2級建築士。横向姿勢による完全溶込み溶接部の超音波探傷検査は全数 |
| R | 鉄骨溶接構造の5階以下の建築物 / 延べ面積3,000㎡以下 / 高さ20m以下 | 400N及び490N級炭素鋼 板厚25mm以下 | 400N級および490N級 SS400 | 原則下向き姿勢で、溶接技能者の資格はSA-3F 又はA-3Fとする。ただし、横向姿勢を用いる場合はSA-3F 及びSA-3H 又はA-3F 及びA-3H とする。横向姿勢による完全溶込み溶接部の超音波探傷検査は全数 |
| M | 鉄骨溶接構造の建築物 / 延床面積制限なし / 建物高さ制限なし | 400N及び490N級炭素鋼 板厚40mm以下 | 40mmを超えることができる | 下向及び横向姿勢とする。溶接技能者の資格はSA-3F 及びSA-3H 又はA-3F 及びA-3H |
| H | 鉄骨溶接構造の建築物 / 延床面積制限なし / 建物高さ制限なし | 400N、490N及び520N級炭素鋼 板厚60mm以下 | 60mmを超えることができる | 下向、横向及び立向姿勢とする。溶接技能者の資格はSA-3F、SA-3H 及びSA-3V 又はA-3F、A-3H 及びA-3V |
| S | すべての鉄骨溶接構造の建築物 / 延べ面積制限なし / 建物高さ制限なし | 制限なし | 制限なし | 使用する鋼種および溶接材料に適合した、適切な作業条件を自主的に計画し、適切な品質の鉄骨を製作できる体制を整えていること |

注　上記のほか、ベースプレートの板厚に関する適用範囲、入熱・パス間温度、予熱管理に関する適用範囲なども細かく定められている

## 鉄骨工場選定にあたっての留意事項

| ①構造別の得意・不得意はどうか | ②建方時期に合わせた製作が可能かどうか | ③設計レベルに対応できるかどうか | ④質疑および提案能力があるかどうか |
|---|---|---|---|
| ⑤自主工場でやるのか、外注か | ⑥過去に品質・工程・コスト上で問題がなかったか | ⑦過去に取引があったか、初めてか | ⑧将来性（今後の付き合い） |

# コンクリート（構成材料と特性）

コンクリートの引張り強度は圧縮強度の1/10。
鉄筋コンクリートでは、鉄筋が引張り力を負担する

## 構成材料

　コンクリートとは、主として、セメント、砂（細骨材）、砂利（粗骨材）、水で構成される材料である。セメントにはさまざまな種類があるが、建築の構造材料には、ポルトランドセメント（普通・早強・中庸熱の3種）、高炉セメント、フライアッシュセメント、シリカセメント、アルミナセメントなどが使用される。

　セメントは水と混ざると硬化する性質（水硬性）をもつ。硬化反応の際に、熱が発生するが、これを水和熱という。セメントの粒の大きさ（粉末度）は、一般に、粒子が細かいほど早く固まる。

　砂や砂利などの骨材は、コンクリート容積の大半を占めるため、清浄で堅硬なものを選ぶ。近年、良質な骨材が手に入りにくいため、海砂を使用することも多くなっている。鉄筋コンクリートの骨材に海砂を使用する場合、砂に含まれる塩分で鉄筋が錆び、コンクリートにひび割れが起きないよう、十分に除塩したものを使用することが大切である。

## 構造材料としての特性

　コンクリートは、圧縮強度が非常に高く、逆に引張り強度が極端に低いという特徴をもつ。実際にコンクリートの引張り強度は、圧縮強度の約1/10しかない。

　引張りに対する構造的な弱点を鉄筋で補ったものが、鉄筋コンクリートである。鉄筋コンクリート造を構造計算する場合は、コンクリートに入れた鉄筋の引張り強度のみを考慮し、コンクリート自体の引張り力は無視することになる。

　このほか、単位当たりの重量が23〜24kN/㎡と重く、断面自体も大きくなるので構造躯体を選択する場合は、地盤条件が重要な要件になる。

● ポルトランドセメント
水硬性カルシウムシリケートを主な成分とし、これに適量の石膏を加えて製造される最も一般的なセメント。モルタルやコンクリートの原料として使用される

● 高炉セメント
急冷した高炉スラグをクリンカーに混合して製造される混合セメント。JISでは、スラグの混合率によってA種（5%を超え30%以下）、B種（30%を超え60%以下）、C種（60%を超え70%以下）が規定されている

● フライアッシュセメント
セメントとフライアッシュ（火力発電所で微粉炭を燃焼する際に副産）とを均一に混合した混合セメント。施工性が良く、発熱が少ないが、初期強度が低いなどの性質をもつ

● シリカセメント
ポルトランドセメントとシリカ質混合材などを主体とした混合セメント。混合材は5%を超え30%以下。硬化はやや遅いが、水和熱が低く、化学抵抗性に富む

● アルミナセメント
ボーキサイトなどアルミナ（酸化アルミニウム）の多い原料と石灰石を混ぜて融解し、細かく砕いてつくったセメント。耐火性・耐海水性に富み、硬化も早い

● 水和熱
水とセメントとが反応して分子群をつくる水和作用により、水和物が生成されるときに生じる熱のこと。熱の発熱量はセメントの種類によって異なり、発熱量が大きいコンクリートは凝結が早い

## コンクリートの構成

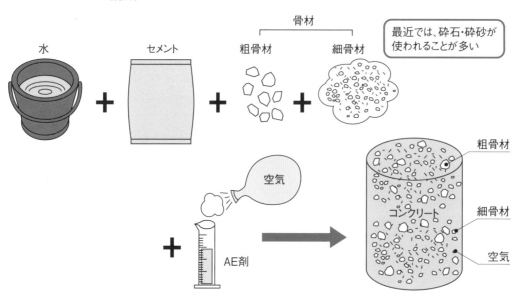

## 各種セメントの特性と主な用途

| 種類 | | | 特性 | 用途 |
|---|---|---|---|---|
| ポルトランドセメント | 普通ポルトランドセメント | | 一般的なセメント | 一般のコンクリート工事 |
| | 早強ポルトランドセメント | | ●普通セメントより強度発現が早い<br>●低温でも強度を発揮する | 緊急工事・冬期工事・コンクリート製品 |
| | 超早強ポルトランドセメント | | ●早強セメントより強度発現が早い<br>●低温でも強度を発揮する | 緊急工事・冬期工事 |
| | 中庸熱ポルトランドセメント | | ●水和熱が小さい<br>●乾燥収縮が小さい | マスコンクリート<br>遮蔽用コンクリート |
| | 低熱ポルトランドセメント | | ●初期強度は小さいが長期強度が大きい<br>●水和熱が小さい<br>●乾燥収縮が小さい | マスコンクリート<br>高流動コンクリート<br>高強度コンクリート |
| | 耐硫酸塩ポルトランドセメント | | 硫酸塩を含む海水・土壌・地下水・下水などに対する抵抗性が大きい | 硫酸塩の浸食作用を受けるコンクリート |
| 高炉セメント | | A種 | 普通セメントと同様の性質 | 普通セメントと同様に用いられる |
| | | B種 | ●初期強度はやや小さいが長期強度は大きい<br>●水和熱が小さい<br>●化学抵抗性が大きい | 普通セメントと同様な工事<br>マスコンクリート<br>海水・硫酸塩・熱の作用を受けるコンクリート<br>地中・地下構造物コンクリート |
| | | C種 | ●初期強度は小さいが長期強度は大きい<br>●水和発熱速度はかなり遅い<br>●耐海水性が大きい | マスコンクリート<br>海水・地中・地下構造物コンクリート |
| フライアッシュセメント | | A種<br>B種 | ●ワーカビリティーがよい<br>●長期強度が大きい<br>●乾燥収縮が小さい<br>●水和熱が小さい | 普通セメントと同様な工事<br>マスコンクリート・水中コンクリート |
| 白色ポルトランドセメント | | | ●白色<br>●顔料を用い着色ができる | 着色コンクリート工事<br>コンクリート製品 |

出典)「建築工事標準仕様書・同解説　JASS5　鉄筋コンクリート工事」(社)日本建築学会

## 鉄筋コンクリートの構造的特徴

### ①コンクリート

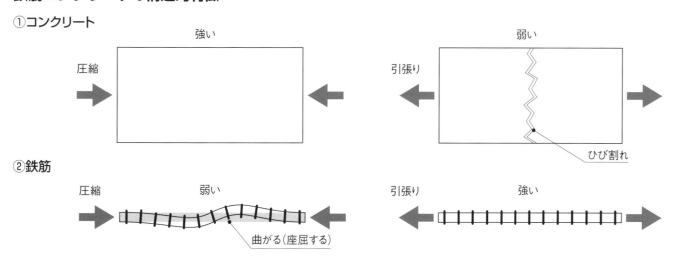

### ②鉄筋

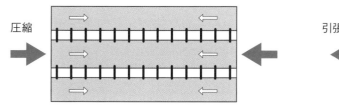

### ③鉄筋コンクリート

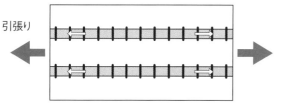

荷重と外力

構造の材料と仕組み

構造部材の設計

地震に負けない建築

構造設計の実務

構造計算の実務と法規

# コンクリート（耐久性と品質）

## コンクリートの乾燥収縮は、単位水量、単位セメント量、セメント粉末度、混和剤、養生で決まる

### 乾燥収縮と中性化

水とセメントや骨材などで構成されるコンクリートは、打設から時間が経つと乾燥収縮する。乾燥収縮はひび割れなどの原因になるので、建物の耐久性を考えれば、できるだけ乾燥収縮は抑えたほうがよい。乾燥収縮の度合いを決める要因は、単位水量、単位セメント量、セメントの粉末度、混和剤、養生の方法などである。

また、コンクリートはアルカリ性であり、鉄筋コンクリートの場合は、コンクリートが鉄筋の防錆の役割を果たす。しかし、空気中の炭酸ガスの影響で、コンクリートは徐々に中性化していく。コンクリートの中性化が進行すると、ひび割れなどが起こり、内部の鉄筋も錆びやすくなるため、耐久性に影響が出る。

コンクリートの中性化は避けられないが、セメントの種類や混和剤によっては、中性化の速度を遅くすることは可能である。

### 品質管理の目安

コンクリートは現場で打設することが多いため、強度（耐久性）や施工性（ワーカビリティ）を確保するためには品質の管理が重要になる。

コンクリートの調合を確認する指標に、単位水量、水セメント比、単位セメント量、空気量、塩化物量がある。一定の品質を保つための調合率は、単位水量185kg／m³以下、水セメント比65％以下、単位セメント量270kg／m³以上、空気量5％程度、塩化物量0.3kg／m³以下が目安となる。

生コンクリートの施工性を確認する指標には、スランプ値がある。スランプ値はコンクリートの流動性を表し、12〜21㎝程度の範囲に納まるようにする。スランプ値が小さいほど流動性が鈍くなる。単位水量が高いほど流動性が上がるが、強度は落ちる。そのため、単位水量を抑えて流動性を向上させるために、AE剤やAE減水剤などを用いる。

● スランプ値
固まる前のコンクリートの流動性を調べる試験で得られる値で、打設した場合の難易度や作業効率、施工性の指標となる。スランプ値が低いと硬めのコンクリートであるといえる

### 生コンクリートの性質

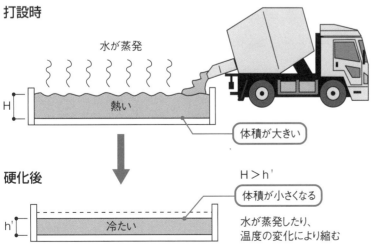

打設時

水が蒸発

熱い

H

体積が大きい

硬化後

H＞h'

体積が小さくなる

h'

冷たい

水が蒸発したり、温度の変化により縮む

### コンクリートの中性化

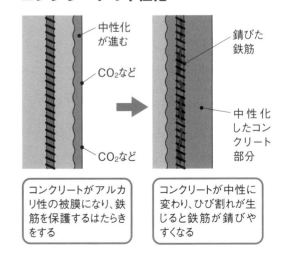

中性化が進む

$CO_2$など

$CO_2$など

錆びた鉄筋

中性化したコンクリート部分

コンクリートがアルカリ性の被膜になり、鉄筋を保護するはたらきをする

コンクリートが中性に変わり、ひび割れが生じると鉄筋が錆びやすくなる

## コンクリート仕様別配合規定一覧表（JASS5）

| 管理項目 | 基本仕様 | | 特殊仕様 | | | |
|---|---|---|---|---|---|---|
| | | | 軽量コンクリート | 流動化コンクリート | 水密コンクリート | 水中コンクリート |
| スランプ | $Fc<33N/mm^2$ 18cm以下　$33N/mm^2≦Fc$ 21cm以下 | | 21cm以下 | コンクリート種類／ベースコン／流動化コン：普通コンクリート 15cm以下 ※／21cm以下 ※、軽量コンクリート 18cm以下／21cm以下　※調合管理強度が$33N/mm^2$以上の場合、材料分離を生じない範囲でベースコンを18cm以下、流動化コンを23cm以下とすることができる | | $Fc<33N/mm^2$ 21cm以下　$33N/mm^2≦Fc$ 23cm以下 |
| 水セメント比 | セメントの種類／水セメント比：ポルトランドセメント（低熱を除く）、高炉セメントA種、シリカセメントA種、フライアッシュセメントA種 → 65%以下／低熱ポルトランドセメント、高炉セメントB種、シリカセメントB種、フライアッシュセメントB種 → 60%以下 | | $Fc≦27N/mm^2$ 55%以下　$27N/mm^2<Fc$ 50%以下 | 流動化コンクリートは打設前に混和剤（流動化剤）を添加して製品となるが、水セメント比はベースコンと同じとして扱う／原則として定めてあるが、できるだけ少なく | 50%以下 | 場所打ち杭 60%以下　地中壁 55%以下 |
| 単位水量 | $185kg/m^3$以下 | | $185kg/m^3$以下 | $185kg/m^3$以下（ベースコンクリート） | | $200kg/m^3$以下 |
| 単位セメント量 | $270kg/m^3$以上 | | $Fc≦27N/mm^2$ $320kg/m^3$以上　$27N/mm^2<Fc$ $340kg/m^3$以上 | 普通コンクリート $270kg/m^3$以上　軽量コンクリート $Fc≦27N/mm^2$ $320kg/m^3$以上　$27N/mm^2<Fc$ $340kg/m^3$以上 | | 場所打ち杭 $330kg/m^3$以上　地中壁 $360kg/m^3$以上 |
| 空気量 | 4.5% | | 5% | 普通コンクリート 4.5%　軽量コンクリート 5% | 4.5%以下 | |

注　寒中コンクリートの場合、調合管理強度$Fm≧24N/mm^2$でなければならない

注　暑中コンクリートの場合、荷卸し時のコンクリート温度は35℃以下でなければならない

コンクリートの調合では、コンクリートの品質項目・目標値を設定し、その性能を十分に確保するために、各材料、各種条件を決定する。これらの決定により調合されるコンクリートの配合を基本仕様（普通コンクリート）と一般的な特殊仕様のコンクリートに分けたものが上の表である。各規定値を確実に守るよう調合を行う

## スランプ値の確認

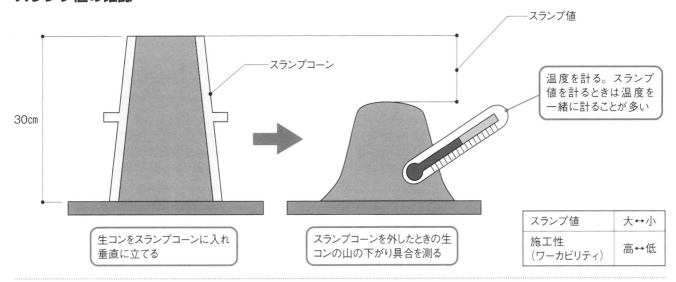

30cm

スランプ値
スランプコーン
温度を計る。スランプ値を計るときは温度を一緒に計ることが多い

生コンをスランプコーンに入れ垂直に立てる

スランプコーンを外したときの生コンの山の下がり具合を測る

| スランプ値 | 大↔小 |
|---|---|
| 施工性（ワーカビリティ） | 高↔低 |

# 在来軸組構法（木造）

## 木造住宅で最もポピュラーな構法。
## 構造設計では、接合部の金物、耐力壁の配置、床の剛性に注意

### 在来軸組構法の特徴

在来軸組構法は在来構法ともいい、柱など の軸材と梁・桁などの横架材で組む工法であ る。軸組を構成する柱や梁は鉛直荷重を負担 するが、水平力に対してはほとんど抵抗要素 にならない。そのため、筋かいなどの耐力壁 を設けて水平力に抵抗させるよう設計する必 要がある。

部材の接合部は仕口・継手という。かつて は大工が手で刻んで仕口・継手を加工したが、 現在はプレカット工場で機械加工されることが ほとんどである。

柱－梁、梁－梁、柱－土台・基礎などの構造 上主要な接合部は、構造金物で補強することが 建築基準法で定められている。

なお、在来軸組構法と同じように、躯体は 柱・梁で構成されるが、接合部などに釘や金 物をできるだけ使用しないで架構する構法 を、伝統構法という。

### 構造設計上の注意点

構造設計上は次のようなことに注意する。

#### ①金物の配置

木材同士の接合部は、乾燥収縮やめり込み などが発生するため、構造的に安定しない。 そのため金物の正しい設置が重要になる。金 物の耐力や設置位置などは、建築基準法の仕 様規定やN値計算法で確認する。

#### ②耐力壁の配置

建物が水平力を受けると耐力壁に力が集中 するが、量（壁量）や位置のバランスが悪いと 建物がねじれるおそれがある。耐力壁の量は 壁量計算、配置は4分割法で確認する。

#### ③床の剛性の確保

建物が受けた力は、柱や梁、壁だけでなく 床にも流れる。床が力を確実に伝達するため には、ある程度の剛性が必要となる。床の剛 性は、火打材や構造用合板などで確保するこ とが建築基準法で義務付けられている。

● N値計算法
軸組の柱頭や柱脚の接合部 に金物を配置するための計算 手法の1つ

● 4分割法
小規模な木造住宅など（2階 建て以下、あるいは延床面積 500㎡以下など）を対象に、 各階の壁量バランスを検証す る方法で、1/4分割法ともい う。各階の平面図で、タテ（張 り間方向）、ヨコ（桁行き方向） 双方の、両端の1/4のスペー スに存在する壁量（耐力壁の 長さ）のバランスを計算し、耐 震性を検証する

● 火打材
木造住宅で、床組や小屋組 が変形しないように設置する 斜材をさすが、最近では金物 を使うことが多い

## 軸組タイプの種類

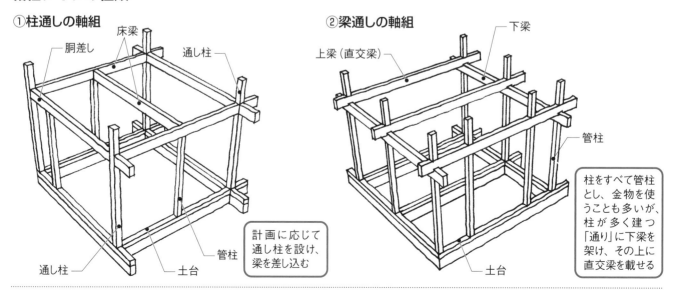

①柱通しの軸組
胴差し　床梁　通し柱
計画に応じて通し柱を設け、梁を差し込む
通し柱　管柱　土台

②梁通しの軸組
上梁（直交梁）　下梁　管柱
柱をすべて管柱とし、金物を使うことも多いが、柱が多く建つ「通り」に下梁を架け、その上に直交梁を載せる
土台

## 在来軸組構法の名称

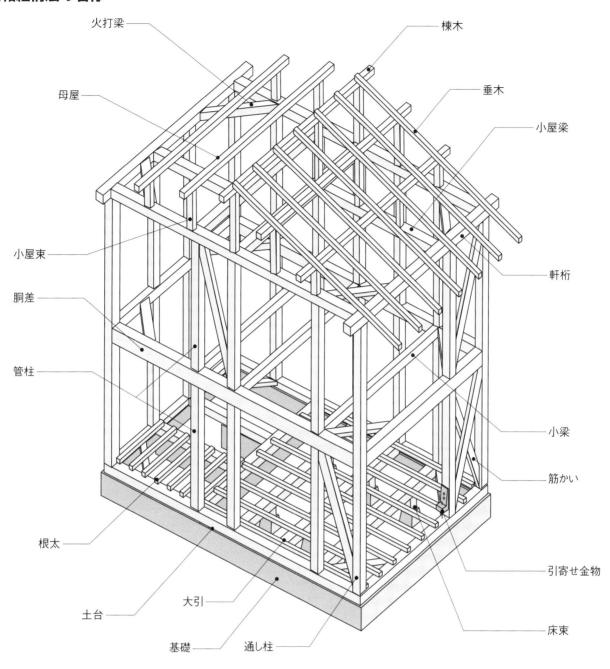

火打梁
母屋
小屋束
胴差
管柱
根太
土台
大引
基礎
通し柱

棟木
垂木
小屋梁
軒桁
小梁
筋かい
引寄せ金物
床束

荷重と外力

構造の材料と仕組み

構造部材の設計

地震に負けない建築

構造設計の実務

構造計算の実務と実践

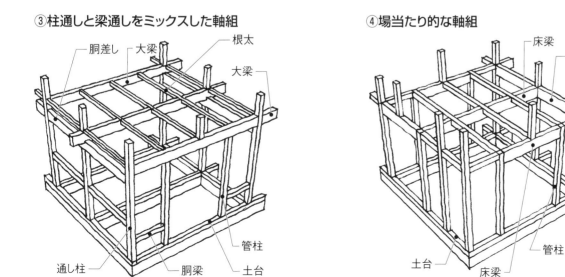

### ③柱通しと梁通しをミックスした軸組

胴差し　大梁　根太
大梁
通し柱　胴梁　土台
管柱

### ④場当たり的な軸組

床梁　胴差し
通し柱
土台　床梁
管柱

必要最小限の断面寸法で梁をつないでいく。材積は少ないが、接合部は増える。このような組み方もできる

# 枠組壁工法（木造）

ツーバイフォー工法ともいい、在来軸組構法よりも、耐力壁の配置や量、開口部などに厳密な規定がある

## 枠組壁工法の特徴

枠組壁工法は、北米から伝えられた外来工法である。数種類の断面の材（ディメンション・ランバー）で軸組を構成するもので、断面は2×4（ツーバイフォー）、2×6、2×8、2×10などがある。2×4材の使用が最も一般的なため、ツーバイフォー工法とも呼ばれることが多い。

柱や梁の軸組で支える在来軸組構法に対して、枠組壁工法は、壁や床などの面で支える。そのため、断熱・気密・防音性などが高い。

設計上は、在来軸組構法と同様、柱や横架材が鉛直荷重を、耐力壁が水平力を負担するよう設計する。壁量については、建築基準法で仕様が決められている。

接合部は、在来軸組構法の仕口・継手のような特殊な加工を必要とせず、基本的に釘と金物で留める仕様である。

床や壁、屋根など、各部位で使用する部材の寸法と間隔などは細かく規定されている。

## 厳格な耐力壁の規定

枠組壁工法は、耐力壁が構造上重要な要素であるという設計思想のため、在来軸組構法と比べて、耐力壁の仕様がより厳密に規定されている。

たとえば、耐力壁線の考え方などは、在来軸組構法には見られないものである。耐力壁線とは、一定以上の耐力壁が存在する構面のことである。枠組壁工法では、隣り合う耐力壁線の間隔（耐力壁線間距離）を12m以下としなければならない。さらに、耐力壁線で囲まれた部分の水平投影面積は40m²以下でなければならない。

このように枠組壁工法は、在来軸組構法と比べて、耐力壁の配置に自由度が少ないが堅固な建物になる。

さらに、耐力壁に開口部を設ける場合、1つの開口部の幅（4m以下）だけでなく、任意の耐力壁線にあけてよい総量（耐力壁線の長さの3/4以下）も定められている。

● 壁量
構造計算で用いる耐力壁の量で、ある方向の耐力壁の水平の長さの合計をその階の壁量算定用の床面積で除した数値

## 軸組構法と枠組壁工法の違い

軸組構法のイメージ

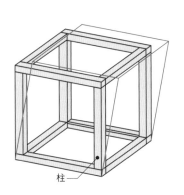

枠組壁工法のイメージ

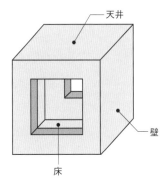

## 枠組壁工法の設計ルール

平面

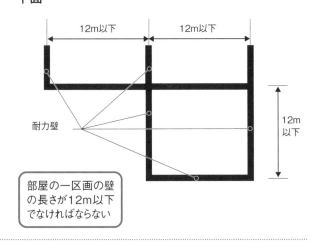

## 枠組壁工法の名称

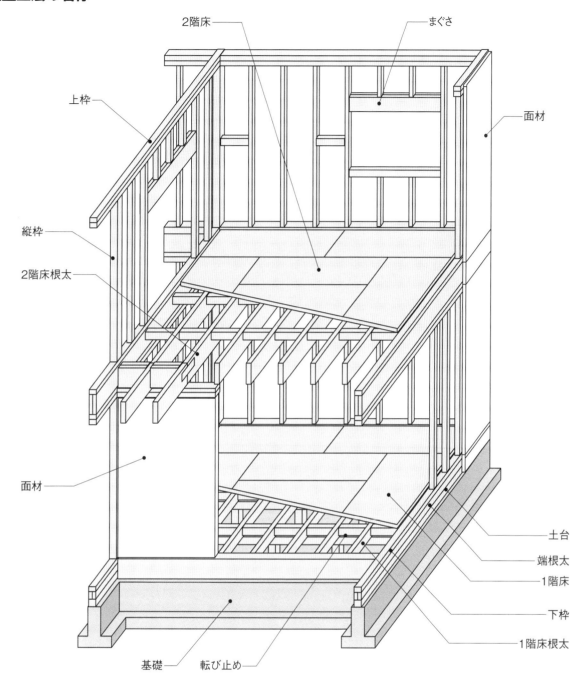

- 2階床
- まぐさ
- 面材
- 上枠
- 縦枠
- 2階床根太
- 面材
- 土台
- 端根太
- 1階床
- 下枠
- 1階床根太
- 基礎
- 転び止め

荷重と外力

構造の材料と仕組み

構造部材の設計

地震に負けない建築

構造設計の実務

構造計算の実務と実践

## 立面

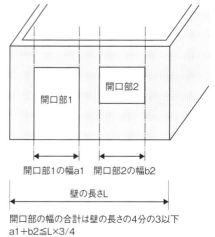

開口部1　開口部2

開口部1の幅a1　開口部2の幅b2

壁の長さL

開口部の幅の合計は壁の長さの4分の3以下
$a1+b2≦L×3/4$

## 枠組壁工法の枠組

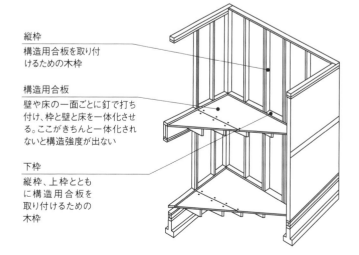

縦枠
構造用合板を取り付けるための木枠

構造用合板
壁や床の一面ごとに釘で打ち付け、枠と壁と床を一体化させる。ここがきちんと一体化されないと構造強度が出ない

下枠
縦枠、上枠とともに構造用合板を取り付けるための木枠

# その他の木造工法

集成材工法は大断面の建物、木質プレファブ工法は大量生産の住宅、
丸太組工法はログハウスなどに用いる

## 大断面集成材工法

大断面集成材工法とは、材の短辺が15cm以上で、かつ断面積が300cm以上の大断面をもつ構造用集成材を用いて軸組をつくる工法で、大断面木造とも呼ばれる。山形ラーメンや半球形ドームなどの構造形式を採用して、木造でも大スパン、大空間をつくることができる。近年では、小学校などの公共施設の設計などに用いられることが多い。

## 木質プレファブ工法

木質プレファブ工法とは、床や壁、屋根となる枠組み面材を接着した木質接着複合パネルを工場で制作し、現場で組み立てる工法である。

柱や梁に当たる部材がなくすべてパネルで構成する方式以外に、柱・梁などの軸組と床・壁・屋根などをパネルと併用する方式や、建物を箱状の部分(ユニット)に分けて、現場で組み立てる方式などがある。一般に、ボルトで接合するため、特殊な技術が必要ない。また、短期間での施工が可能である。建設できる建物の階数や使用できる材、構造計算の方法などが建築基準法施行令で規定されている。

## 丸太組工法

丸太組工法とは、丸太や角材を井桁状に積み上げて壁をつくる工法である。校倉造りとも呼ばれる。壁と壁が交差する部分はノッチと呼ばれる欠込みを入れ、かみ合わせて固定する。地震に配慮し、かみ合わせ部分を軸ボルトと打込み鉄筋やダボで補強するよう規定されている。

丸太組工法で一定規模を超える建物をつくる場合、建築基準法施行令に定められた構造計算方法で構造の安全性を確認しなければならない。

● 山形ラーメン
最上階の梁部分が、山形に折れ曲がったラーメン構造のこと

● ノッチ
「切欠き」ともいい、接合のために材料の一部を切り取ってできた穴、溝、段付きなど。この部分は、応力集中が際立って大きくなる

## 大断面集成材工法

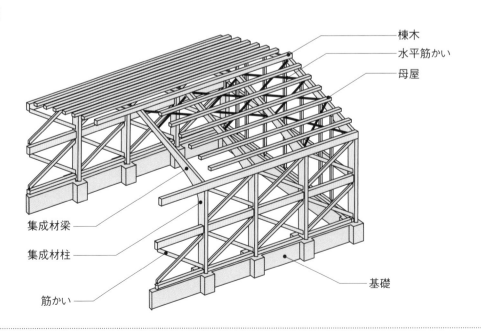

棟木
水平筋かい
母屋
集成材梁
集成材柱
基礎
筋かい

## 木質プレファブ工法

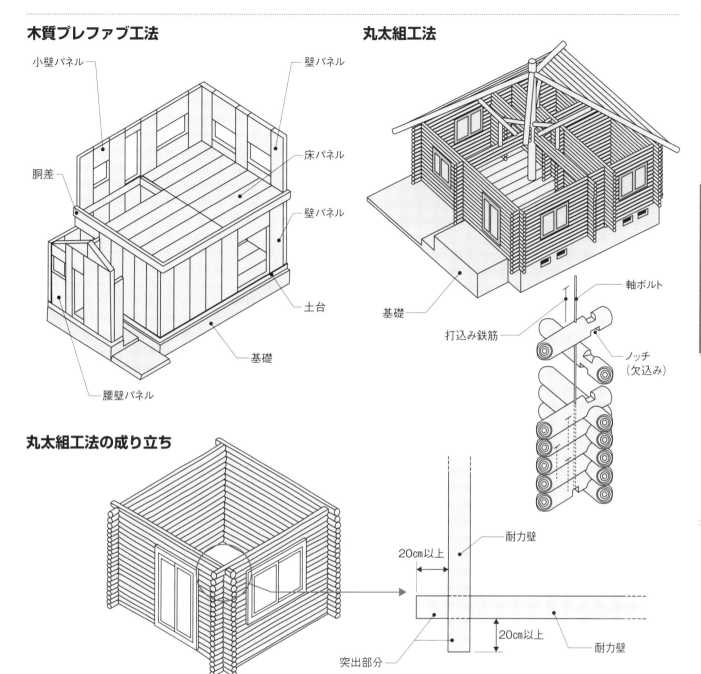

- 小壁パネル
- 壁パネル
- 床パネル
- 胴差
- 壁パネル
- 土台
- 基礎
- 腰壁パネル

## 丸太組工法

- 基礎
- 打込み鉄筋
- 軸ボルト
- ノッチ（欠込み）

## 丸太組工法の成り立ち

- 耐力壁
- 20cm以上
- 突出部分
- 20cm以上
- 耐力壁

## 丸太組工法の設計ルール

### 耐力壁のルール

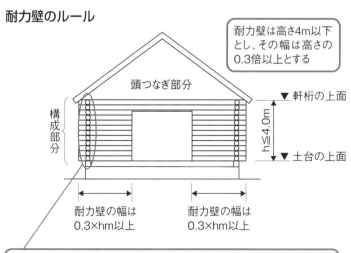

耐力壁は高さ4m以下とし、その幅は高さの0.3倍以上とする

頭つなぎ部分
▼軒桁の上面
h≦4.0m
構成部分
▼土台の上面

耐力壁の幅は0.3×hm以上　耐力壁の幅は0.3×hm以上

耐力壁の交差部は梁間方向・桁行方向に耐力壁を設け、さらに丸太材を構造耐力上有効に組み、壁面から20cm以上突出させる

### 耐力壁と耐力壁の距離のルール

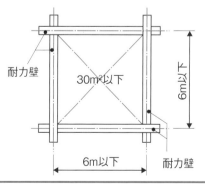

- 耐力壁
- 30m²以下
- 6m以下
- 6m以下
- 耐力壁

耐力壁によって囲まれた部分の水平投影面積は30m²以下、耐力壁から耐力壁までの間隔は6m以下とする。ただし、構造計算により構造耐力上の安全が確かめられた場合は、耐力壁と耐力壁の間隔を10m以下、一区画の水平投影面積を60m²以下とすることができる

荷重と外力

構造の材料と仕組み

構造部材の設計

地震に負けない建築

構造設計の実務

構造計算の実務と法規

# 鉄骨造

## 材料の比強度が高い鉄骨造は大スパンや高層の建物に用いられる。構造設計上、たわみや座屈に注意を要する

### 鉄骨造の特徴

柱・梁などの構造躯体に鉄鋼を用いた建物を鉄骨造という。木造の在来軸組構法と同様に、柱・梁などを接合しながら架構する。

木材と比較すると、材料に比強度（重さ当たりの強度）の高い鉄鋼を用いることで、大スパンの建物や超高層建物などの設計も可能となる。

一般的に用いられる構造形式には、接合部を剛接合としたラーメン構造と、接合部をピン接合にしてブレースなどで柱梁を固定するブレース構造がある。このほかに、トラス構造や山形ラーメン構造などがある。

構成材料は、H形鋼、鋼管、溝形鋼、リップ溝形鋼（Cチャン）、等辺山形鋼（Lアングル）、不等辺山形鋼（Lアングル）などがある。部材の接合方法には、溶接接合、普通ボルト接合、高力ボルト接合、また、ごくまれに使用するリベット接合がある。

### 構造設計上の注意点

鉄骨造の構造設計で注意すべきは座屈である。座屈とは、材に力が加わったとき急に材の一部がはらむように変形する現象である。断面が小さく長い柱に大きな圧縮力がかかると座屈するが、梁に大きな曲げ応力が発生しても座屈することがある（横座屈という）。座屈を防ぐには、材の幅厚比を小さくする、スチフナーや、梁ならば小梁などで補強するなどの対応が必要である。

梁のたわみ量にも規定があり、通常の梁であれば、スパンの1/250以下に抑える。ただし、片持ち梁の場合はスパンの1/300以下に収めたほうがよい。

高力ボルトなどで部材どうしを接合する場合、ボルト孔が断面欠損となる。引張り材として使用する際には、断面積から欠損分を除いた有効断面積で引張り強度を求めなければならない。

● リップ溝形鋼
溝形鋼の側縁をさらに曲げて、コの字形の断面をした軽量形鋼

● 高力ボルト
高強度の鋼でつくられ、大きな導入軸力を生じさせるよう、締め付けて使うボルト。ハイテンションボルトともいう

● スチフナー
鋼板や形鋼の組み合わせなどの鋼構造部材を補鋼するために、ほぼ全断面に取り付ける補強用の鋼板

## X形ブレース

①X形ブレース全体図

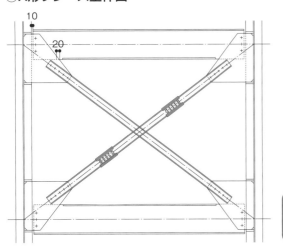

引張り力としてのみ作用する

②X形ブレース交差部詳細

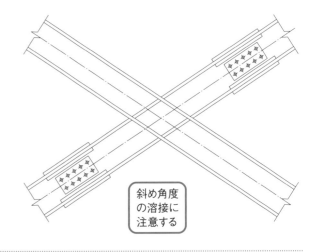

斜め角度の溶接に注意する

# ラーメン構造の名称

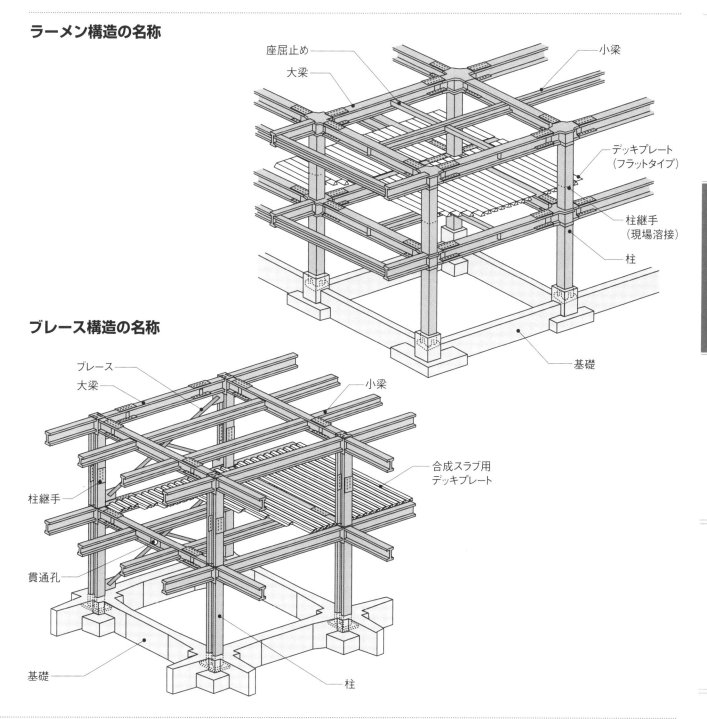

座屈止め

大梁

小梁

デッキプレート
（フラットタイプ）

柱継手
（現場溶接）

柱

基礎

# ブレース構造の名称

ブレース

大梁

小梁

柱継手

合成スラブ用
デッキプレート

貫通孔

基礎

柱

# K形ブレース

## ①K形ブレース全体図

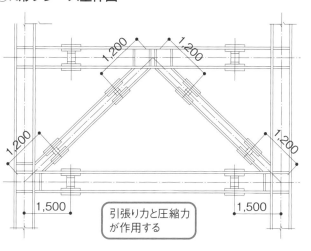

1,200

1,200

1,200

1,200

1,500

1,500

引張り力と圧縮力
が作用する

## ②K形ブレース端部詳細

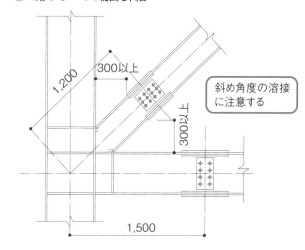

1,200

300以上

300以上

斜め角度の溶接
に注意する

1,500

荷重と外力

構造の材料と仕組み

構造部材の設計

地震に負けない建築

構造設計の実務

構造計算の実務と法規

# 鉄筋コンクリート造

鉄筋コンクリート造は比較的自由な形状をつくることができる。
柱・梁で強度を確保する純ラーメン構造が一般的である

## 鉄筋コンクリート造の特徴

　柱・梁・床などすべての構造躯体が、鉄筋とコンクリートで一体になった建物を鉄筋コンクリート造という。現場で鉄筋を組み、型枠を立て、コンクリートを打設して躯体をつくり上げるので、木造や鉄骨造と比べて自由な形状をつくることができる。ほかの材と比べて比重が大きく、遮音性に優れているため、マンション建築などによく用いられている。

　構造形式は、柱・梁を剛接合としたラーメン構造が一般的である。ここでいうラーメン構造には、柱や梁だけで強度を確保する純ラーメン構造だけでなく、耐震壁を設ける耐震壁付きラーメン構造も含まれる。

　このほか、柱・梁を設けず壁のみで躯体を構成する壁式構造や、壁式構造とラーメン構造の長所を併せもつ壁式ラーメン構造などがある。

## 構造設計上の注意点

　コンクリートはほとんど引張り耐力をもたないため、躯体にかかった引張り力は鉄筋が負担することになる。そのため、梁・柱などの部位によって、鉄筋の種類や径、間隔などが細かく規定されている。一方、コンクリートは、鉄筋と確実に一体化するようにかぶり厚を十分に確保することが重要だ。かぶり厚は、コンクリートの中性化の速度や耐火性能にも関係する。

　鉄筋コンクリートで躯体をつくる以上、ひびは避けられない問題だ。ひびが入る原因には、乾燥収縮や応力集中、温度変化などさまざまなものがある。

　一般にひびは、幅0.2mm以内ならば構造上は問題ないとされる。それ以上の幅では、ひびから水が入り、なかの鉄筋が錆びるおそれがあるので補修が必要になる。

● かぶり厚
鉄筋や鉄骨鉄筋を覆っているコンクリートの表面から鉄筋の表面までの距離(厚み)のこと。その最小の厚みは、コンクリートの種類ごとに建築基準法施行令で規定されている

## ラーメン構造の原理

①不安定な構造

縄

②接合部を剛にすると安定

## RC造の短形ラーメン

柱・梁で構成されている

## ラーメン構造

柱・梁で構成

# 鉄筋コンクリート造（ラーメン構造）の名称

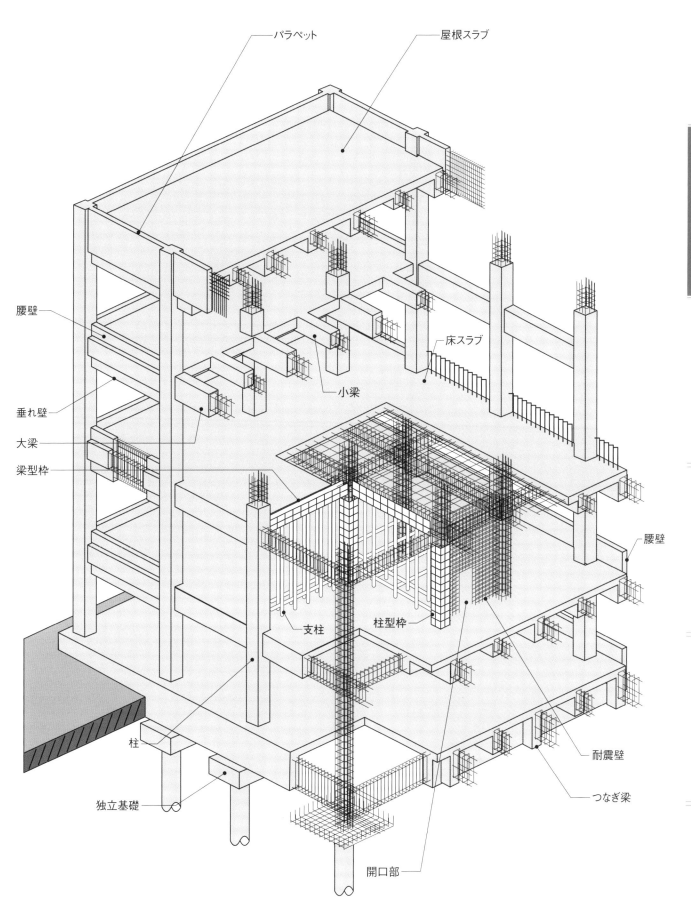

パラペット
屋根スラブ
腰壁
垂れ壁
大梁
梁型枠
床スラブ
小梁
支柱
柱型枠
腰壁
柱
耐震壁
独立基礎
つなぎ梁
開口部

荷重と外力

構造の材料と仕組み

構造部材の設計

地震で首のない建築

耐震設計の実務

構造設計者のすすめと資格

# 壁式コンクリート造

## 壁式のコンクリート造には、壁式鉄筋コンクリート造とコンクリートブロック造などがある

### 壁式鉄筋コンクリート造

　壁式鉄筋コンクリート造は、柱・梁の代わりに壁が主要な構造躯体となる構造形式である。建築できる規模に規定があり、地上階数5階以下、軒高20m以下、各階の階高3.5m以下に制限されている。

　壁式鉄筋コンクリート造で規定の規模を超える建築を行う場合は、保有水平耐力計算などで構造の安全性を確認しなければならない。また、階数によって必要とされる耐震壁の量（壁量）と最小壁厚も決められている。

　壁式鉄筋コンクリート造は、柱形や梁形がないため、室内の形状が整形になる。ただし、木造の在来軸組構法と同様に、十分な壁量を必要とするため、プランによっては一つひとつの居室を細かく区切らなければならない場合もあり、必ずしも広い空間を確保できるとは限らない。

### コンクリートブロック造

　コンクリートブロック造は、レンガなどの組積造に分類される構造形式である。柱がないため壁式構造とみなすこともできる。代表的なものに、補強コンクリートブロック造と型枠コンクリートブロック造がある。

　補強コンクリートブロック造は、コンクリートブロックの空洞に補強用の鉄筋を通し、コンクリートを充填して構造壁をつくる。コンクリートブロックは強度により3種類に分かれ、建物の規模で使用できるものが決まる。このほか耐震壁の長さや厚さ、量、配置などに細かい規定がある。

　型枠コンクリートブロック造は、薄い板のコンクリートブロックを型枠にして、そのなかに配筋しコンクリートを打設する構造躯体である。建物の階数で、必要壁量、壁厚、充填するコンクリートの厚さなどに規定がある。

● コンクリートブロック
コンクリートをブロック形状に成形した建築資材で、内部が空洞になっているものを指すことが多い

### 壁式コンクリート造の名称

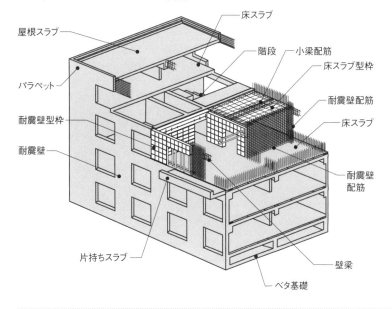

屋根スラブ
床スラブ
パラペット
階段
小梁配筋
床スラブ型枠
耐震壁配筋
床スラブ
耐震壁型枠
耐震壁
耐震壁配筋
片持ちスラブ
壁梁
ベタ基礎

### 壁式構造の原理

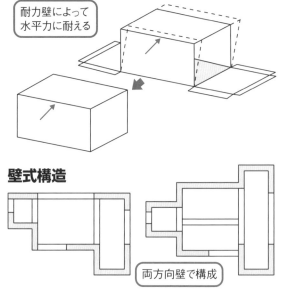

耐力壁によって水平力に耐える

### 壁式構造

両方向壁で構成

# その他のコンクリート造

## PCはケーブルに事前に与えられた引張り力から3種に分かれる

### プレストレストコンクリート造

柱や梁となる部材に普通鉄筋の2～4倍の引張り強度がある鋼棒やケーブル(PC鋼材)を配置し、緊張を与えたものをプレストレストコンクリート(PC、またはPSC)といい、それでつくる構造形式をプレストレストコンクリート造という。部材にあらかじめ緊張を与え、部材に生じる応力を打ち消すことができる。

コンクリートを打設する前にケーブルなどに引張り力を与えるものをプレテンション、打設後にケーブルに緊張を与えるものをポストテンションという。緊張の与え方によって、プレストレストコンクリートは1種～3種に分かれる。最も引張りに強いのが1種である。3種は、引張り力をコンクリート内の鉄筋にも負担させ、ある程度のひび割れ(0.2mm)を許容するもので、プレストレスト鉄筋コンクリート(PRC)とも呼ばれる。

プレストレストコンクリートは引張り力を生じさせないため、大スパンの梁や、ひび割れを起こしたくない箇所に利用されることが多い。

### プレキャストコンクリート造

床や壁などの部材をあらかじめ工場でつくり、現場で組み立てる構法をプレキャストコンクリート造(PCa)という。部材を工場でつくるため、現場で打設するよりも部材の精度が高い。

部材の接合方法は、部材の鉄筋を溶接してつなぐ方法(ウェットジョイント)と、鋼板を用いて部材どうしをつなぐ方法(ドライジョイント)がある。

プレキャストコンクリート造は、現場で部材を組み立てるだけなので、現場打ちよりも施工期間が短くなる。ただし各部材の重量が大きいため、大型の重機での作業が可能かどうかが構法選択の重要な要因となる。

● プレテンション
PC鋼材に緊張を与えた後コンクリートを打込み、硬化後緊張力を解除して、コンクリートにプレストレスを与える方法。主に工場で製作される場合に用いられる方式

● ポストテンション
鉄筋コンクリート構造の一部を中空化(構造を貫通)し、コンクリートの強度が出た後に、PC鋼材を通して張力を与え、残りの空間にグラウトを注入し、一体化させることによりプレストレストコンクリートを完成させる工法

## コンクリートブロック造の名称

鉄筋コンクリート造屋根スラブ
端部用ブロック
縦筋
横筋
横筋用ブロック
基本ブロック
モルタルまたはコンクリート充填
現場打ちコンクリート
耐力壁十形交差部縦筋
鉄筋コンクリート造布基礎

## プレキャストコンクリート造の名称

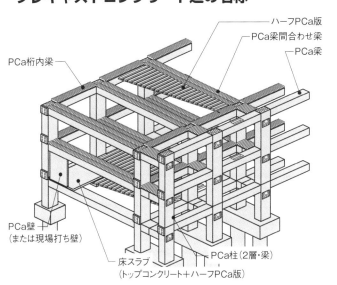

ハーフPCa版
PCa梁間合わせ梁
PCa梁
PCa桁内梁
PCa壁(または現場打ち壁)
床スラブ(トップコンクリート+ハーフPCa版)
PCa柱(2層・梁)

# Column

## 新しい材料で構造をつくる

　技術は日進月歩の発展を遂げており、建築構造にも使えそうな素材が次々と登場している。たとえばFRP（繊維系プラスチック）は、半永久的に腐朽・腐食することがない高耐久な素材である。すでに土木分野では構造材料として使用されており、将来的には建築の構造材料として使用されることになるかもしれない。

　また、紙を蜂の巣状に整形してつくるハニカムペーパーは、軽いうえに強度があるため、高強度な素材の間に挟み込んで使用すると構造材料として利用可能である。写真は、屋外に設置するモニュメントの構造体にFRPとハニカムペーパーを使用した部材を採用した事例である。

### ■ ハニカムペーパーパネルの折板構造

全景

ハニカムペーパー構造

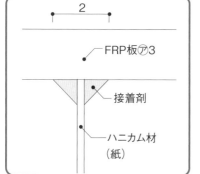

FRPと紙のハニカムパネル。半透明状のパネルになる。FRPの透明度はアクリルに劣るが、比強度がアクリルより優れている

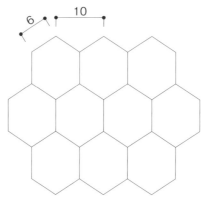

# 構造部材の設計

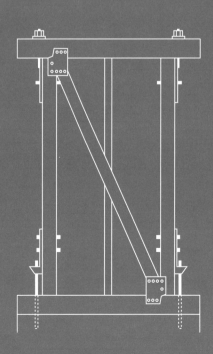

# 建物を構成する構造

建築の構造部材には、床・梁・柱・壁・基礎がある。
建物が受けた荷重はこれらの構造部材を介して地盤へと伝達される

## 構造部材の構成

建物は通常、構造材、仕上材、設備機器の3つの要素から構成される。そのなかでも構造材は、建物の骨格に該当するもので、建物を成立させるためには欠かせないものである。

構造材には、床、梁(大梁・小梁)、柱、壁、基礎があり、それぞれ構造上の役割が異なる。

床は、人や物を重力に抵抗して支持する役割を果たしており、建物の構造部材で最も基本的なものである。また、柱や梁、壁が受けた水平力を伝達する役割もある。

梁(大梁)は、床を支持するために床の周りに配置する横架材である。床の重量や面積が大きいときは大梁に小梁を掛けて床を支える。木造の基礎の上に配された梁は土台ともいう。

柱は、鉛直方向に建てられた部材で、鉛直方向の荷重だけでなく水平力に対して抵抗する部材でもある。

壁は、主に地震力などの水平力に抵抗する部材である。

基礎は、建物が受けたすべての荷重(鉛直方向・水平方向)を、柱や土台などを通じて支持し、それを地盤や杭へと伝達する役割がある。

## 力の伝達経路

建物が荷重を受けると、力は構造部材を通して地盤へと伝わる。

固定荷重や積載荷重など鉛直方向の荷重の場合、力は床(屋根)→梁→柱→土台→基礎→地盤という経路で伝達される。

地震力や風荷重などの水平力もほぼ同じ経路をたどる。ただし、鉛直荷重と違い、水平力は大梁から柱と壁(耐震壁)に伝達され、基礎へ伝えられる。すなわち、床→梁→柱・壁→土台→基礎→地盤という流れである。

● 固定荷重
屋根や床、柱、基礎など建物自体の自重

● 積載荷重
人や家具、そのなかに収納する物といった建物の床に加わる荷重

## 構造部材の構成(鉄筋コンクリート造)と力の伝達

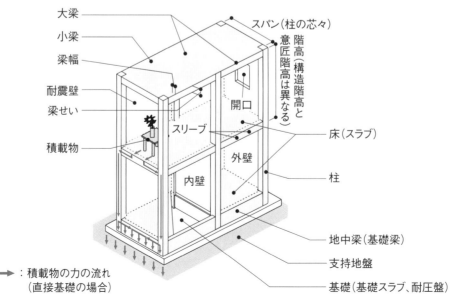

# 構造計算の数値

構造計算の基礎となる部材の性質を表す数値は、
密度、ヤング係数、許容応力度、ポアソン比の4つである

## 構造計算の流れ

構造計算は、荷重の算出→応力の算出→断面の検討→2次計算(壁量計算・剛性率・偏心率の計算など)という流れで行うのが一般的である。各計算段階で、さまざまな数値を取り扱う。以下に各段階で必要となる数値を紹介する。

## 構造計算に必要な数値

### ①密度

単位体積当たりの質量のことで、部材の重量(荷重)を求めるときに使用する。木(スギ材)は8kN/m³、鉄鋼は78kN/m³、コンクリートは23kN/m³(鉄筋コンクリートならば24kN/m³)くらいになる。

### ②ヤング係数

材料の変形しにくさを表す数値で、部材の応力や変形を算出するときに必要となる。木材は樹種によって異なる。たとえばスギ材は7,000 N/mm²である。鉄鋼は210,000 N/mm²。コンクリートは、強度によって異なるが、一般的には21,000 N/mm²程度である。

### ③許容応力度

部材に生じる応力の限界点のことで、部材の断面算定の基本となる数値である。許容応力度は、材料の基準強度に建築基準法で定められた係数をかけて算出する。持続的に生じる応力に対する許容応力度と、短い時間で集中的に生じる応力に対する許容応力度の2種類がある。前者を長期許容応力度、後者を短期許容応力度といい、それぞれ算出するための係数が異なる。

### ④ポアソン比

物質に軸方向へ力を加えたときに生じる、横方向のひずみ(伸縮)と縦方向のひずみ(伸縮)の比である。鉄骨やコンクリートがせん断変形する際の剛性(せん断弾性係数)を算出するのに用いる。鉄鋼で0.3、普通コンクリートで0.2である。

- ● 壁量計算
  建築基準法が求める必要壁量(耐力壁の長さ)を算出するための計算

- ● 剛性率
  剛性率は、各階の剛性のばらつきを確認するための値。複数階の建物で、ほかの階より極端に剛性の低い階があると、地震時などにその階から破壊する可能性が高くなる

- ● 偏心率
  建物の重心(各階の質量の中心)と剛心(水平力に対抗する力の中心)のズレの値。値が大きいほど耐力が弱い

## 構造計算の数値

| | 単位重量(比重) | ヤング係数 | ポアソン比 | 線膨張係数 | 基準強度[※] | 長期許容応力度 |
|---|---|---|---|---|---|---|
| 木材 | 8.0kN/m³(0.8) | 8〜14×10³N/mm² | 0.40〜0.62 | 0.5×10⁻⁵ | Fc=17〜27N/mm²<br>(Fb=22〜38N/mm²) | 曲げ<br>　8.0〜14N/mm²<br>引張り<br>　5.0〜9.0N/mm²<br>圧縮<br>　6.5〜10.0N/mm² |
| 鋼材 | 78.5kN/m³(7.85) | 2.05×10⁵N/mm² | 0.3 | 1.2×10⁻⁵ | Fc=235〜325N/mm² | 曲げ[※]<br>　157〜217N/mm²<br>引張り<br>　157〜217N/mm²<br>圧縮[※]<br>　157〜217N/mm² |
| 鉄筋コンクリート(コンクリート) | 24kN/m³(2.4)<br>(鉄筋コンクリート)<br>23kN/m³(2.3)<br>(コンクリート) | 2.1×10⁴N/mm²<br>(コンクリート) | 0.2<br>(コンクリート) | 1.0×10⁻⁵<br>(コンクリート) | Fc=16〜40N/mm² | 引張り(異形鉄筋)<br>　196〜215N/mm²<br>圧縮(コンクリート)<br>　5.3〜13.3N/mm² |

※座屈、局部座屈がない場合

# 架構と荷重のモデル化

## 現実の架構を抽象的に置き換える作業を架構のモデル化という。荷重を計算しやすい形式に整理することを荷重のモデル化という

### 架構のモデル化のルール

現在構造計算は、ほとんどコンピュータを使って行っている。しかし、実際に建物の部材に生じる応力は複雑なため、すべての応力を正確に再現して計算することはできない。そこで、応力計算しやすいよう、現実の架構を抽象的な架構に置き換える作業を行う。これを架構のモデル化という。

架構のモデル化にはいくつか覚えておくべきルールがある。柱や梁などの軸材は、1本の線として考え、曲げモーメント、せん断力、軸力に対する各応力を算出する。柱はすべての応力を算出するが、梁は軸力が相対的に小さいため無視し、曲げモーメントとせん断力のみ算出する場合がある。柱・梁の線材どうしは、節点（接点）と呼ばれる点でつなぐ。

### 荷重のモデル化とは

建物の構造計算では、積載荷重や固定荷重などの荷重を用いて、建物の局部的な変形や全体の変形を確認したり、応力を算出して部材の断面設計を行う。しかし架構同様、建物すべての部分に生じている荷重を正確に評価することは、コンピューターによる計算でも非常に難しい。そのため構造計算では、荷重を計算しやすい形式に整理して計算する。これを荷重のモデル化という。

一般的な荷重のモデル化方法には、床荷重と地震力の2つがある。

#### ①床荷重のモデル化

床荷重は、一般的に、床面にはたらくすべての荷重を均等な分布荷重（等分布荷重）にモデル化する。床荷重は、周囲の梁の付き方を考慮しながら床面積を三角形や台形に分割し（前者を三角分布、後者を台形分布と呼ぶ）、それぞれの面積が負担する荷重が近くの梁に流れるものとして計算する。

#### ②地震力のモデル化

建物が受けた地震力は、構造計算上は、床面に作用した荷重として扱われる。このときの重量は各階の床が負担する重量から計算される。なお地震力は、床の重心位置への集中荷重としてモデル化する場合が多い。

● 応力
部材の外部から力が加わった際に、これに抵抗するように内側から生じる力

● 曲げモーメント
部材を曲げようとする力

● せん断力
部材を平行四辺形に変形させようとする力

● 軸力
部材に生じる引張り力・圧縮力。柱の場合は鉛直方向に生じる

## 重量のある積載物の荷重の考え方

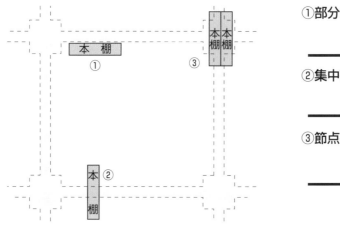

① 部分的等分布荷重
② 集中荷重
③ 節点荷重

## 架構のモデル

### 実際の計画建物

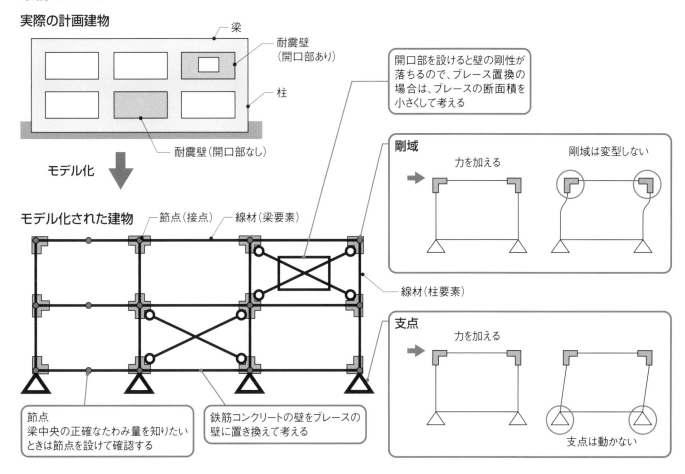

梁

耐震壁（開口部あり）

柱

耐震壁（開口部なし）

モデル化

> 開口部を設けると壁の剛性が落ちるので、ブレース置換の場合は、ブレースの断面積を小さくして考える

### モデル化された建物

節点（接点）　線材（梁要素）

線材（柱要素）

**剛域**

力を加える　　　　　剛域は変型しない

**支点**

力を加える

支点は動かない

節点
梁中央の正確なたわみ量を知りたいときは節点を設けて確認する

鉄筋コンクリートの壁をブレースの壁に置き換えて考える

## 梁の荷重と負担幅

### ①梁にかかる荷重

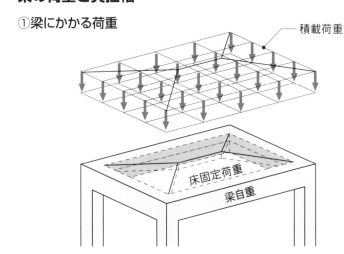

積載荷重

床固定荷重

梁自重

> 床スラブの固定荷重と梁の自重は等分布荷重として取り扱う。鉄骨造や鉄筋コンクリート造の場合、床スラブの荷重は下図のように分割してそれぞれ直近の梁に載荷される床荷重を算出する。木造の場合は、根太の方向によって荷重の負担幅が異なるので注意が必要である

### ②負担幅

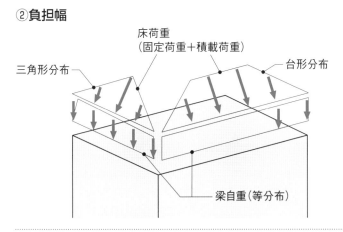

床荷重
（固定荷重＋積載荷重）

三角形分布

台形分布

梁自重（等分布）

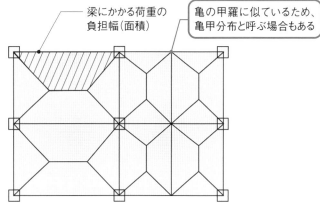

梁にかかる荷重の負担幅（面積）

> 亀の甲羅に似ているため、亀甲分布と呼ぶ場合もある

荷重と外力

構造の材料と仕組み

構造部材の設計

地震に負けない建築

構造設計の実務

構造計算の実務と法規

# 梁の種類と形状

梁は床の支持方法や平面計画上の掛け方などで名称が変わる。
構造計算上は連続梁、単純梁、片持ち梁にまとめられる

## 梁の名称

床や小屋組を支える横架材である梁には、構造形式によってさまざまな名称がある。

梁に対して最も多くの呼び名があるのは木造(在来軸組構法)である。小屋組を支える横架材で、軒と平行関係(桁行き方向)にあり、垂木が掛かる材を桁といい、桁と直交方向(梁間方向)に掛かる横架材を梁と呼ぶ。また、上下階をつなぐ横架材を胴差と呼ぶ。

一方、鉄骨造や鉄筋コンクリート造の場合、桁行き・梁間のいずれの方向でもすべて梁と呼ばれることが多い。

床の支持方法でも名称が変わる。主に床を支える梁を大梁、大梁の補助的な役割を担う梁を小梁という。床を下から支える梁を純梁、床が梁の下側にくるものを逆梁という。鉄筋コンクリート造のバルコニーで、手摺兼用としている梁などは逆梁であることが多い。

平面計画上の梁の掛け方でもいろいろな呼び方がある。梁を短いピッチで平行に掛けたものをジョイスト梁、十字に交差させて掛けたものを格子梁という。さらに格子梁を斜めにしたものは斜交梁と呼ばれる。

そのほか、鉄骨造などで用いられる床と梁が一体になった合成梁や、鉄骨の梁や木の梁とケーブル材で組み合わせてつくる張弦梁など、特殊な構成の梁もある。

## 構造計算上の名称

梁の構造計算では、梁の支点(端部)の固定形式によって名称が変わる。

1本の梁で複数の支点を連続して持つものを連続梁という。1本の梁で一方が支持端(ピン)、もう一方が移動端(ローラー)であるものは単純梁という。1点のみで固定される梁は片持ち梁という。

## 階数による構造種別

| 種別 | スパン(m) | <4 | 4~6 | 6< |
|---|---|---|---|---|
| S | H | ○ | ○ | △ |
| S | □ | ○ | ○ | △ |
| S | □厚BOX | △ | △ | ○ |

◎:適　○:やや適　△:やや不適　×:不適
出典)「構造計算の実務」建築技術

## スパンによる構造種別

| 種別 | スパン(m) | <6 | 6~9 | 9< |
|---|---|---|---|---|
| S | H | ◎ | ○ | △ |
| S | □ | ◎ | ○ | △ |
| S | □厚BOX | △ | ○ | ◎ |

出典)「構造計算の実務」建築技術

## 建物規模と構造種別

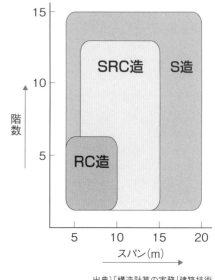

出典)「構造計算の実務」建築技術

## 床の支持方法による梁の分類

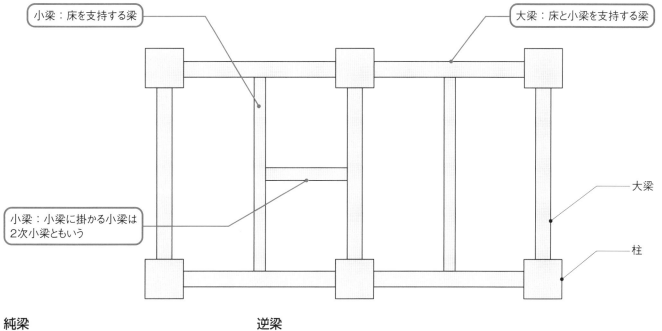

小梁：床を支持する梁

大梁：床と小梁を支持する梁

小梁：小梁に掛かる小梁は2次小梁ともいう

大梁

柱

### 純梁

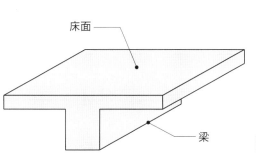

床面

梁

### 逆梁

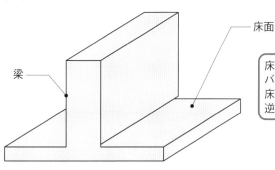

床面

梁

床を下から支える梁を純梁、バルコニーの手摺壁のように床を吊るように支持する梁を逆梁という

## 架構形式による梁の分類

### ①ジョイスト梁

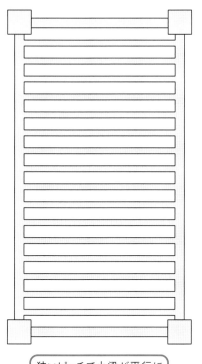

狭いピッチで小梁が平行に掛かる

### ②格子梁

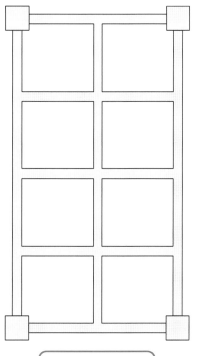

小梁が格子状に掛かる

### ③斜め格子梁（斜交梁）

小梁が大梁に対して斜めに交差するように掛かる

荷重と外力

構造の材料と仕組み

構造部材の設計

地震に負けない建築

構造設計の実務

構造計算の実務と法規

# 梁に生じる応力

## 梁に生じる主な応力には、曲げモーメントとせん断応力がある。梁の固定形式によって応力算出の公式が異なる

### 梁端部の固定形式

梁の断面を決定する際には、曲げモーメントやせん断応力など梁に生じる力がどのくらいかを知る必要がある。梁端部の固定形式によって応力算出の公式は異なるが、基本的には単純梁と両端固定梁の公式を覚えておけば、梁の応力を算出することができる。

なお、梁の固定形式にはこのほかに連続梁がある。ただし、連続梁は隣り合う梁の剛性によって応力が複雑に変わる。そのため、通常はコンピュータで計算するのでここでは省略する。

#### ①単純梁

単純梁は、梁が両端の支点だけで支えられる静的構造で、一方が自由に回転できる支点（ピン接合）、もう一方が水平方向に移動する移動端（ローラー）から構成される。端部を固定することが難しい木造の梁を設計する場合

に、この単純梁の公式を使用する。

#### ②両端固定梁

両端固定梁は、梁の両端部が剛接合になる梁のことである。ただし、現実的に梁の接合部を考えると完全な固定状態をつくり出すことは困難で、実際はピンと剛の中間くらいの性質を持つことが多い。このような剛性の高い柱に接続された梁などには、両端固定梁の公式を用いる。

### 荷重の考え方

応力を算出する際は、荷重をどのように取り扱うかで公式が変わる。

梁の自重や床の荷重によって生じる応力を算出する場合は、通常、梁に等分布荷重がかかっているものとして応力を計算する。

一方、大梁に小梁が掛かる場合は、小梁から伝達される荷重を集中荷重とみなして、応力を算出する。

● 等分布荷重
床面などに対して単位面積当たりの荷重が、均一に分布している状態

● 集中荷重
荷重が部材の一部分に集中する状態

---

### 単純梁の公式

#### ①等分布荷重

曲げモーメント ——— $M = \dfrac{1}{8} wL^2$

せん断力 ——— $Q = \dfrac{1}{2} wL$

たわみ ——— $\delta = \dfrac{5}{384} \cdot \dfrac{wL^4}{EI}$

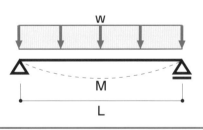

断面2次モーメント：部材の形状により求められる値

ヤング係数：材料の性質により決まる常数

#### ②集中荷重

曲げモーメント ——— $M = \dfrac{1}{4} PL$

せん断力 ——— $Q = \dfrac{1}{2} P$

たわみ ——— $\delta = \dfrac{1}{48} \cdot \dfrac{PL^3}{EI}$

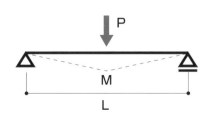

## 両端固定梁の公式

### ①等分布荷重

曲げモーメント

中央 ——————— $M_C = \dfrac{1}{24} wL^2$

端部 ——————— $M_E = \dfrac{1}{12} wL^2$

せん断力 ——————— $Q = \dfrac{1}{2} wL$

たわみ ——————— $\delta = \dfrac{1}{384} \cdot \dfrac{wL^4}{EI}$

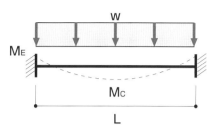

### ②集中荷重

曲げモーメント

中央 ——————— $M_C = \dfrac{1}{8} PL$

端部 ——————— $M_E = \dfrac{1}{8} PL$

せん断力 ——————— $Q = \dfrac{1}{2} P$

たわみ ——————— $\delta = \dfrac{1}{192} \cdot \dfrac{PL^3}{EI}$

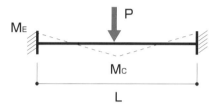

## 片持ちスラブにかかるモーメントとせん断力

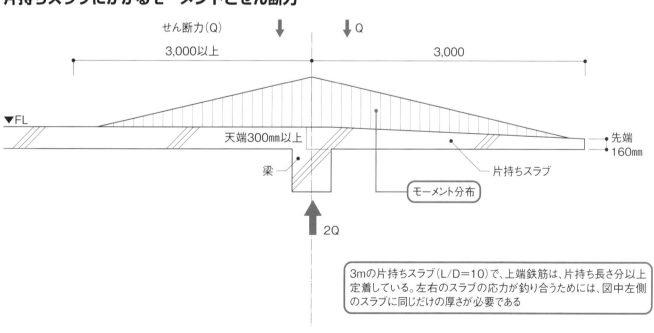

3mの片持ちスラブ（L/D＝10）で、上端鉄筋は、片持ち長さ分以上定着している。左右のスラブの応力が釣り合うためには、図中左側のスラブに同じだけの厚さが必要である

# 梁の断面計算

梁の断面はたわみと応力で算定する。
たわみの許容値はスパンの1/250、応力は許容応力度以下に収める

### たわみ量による断面算定

梁寸法の断面は、各団体などが公表しているスパン表などから簡易的に推定することができる。たとえば、鉄筋コンクリート造の場合、梁の断面寸法は、梁スパンの1/10〜1/12程度が目安である。しかし梁の断面は、たわみ量と応力で求めたほうが正確な値を計算できる場合が多い。

たわみ量で断面を求める場合は、基準となるのが変形角である。変形角とは、梁がたわんだときの勾配のことで、梁中央部のたわみ量(たわみ量の最大値)を、梁スパンで割ると変形角が求まる。一般に変形角が1/250以下に収まっていれば、その断面は構造上安全だとみなすことができる。

ただし、ほとんどの部材は、時間が経つにつれて、長期の鉛直荷重などによりたわみが進行する。これをクリープ現象と呼ぶ。鉄筋コンクリート造の場合、たわみの増大率は8倍にもなる。したがって、変形角の公式で求めたたわみ量を8倍した値をスパンで割る必要がある。

### 応力による断面算定

応力で梁の断面を算定する場合は、部材に発生する応力度が部材の許容応力度以下に収まっていることを確認する。

鉄筋コンクリート造の梁の場合、引張り応力で断面を算定する。鉄筋コンクリート造で引張り応力に抵抗するのは鉄筋である。具体的には、算出した応力を、鉄筋の許容応力度と応力を算出するための距離(応力中心間距離)で割り、必要とされる鉄筋量を算出。その鉄筋量が収まるように梁の断面(幅・せい)を調整する。

鉄骨造や木造の梁の場合、算出した応力を仮定断面の断面係数で割って応力度を求め、それが部材の許容応力度以下になっていることを確認する。

● スパン
梁などの支点柱から支点柱までの距離

## クリープ現象

応力が一定になってもひずみが増大する現象

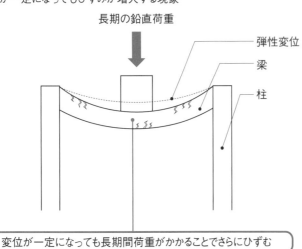

長期の鉛直荷重
弾性変位
梁
柱

変位が一定になっても長期間荷重がかかることでさらにひずむ

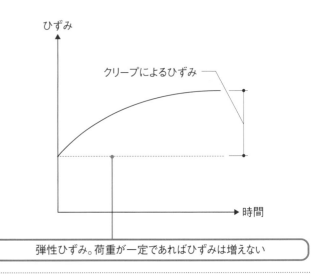

ひずみ

クリープによるひずみ

時間

弾性ひずみ。荷重が一定であればひずみは増えない

## たわみ量による断面算定

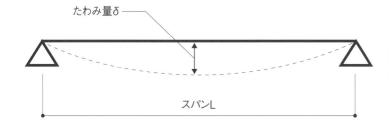

$$\frac{\delta}{L} \leqq \frac{1}{250}$$

たわみ量を算出する際にはクリープを考慮した計算結果を変形増大係数倍する必要がある

たわみ量δ

スパンL

### 梁の変形増大係数

| 木 | 鋼材 | 鉄筋コンクリート |
|---|---|---|
| 2 | 1 | 8 |

## 応力による断面算定

### ①鉄筋コンクリートの場合

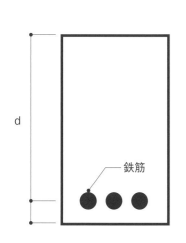

d

鉄筋

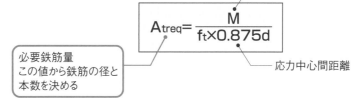

$$A_{treq} = \frac{M}{f_t \times 0.875d}$$

曲げ応力

応力中心間距離

必要鉄筋量
この値から鉄筋の径と本数を決める

| よく使用される鉄筋の種類 | 引張りの長期許容応力度 |
|---|---|
| D13、D10、SD295A、D22、D19、D16、SD345 | $f_t = 196\,N/mm^2$（長期）<br>$f_t = 215\,N/mm^2$（長期） |

| 主な鉄筋の断面積 | | | | mm² |
|---|---|---|---|---|
| D10 | D13 | D16 | D19 | D22 |
| 71.3 | 127 | 199 | 287 | 387 |

### ②木材や鋼材の場合

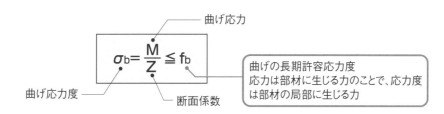

$$\sigma_b = \frac{M}{Z} \leqq f_b$$

曲げ応力

曲げ応力度

断面係数

曲げの長期許容応力度
応力は部材に生じる力のことで、応力度は部材の局部に生じる力

| | 材種 | 曲げの長期許容応力度 |
|---|---|---|
| 鉄鋼 | SS400 | $f_b = 160\,N/mm^2$［※］ |
| 木材 | ベイマツ無等級 | $f_b = 10.3\,N/mm^2$ |

注　鉄鋼の場合は座屈止めの設け方により、許容応力度の数値が変わる

荷重と外力
構造の材料と仕組み
構造部材の設計
地震に負けない建築
構造設計の実務
構造計算の実務と法規

# 片持ち梁の設計

## 片持ち梁の設計では、木造は片持ち梁と躯体の接合部、鉄筋コンクリート造は配筋、鉄骨造は振動に注意する

### 木造の片持ち梁

片持ち梁を計画する場合、構造種別によって、設計上の注意点が異なる。

木造で片持ち梁を計画する場合は、片持ち部分と躯体の接合部が重要である。通常は、内部から桁の下を通して梁を持ち出すか、片持ち梁と桁の接合部に金物を使用する。このほか、方杖と引寄せ金物を合わせて支持する方法もある。

外部に金物を使うと木材と金物の隙間に雨水が入り腐りやすいが、取り替えや補修は簡単である。逆に内部から梁を持ち出すと、水がたまらず腐りにくいが、一度腐ってしまうと改修が困難である。

### 鉄筋コンクリート造の片持ち梁

鉄筋コンクリート造で片持ち梁をつくる場合は、配筋方法に最も注意すべきである。

鉄筋コンクリート造の片持ち梁に生じる引張り応力は、鉄筋を通じて躯体に伝わる。片持ち梁と建物内の梁に段差がある場合、片持ち梁の鉄筋は柱に定着させる。その際、片持ち側と反対側の柱主筋の近くまでアンカーを届かせることが必要である。

片持ち梁と内部の大梁が同じ高さにあり、連続している場合、片持ち梁に生じる応力は、柱と大梁の剛性に応じて分配されるので、剛性に応じてそれぞれのアンカー本数を決めなければならない。

### 鉄骨造の片持ち梁

鉄骨造の片持ちは、木造や鉄筋コンクリート造に比べると接合が容易で、また大きな片持ちとすることができる。ただし振動しやすいので、できるだけ片持ち梁の剛性は大きくする。

片持ち梁と大梁の間に段差を設ける場合は、ダイヤフラムの納まりが難しくなるので、段差は200㎜以上確保したほうがよい。

● 方杖
梁などの横架材と柱の接合部を補強する斜材

● ダイヤフラム
鉄骨造の柱と梁の剛接合部に剛性を高めるために設ける鋼板

## 木造の片持ち梁・跳出し梁

### ①室内から梁を持ち出す

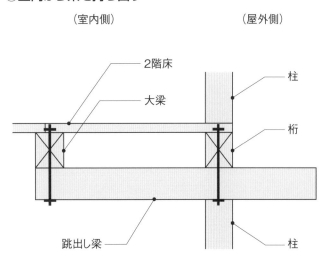

（室内側）　　　　　　　（屋外側）

2階床
大梁
柱
桁
柱
跳出し梁

### ②金物と方杖で片持ち梁を支持する

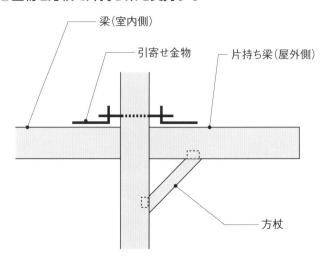

梁（室内側）
引寄せ金物
片持ち梁（屋外側）
方杖

## 鉄筋コンクリート造の片持ち梁

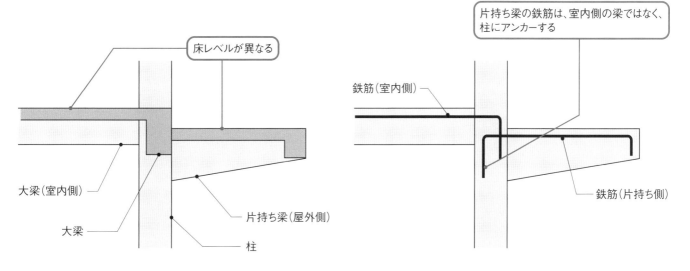

床レベルが異なる

片持ち梁の鉄筋は、室内側の梁ではなく、柱にアンカーする

鉄筋(室内側)

大梁(室内側)

大梁

柱

片持ち梁(屋外側)

鉄筋(片持ち側)

床レベルが室内と屋外で異なる場合は、柱に力を伝達するため、鉄筋を柱にアンカーする

## 鉄骨造の片持ち梁

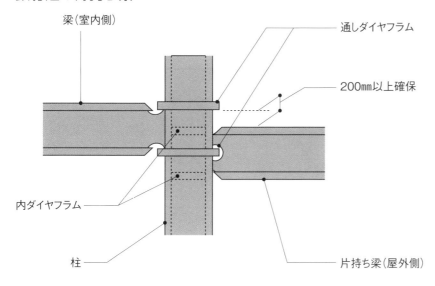

梁(室内側)

通しダイヤフラム

200mm以上確保

内ダイヤフラム

柱

片持ち梁(屋外側)

室内と屋外の梁に段差がある場合、段差が小さいとダイヤフラムを柱に取り付けられなくなる。段差は最低でも200mmは確保する

## ベランダで想定される荷重

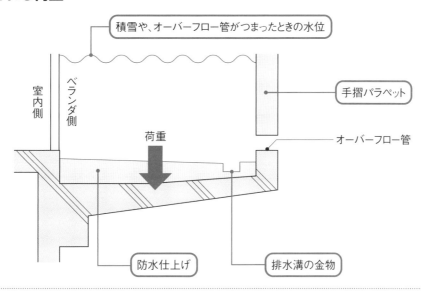

積雪や、オーバーフロー管がつまったときの水位

室内側

ベランダ側

荷重

手摺パラペット

オーバーフロー管

防水仕上げ

排水溝の金物

荷重と外力

構造の材料と仕組み

構造部材の設計

地震に負けない建築

構造設計の実務

構造計算の実務・法規

# トラス梁の設計

## トラス構造は少ない部材で強い構造をつくることができる。
## トラスの主な応力計算法には、切断法と節点法がある

### トラスの応力計算法

軸材を三角形になるように接合してつくる構造をトラス構造という。接合部は節点といい、構造計算上は自由に回転できるピン接合とする。

トラスを構成する軸材は、曲げモーメントやせん断力が生じず、軸力(引張り・圧縮)のみ伝達する。一般に、部材は曲げに弱く、軸力に強い傾向がある。つまり、軸力のみを伝達するトラスを構造体にすれば、少ない部材で強い構造をつくることができるのである。実際にトラス構造を利用したトラス梁は、体育館や工場など、大きなスパンの屋根を支える構造形式として使われることが多い。

トラス梁を設計する場合、トラスが伝達する軸力の大きさと流れを算出し、軸材の耐力がそれ以上であることを確認する。トラスが伝達する力の解析方法は複数ある。そのなかでも代表的なものは切断法と節点法である。

切断法は、トラスのどの箇所でも力がつり合う性質をもつことを利用して示力図で応力を算出する方法である。

節点法は、節点での力のつり合いを考え、応力を算出する計算方法である。この方法では、節点の周りにある部材や反力の方向を、矢印を使用し、時計回りで示力図に描きながら算出する。

また、トラス全体を1つの示力図で表す方法をクレモナ図法という。

### トラス梁の設計の注意点

トラス梁で屋根を架ける場合、仕上材の支持方法を考慮しながら、部材寸法を決める必要がある。また、温度応力による軸材の伸縮が大きいため、大きな屋根を架ける場合は、気温の変化を十分に考慮した設計とする。

トラス梁はスパンが大きくなるので、継手位置や現場への搬入方法の検討も重要である。

● 示力図
矢印で表す複数の力の、それぞれの始点と終点を連結して製作する図

---

## さまざまなトラス架構

**平行弦トラス**

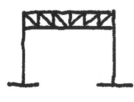

プラットトラス

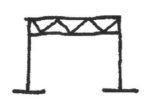

シングルワーレントラス

ハウトラス

**山形トラス**

キングポストトラス

クイーントラス

**原理**

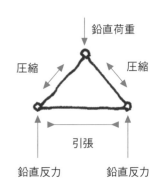

鉛直荷重

圧縮　　圧縮

引張

鉛直反力　　鉛直反力

## 切断法

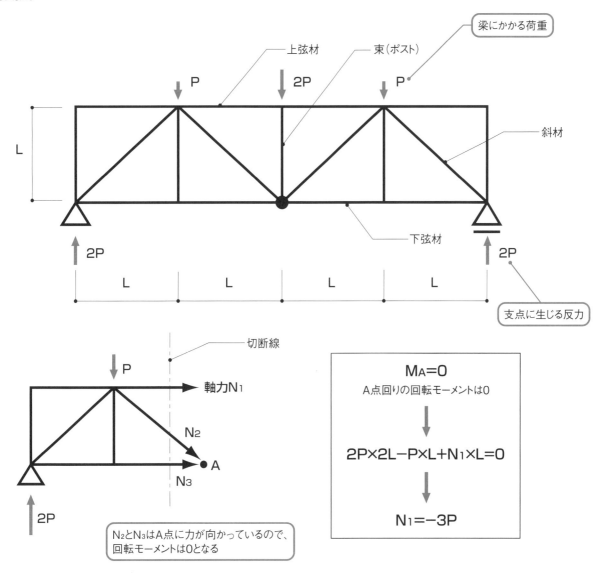

上弦材

束（ポスト）

梁にかかる荷重

斜材

下弦材

支点に生じる反力

P

2P

P

2P

2P

L

L

L

L

L

切断線

P

軸力N₁

N₂

N₃

A

2P

N₂とN₃はA点に力が向かっているので、
回転モーメントは0となる

$M_A=0$

A点回りの回転モーメントは0

$2P \times 2L - P \times L + N_1 \times L = 0$

$N_1 = -3P$

## 節点法（示力図）

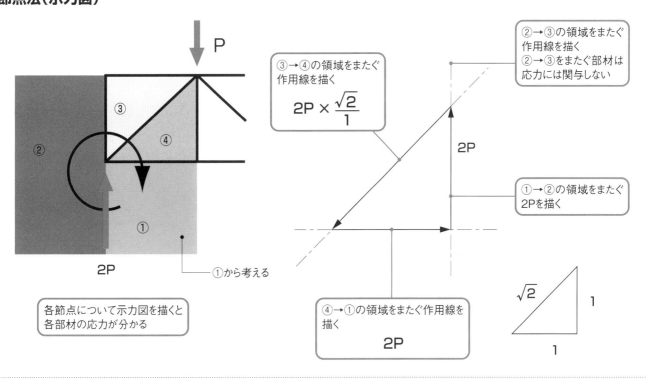

P

②→③の領域をまたぐ
作用線を描く
②→③をまたぐ部材は
応力には関与しない

③→④の領域をまたぐ
作用線を描く

$2P \times \dfrac{\sqrt{2}}{1}$

2P

①→②の領域をまたぐ
2Pを描く

③

④

②

①

2P

①から考える

各節点について示力図を描くと
各部材の応力が分かる

④→①の領域をまたぐ作用線を
描く

2P

$\sqrt{2}$

1

1

# 柱の設計

柱は軸力、曲げモーメント、せん断力によって複雑な変形をする。
柱を細くする方法は荷重を減らす、中央に耐震壁を集めるなどがある

## 曲げ・せん断力・軸力による変形

柱は、床や梁など複数の部材の鉛直荷重を支えるため、非常に複雑な変形をする。

まず、曲げモーメントによるラーメン変形だが、長期の鉛直荷重による変形と、地震力や風荷重など短期の水平力による変形では、変形方向が異なる。長期の鉛直荷重による変形の場合、柱は外にはらむように変形するが、短期の水平力の場合は、柱頭・柱脚の接合部は直角を保ったまま斜めに変形する。

次にせん断力に対する変形は、柱にもせん断力が生じているため、曲げモーメントの変形に比べると微少となる。ただし、柱にはひし形に変形するせん断変形が生じる。特に、柱の長さが短い場合、柱のせん断変形は顕著になる。

最後に軸力に対する変形。軸力(引張力・圧縮力)を受けると、その方向に伸縮する。

柱の変形で特に注意しなければならないのは座屈である。座屈とは、材が圧縮力を受けたときに、材が急にたわむ現象である。

## 柱の断面を小さくする

柱の断面がすべて同じで、均等に配置されていれば、理論上、柱が負担する荷重はすべて同じになる。このようなプランで、1本の柱の断面を小さくするためには、柱のピッチを狭めるか、可能な限り床などの荷重を減らす必要がある。

一方、柱を不規則に配置するプランでは、負担荷重のほかに剛性のバランスが柱を細くする方法となる。たとえば、建物中央部の柱断面を非常に大きくし、ほかの柱よりも多くの水平力を負担できる剛性をもたせれば、建物外周部の柱の断面を小さくしたり、柱の本数を減らすことができる。さらに、中央に耐震壁を集めて、水平力をそこに負担させれば、外周部の柱は鉛直荷重のみを支えるため、さらに細く、少なくすることも可能だ。

ただし、柱を減らす場合は、1本の梁が負担する床の面積が広くなる。そのため梁断面が大きくなり、細い柱の上に大きな梁が載るという意匠的な問題が生じる。

● ラーメン
梁や柱の各接点を溶接など剛接合して、強固な一体とする骨組み構造

## 柱の変形

### ①曲げ変形

水平力 →

曲げ変形の量は、曲げモーメントと断面2次モーメント、ヤング係数の値で決まる

### ②せん断変形

水平力 →

せん断変形の量は、せん断応力と柱の断面積、せん断弾性係数の値で決まる

### ③軸変形

↓圧縮力

軸変形の量は、軸力と柱の断面積、ヤング係数の値で決まる

### ④座屈

↓圧縮力

軸力方向の力が一定値を超えると急に横にはらむように変形する

### ⑤ねじれ

軸線
ねじれ応力

柱の変形を詳細に検討する場合は、ねじれ応力を考慮する

## 座屈とは

### ①柱の座屈

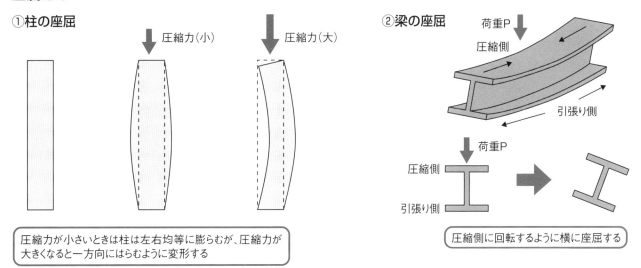

圧縮力（小）　　圧縮力（大）

圧縮力が小さいときは柱は左右均等に膨らむが、圧縮力が大きくなると一方向にはらむように変形する

### ②梁の座屈

荷重P
圧縮側
引張り側

荷重P
圧縮側
引張り側

圧縮側に回転するように横に座屈する

## 柱の断面を小さくする

柱が均等スパンに並ぶ場合

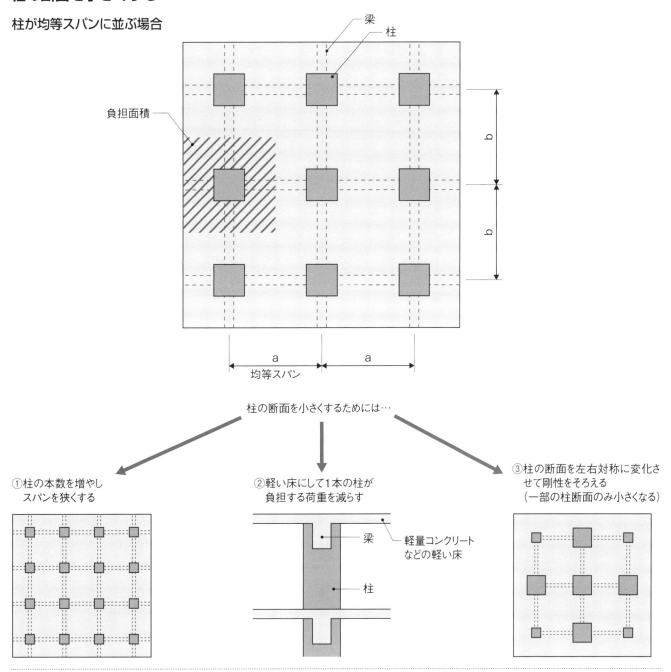

梁
柱
負担面積
b
b
a
a
均等スパン

柱の断面を小さくするためには…

①柱の本数を増やし
スパンを狭くする

②軽い床にして1本の柱が
負担する荷重を減らす

梁
軽量コンクリート
などの軽い床
柱

③柱の断面を左右対称に変化さ
せて剛性をそろえる
（一部の柱断面のみ小さくなる）

# 柱脚の設計

## 埋込み柱脚と根巻き柱脚は構造計算上では剛（固定）とする。露出柱脚は半剛（半固定）にしなければならない

### 埋込み柱脚と根巻き柱脚

鉄骨造の柱脚には、埋込み柱脚、根巻き柱脚、露出柱脚の３種類がある。

埋込み柱脚は、鉄筋コンクリートの柱・梁の中に柱脚部分を埋め込んだものである。柱に生じた曲げモーメントは、側面に設けたスタッドボルトなどを介して鉄筋コンクリート部分に伝達される。

非常に剛性が高い柱脚のため、構造計算では剛（固定）とする。

配筋前に建方を行うため、鉄骨の製作工程が建物全体の工程に影響する。

根巻き柱脚は、鉄骨の柱脚を鉄筋コンクリートの柱型で巻いたもので、力の伝達方法は埋込み柱脚と同じである。

柱脚の剛性は、鉄筋コンクリート部分が対応するので、柱脚の構造計算では剛（固定）とする。

根巻き部分の配筋は鉄骨建方後に行うため、鉄骨工事と鉄筋コンクリート工事の工期が重なる。

### 露出柱脚

鉄骨のベースプレートやアンカーボルトの一部が鉄筋コンクリートの床や梁の上部に出ている柱脚を露出柱脚という。アンカーボルトで力を伝達するため、アンカーボルトの性能が建物全体の性能に影響を与える。非常に強度の高いものか、伸び能力のある材料でつくられたアンカーボルトを選ぶ必要がある。

鉄筋コンクリート躯体へアンカーボルトを埋め込むことで、鉄筋コンクリート工事と鉄骨工事が分離できる。そのため、施工管理は、上記２種類の柱脚よりも容易である。

これまで露出柱脚をピンまたは剛（固定）のいずれで構造計算するかは、設計者の判断に任されてきた。しかし今後は、安全な建物を設計するために、柱脚を半剛（半固定）として計算する必要がある。

- **スタッドボルト**
  棒の両端にネジがあるボルト。コンクリートとの付着を良くする

- **ベースプレート**
  鉄骨の底部に取り付ける鋼板。アンカーボルト用の穴がある

- **アンカーボルト**
  基礎と土台または鉄骨柱の緊結のため基礎コンクリートに埋め込むボルト

## ベースプレート平面図

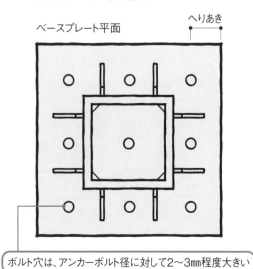

ベースプレート平面

へりあき

ボルト穴は、アンカーボルト径に対して2〜3mm程度大きい

### ナットの参考寸法

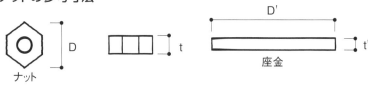

ナット

座金

| | D（mm） | t（mm） | D'（mm） | t'（mm） |
|---|---|---|---|---|
| M16 | 27.7 | 13 | 32 | 4.5 |
| M20 | 34.6 | 16 | 40 | 4.5 |
| M22 | 37.0 | 18 | 44 | 6 |
| M24 | 41.5 | 19 | 48 | 6 |

# 鉄骨の柱脚の種類

## ①埋込み柱脚

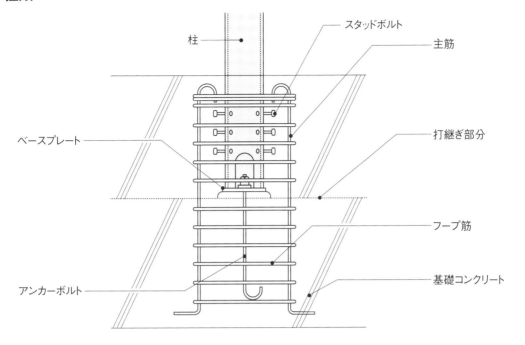

柱
スタッドボルト
主筋
ベースプレート
打継ぎ部分
フープ筋
基礎コンクリート
アンカーボルト

## ②根巻き柱脚

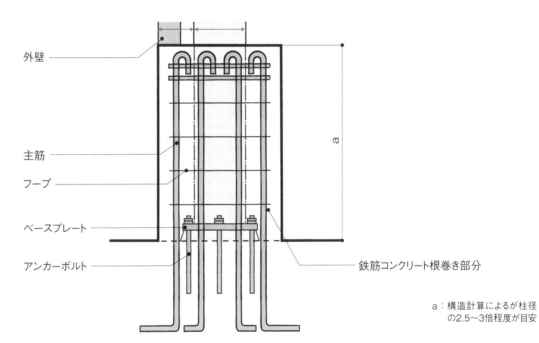

外壁
主筋
フープ
ベースプレート
アンカーボルト
鉄筋コンクリート根巻き部分

a：構造計算によるが柱径
の2.5〜3倍程度が目安

## ③露出柱脚

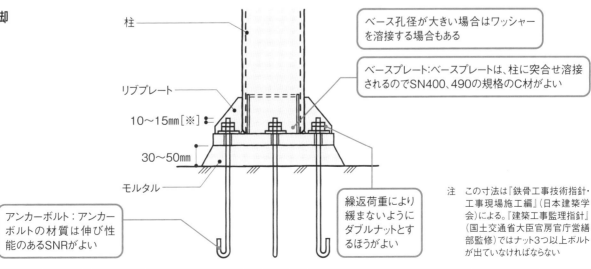

柱
ベース孔径が大きい場合はワッシャーを溶接する場合もある

ベースプレート：ベースプレートは、柱に突合せ溶接されるのでSN400、490の規格のC材がよい

リブプレート

10〜15mm[※]

30〜50mm

モルタル

繰返荷重により緩まないようにダブルナットとするほうがよい

アンカーボルト：アンカーボルトの材質は伸び性能のあるSNRがよい

注　この寸法は『鉄骨工事技術指針・工事現場施工編』（日本建築学会）による。『建築工事監理指針』（国土交通省大臣官房官庁営繕部監修）ではナット3つ以上ボルトが出ていなければならない

# 耐震壁と雑壁

## 耐震壁は水平力に抵抗する剛強な壁。それ以外の壁は雑壁という。ただし雑壁にも水平力に抵抗しているものもある

### 壁の構造的役割

壁には、建物の外部空間と内部空間を区切る、内部で部屋を仕切るなどの役割がある。また、構造的観点からいうと、地震力や風荷重などの水平力に抵抗する部材である。

建物のなかで、水平力に対し効果的に抵抗できるよう設計・配置された壁を耐震壁という。剛強な柱や梁に固定してつくられ、建物の規模などによって仕様や必要な量（必要壁量）が決まっている。木造では耐力壁と呼ばれ、仕様は建築基準法に定められている。

耐震壁は非常に剛性が高い部材である。配置によっては、建物全体の剛性にばらつきが生じるので、平面的にも立面的にもバランスよく配置することが重要である。場合によっては、壁と柱・梁の間にスリット（耐震スリット）を設けて、剛性のバランスをとることもある。

### 雑壁とは

耐震壁とは異なり、構造計算上、水平力の抵抗要素として積極的に用いない壁を雑壁という。雑壁には、梁の上に付く腰壁、梁の下に付く垂れ壁、柱の横に取り付く袖壁、柱や梁のフレームの外に付く壁などがある。

雑壁は構造計算上、水平力の抵抗要素とはしない。だが実際には、まったく水平力を負担していないわけではない。仕様や配置によっては、建物の剛性のバランスに影響を与えることもある。耐震補強などでは、雑壁を積極的に水平力に対する抵抗要素として構造計算する場合がある。

逆に、地震時の要素として考慮したくないときは、構造計算を行い、建物にぶつかるなど影響がないかを確認したほうがよい。最近では、雑壁の影響をなくすために、雑壁と柱や梁との間にもスリットを設ける場合がある。

● スリット
壁面に付けた細長い隙間、切れ目

---

### 耐震壁と雑壁（非耐震壁）

①耐震壁

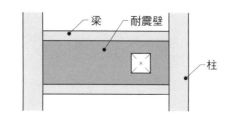

②雑壁
（非耐震壁）

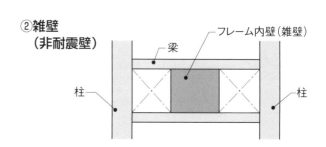

③腰壁と垂れ壁
（非耐震壁）

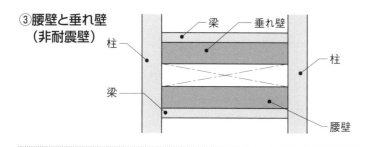

④袖壁
（非耐震壁）

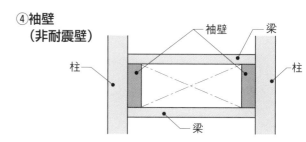

# 耐震スリット

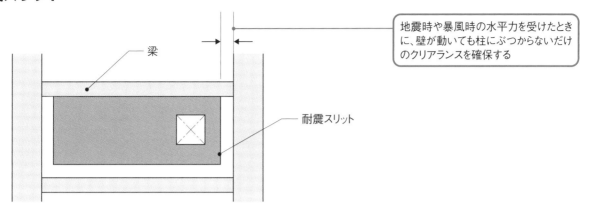

梁

耐震スリット

地震時や暴風時の水平力を受けたときに、壁が動いても柱にぶつからないだけのクリアランスを確保する

## 一般的なスリットの納まり

### ①完全スリット型

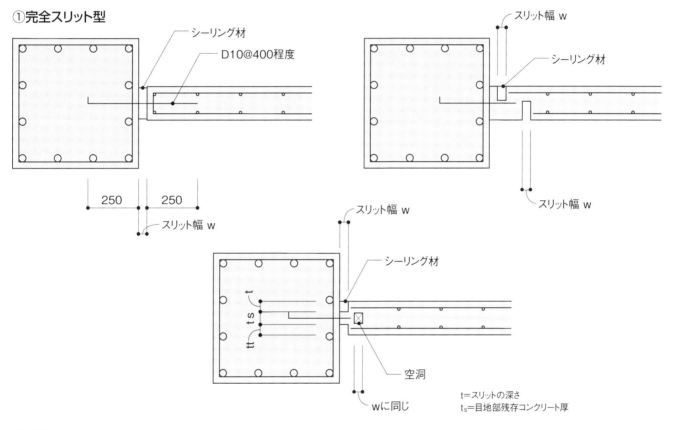

シーリング材

D10@400程度

250　250

スリット幅 w

スリット幅 w

シーリング材

スリット幅 w

スリット幅 w

シーリング材

空洞

t=スリットの深さ
ts＝目地部残存コンクリート厚

wに同じ

### ②部分スリット型

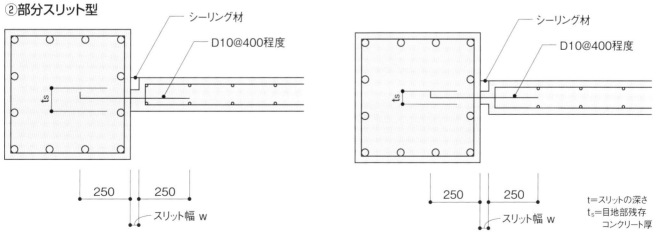

シーリング材

D10@400程度

250　250

スリット幅 w

シーリング材

D10@400程度

250　250

スリット幅 w

t=スリットの深さ
ts＝目地部残存
　　コンクリート厚

スリットの幅や深さは、スリットにどのような性能をもたせるかで、構造設計者が各自で判断して決める

出典）『建築物の構造関係技術基準解説書』をもとに作図

# バランスのよい壁配置

耐震壁は平面的にも立面的にもバランスよく配置する必要がある。
耐震壁の剛性が著しく低い階があると変形が集中して危険である

## 平面的な耐震壁のバランス

　平面的にバランスのよい耐震壁の配置とは、建物を左右に2分して、それぞれの壁量に大きな差がない状態のことである。平面的にバランスよく耐震壁が配置されていない建物では、水平力を受けたときに建物全体がねじれたり、局部的に大きな力がはたらいて建物が損傷するおそれがある。

　構造計算をするうえで、耐震壁の配置のバランスを確認するためには、通常、偏心率という指標を用いる。偏心率とは、建物の重心と、剛さの中心である剛心との距離をもとに算出されるもので、重心と剛心の間の距離がひらくほど偏心率は大きくなる。建物は偏心率が大きいほどバランスが悪く、建物がねじれたり、回転しやすくなる。

　偏心率は、構造別に建築基準法で規定されている構造計算ルートによって許容される値が異なる。

## 立面的なバランスとは

　耐震壁は、立面的にもバランスよく配置しなければならない。バランスが悪いと、剛性の低い階に著しく変形が集中する。阪神・淡路大震災時には、1階が車庫などになったピロティをもつ建物が多く倒壊した。ピロティは、他の階と比べて剛性が低くなり、地震力が集中したからだと考えられる。

　また、高層ビルなどの設計で、建物上部にいくにしたがって剛性を落とす手法がある。これは上部にいくほど地震力の影響が小さくなるからである。ただし、極端に剛性を落とすと、ウィービング現象(鞭振り現象)で上部が大きく振られることにもなりかねない。

　建物の立面的なバランスを計算するには、剛性率という指標を用いる。剛性率とは、各階の変形とせん断力で算出する数値である。

　剛性率は、構造別に建築基準法に規定された構造計算ルートで、許容される値が異なる。

● ピロティ
建物の1階部分が独立柱のみで壁がない空間。1930年頃ル・コルビュジエが提案した。しかしながら、計画上のピロティと構造上のピロティでは意味が異なるので、注意を要する

## 耐震壁の平面的な配置

①バランスのよい配置

②バランスの悪い配置

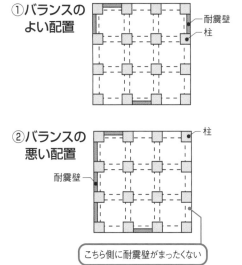

## 耐震壁の配置のバランスが悪い建物の変形

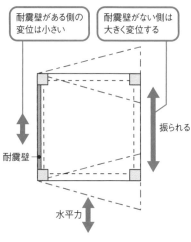

## 偏心の考え方

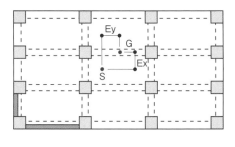

重心(G)は重さの中心、剛心(S)はかたさの中心、偏心距離(Ex、Ey)が大きいほど、建物は偏心しており、バランスが悪い

G：重心
S：剛心
Ex：X方向の偏心距離
Ey：Y方向の偏心距離

## 耐震壁の立面的な配置

### ①バランスのよい配置

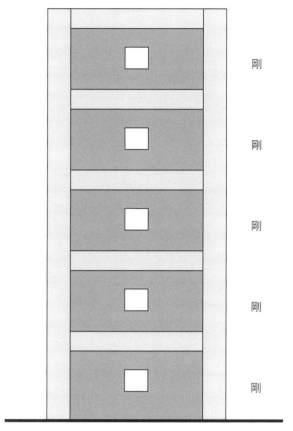

剛
剛
剛
剛
剛

すべての階の剛性がほぼ同じ

### ②バランスの悪い配置

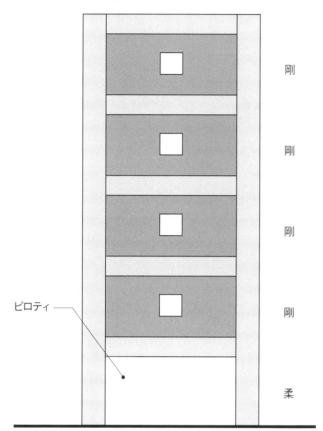

剛
剛
剛
剛

ピロティ

柔

建物の一部に剛性が低い部分がある

## 立面的にバランスの悪い建物の変形

地震力

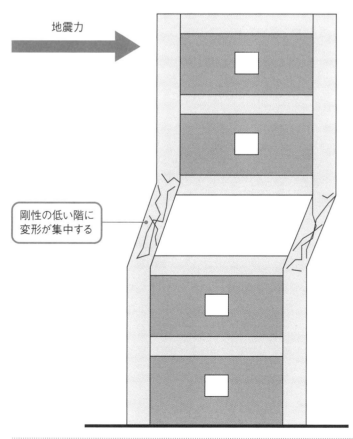

剛性の低い階に
変形が集中する

階の剛性にばらつきが合ったため中間階がつぶれてしまった建物
（写真提供・小川淳也／ジュンアソシエイツ）

# 木造の耐力壁

壁倍率の仕様は建築基準法で規定されている。
耐力壁は水平力に抵抗するため引寄せ金物で緊結する

## 木造独自の壁倍率

　木造の壁の剛性は、鉄骨造や鉄筋コンクリート造と比べて評価しづらい。そのため木造では、壁倍率という日本独特の指標で、壁の剛性を評価する。

　壁倍率は0.5〜5.0倍まであり、壁倍率1.0で壁長さ1mの耐力壁は、1.96kN（約200kgf）の水平力に対する耐力をもつ。それぞれの倍率を得るための仕様が建築基準法で規定されている。仕様では材の種類や寸法だけでなく、釘の種類やピッチまで決められている。面材の場合、釘の種類やピッチで実際の耐力は大きく変わるので、施工・監理には十分な注意が必要である。

　主な耐力壁の仕様は、構造用合板などの面材を張った面材耐力壁と、鉄筋や角材を用いた筋かい耐力壁の2種類がある。面材と筋かいを併用して耐力壁をつくる場合、それぞれの壁倍率を足し合わせることが認められている。ただし壁倍率の上限値は5.0で、それ以上の場合も5.0とみなす。

## 耐力壁の緊結

　耐力壁は、筋かいや面材を取り付けただけでは、水平力に対して有効な抵抗要素にはならない。耐力壁は、水平力を受けると回転しようとする。回転によって耐力壁を留めている柱が土台や梁から外れると、水平力に対する抵抗要素とならないだけでなく、架構全体にも深刻なダメージを与えかねない。

　耐力壁の回転を抑えるためには、引寄せ金物を使って上下階の柱どうしや、基礎と柱を確実に緊結する必要がある。壁倍率が大きいほど、回転しようとする力は大きくなるため、引寄せ金物は耐力を正確に把握し、選択しなければならない。引寄せ金物の耐力を確認するには、建築基準法の仕様規定、N値計算と呼ばれる簡易的な計算、許容応力度計算などを利用する。

## さまざまな種類の耐力壁がある

| 耐力壁 | 壁倍率 |
|---|---|
| 落とし込み板壁 | 0.6 |
| 石膏ボード（12.5mm厚） | 1 |
| 土塗り壁（両面塗り） | |
| 筋かい（30×90mm以上） | 1.5 |
| ハードボード（5mm厚） | 2 |
| 筋かい（45×90mm以上） | |
| 構造用合板（7.5mm厚） | 2.5 |
| 構造用パネル（7.5mm厚） | |
| 筋かい（90×90mm以上） | 3 |
| 筋かい（45×90mm以上）のたすき掛け | 4 |
| 筋かい（90×90mm以上）のたすき掛け | 5 |

## 耐力壁は水平力に抵抗するもの

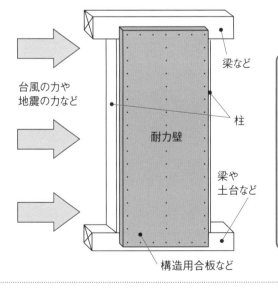

台風の力や地震の力など

梁など

柱

耐力壁

梁や土台など

構造用合板など

①耐力壁は、梁や土台と柱に留め付けられた面材や筋かいで構成される
②耐力壁が水平力に持ちこたえる強さは倍率で表されている（＝壁倍率）
③壁倍率1は200kgf（1.96kN）の耐力をもつことを表し、単独でも組み合わせでも最大5倍まで

## 耐力壁の仕様

### ①筋かい耐力壁（鉄筋φ9mm以上、壁倍率1）

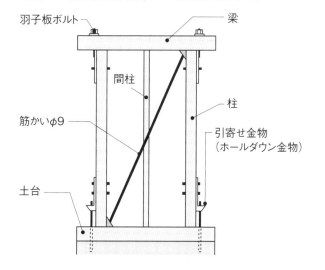

羽子板ボルト / 梁 / 間柱 / 柱 / 筋かいφ9 / 引寄せ金物（ホールダウン金物） / 土台

### ②筋かい耐力壁（木材30×90mm、壁倍率1.5）

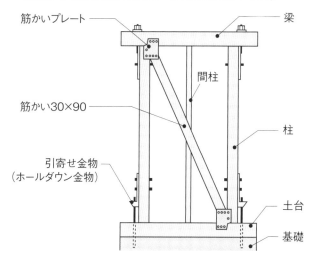

筋かいプレート / 梁 / 間柱 / 筋かい30×90 / 柱 / 引寄せ金物（ホールダウン金物） / 土台 / 基礎

### ③面材耐力壁（構造用合板9mm厚以上、壁倍率2.5）

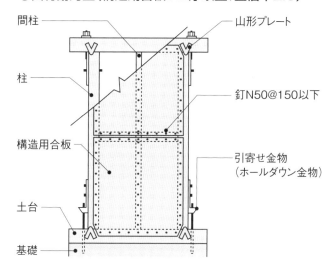

間柱 / 山形プレート / 柱 / 釘N50@150以下 / 構造用合板 / 引寄せ金物（ホールダウン金物） / 土台 / 基礎

### ④土壁（壁倍率0.5）

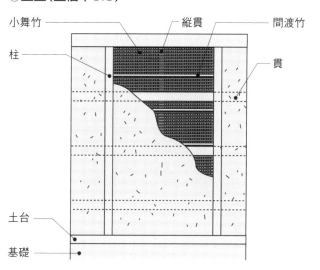

小舞竹 / 縦貫 / 間渡竹 / 柱 / 貫 / 土台 / 基礎

## 耐力壁には留め付け方のルールがある

### ①大壁仕様の面材耐力壁の種類

| 倍率 | 面材の種類 | 面材の材料 | | | 釘 | |
| --- | --- | --- | --- | --- | --- | --- |
| | | 品質 | 種類 | 厚さ | 種類 | 間隔 |
| 2.5 | 構造用合板 | JAS | 特類 | 7.5mm以上 | N50 | 150mm以下 |
| | 構造用パネル［※］ | JAS | 構造用パネルに適合するもの | | | |
| | パーティクルボード | JIS A5908 | パーティクルボード | 12mm以上 | | |
| 2 | ハードボード | JIS A5905 | 35タイプまたは45タイプ | 5mm以上 | | |
| | 硬質木片セメント板 | JIS A5404 | 硬質木片セメント板 | 12mm以上 | | |
| 1 | 石膏ボード | JIS A6901 | 石膏ボード製品 | 12mm以上 | GNF40またはGNC40 | |
| | シージングボード | JIS A5905 | シージングインシュレーションボード | 12mm以上 | SN40 | 外周100mm以下、その他200mm以下 |
| | ラスシート | JIS A5524 | LS4 | 0.6mm以上 | N38 | 150mm以下 |

注　OSBなどのこと

### ②面材耐力壁の張り方（3×9版と3×6版）

3×9版

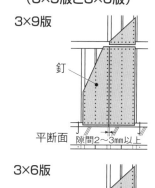

釘 / 平断面 / 隙間2～3mm以上

3×6版

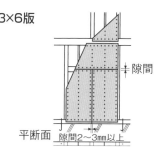

隙間 / 平断面 / 隙間2～3mm以上

荷重と外力

構造の材料と仕組み

構造部材の設計

地震に負けない建築

構造設計の実務

構造計算の実務と手順

# N値計算法

## 柱・梁の接合部は金物の検討が必要

### 仕様規定と性能規定

どんなに強固な耐力壁を備えても、耐力壁が取りつく柱や梁の接合部が弱くてはその効果を十分に発揮できない。とくに柱の引き抜き力に対する検討は重要で、建築基準法では、柱に取りつく耐力壁の仕様に応じて選定すべき接合方法が定められている。標準的な木造の設計では、告示第1460号やZマーク表示金物から、必要な接合方法を選ぶことができる。これを仕様規定という。

一方、変則的な柱配置のプランなど、仕様規定によることが難しい場合には、計算によって金物を選ぶこともできる。計算にはN値計算または許容応力度計算が用いられる。このように必要な強度に応じて接合方法を選定することを性能規定という。

### N値計算方法

N値は柱にかかる引張り力を表す換算値で、柱の両側の耐力壁の仕様に応じて、表や係数を用いて算定式により求める。そして、表1からN値に対応する接合方法を選定する。金物の選択には次のようなルールがある。

・柱頭と柱脚は原則として同じ金物を用いる
・直上に2階がある場合の1階の柱は、2階の柱の引張力を土台又は基礎へ伝達する必要があるため、2階の仕口と同等以上とする
・通し柱と胴差の接合部は計算によらず、胴差の取り付き条件に応じた接合方法が規定されている。など

N値計算法を用いれば、仕様規定よりも実態に即した金物を選定することができるため、合理的で経済的な設計が可能だ。

● 告示1460号
「平成12年建設省告示第1460号 木造の継手及び仕口の構造方法を定める件」において、軸組の種類に応じて具体的な接合方法が規定されている

● Zマーク表示金物
（財）日本住宅・木材技術センターが認定している告示1460号の規格に適合した金物。Zマーク表示金物のほかに、同等認定金物（Dマーク表示金物）、性能認定金物（Sマーク金物）などがある

## 筋かいの配置と金物の使用例

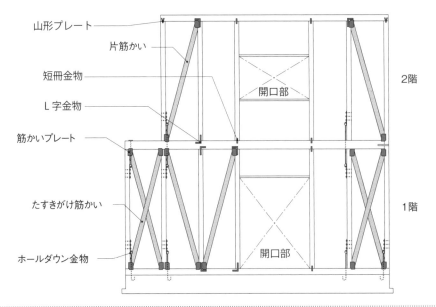

山形プレート
片筋かい
短冊金物
L字金物
筋かいプレート
たすきがけ筋かい
ホールダウン金物
開口部
開口部
2階
1階

## よく使う金物

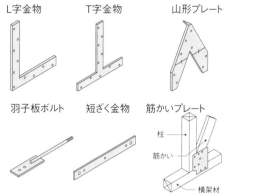

L字金物　T字金物　山形プレート

羽子板ボルト　短ざく金物　筋かいプレート

柱
筋かい
横架材

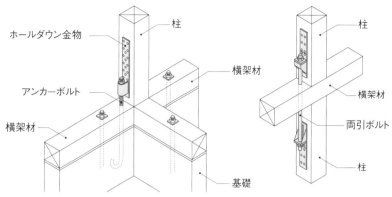

ホールダウン金物
アンカーボルト
横架材
柱
横架材
基礎

柱
横架材
両引ボルト
柱

## N値の算定式

①平屋部分の柱または2階建て部分の2階の柱の場合　N=A1×B1-L1
②2階建て部分の1階の柱の場合　N=A1×B1+A2×B2-L2

N：表1にあげる数値
A1：当該柱の両側における軸組の倍率の差。ただし、筋交を設けた場合は表2などの補正を加えたもの
A2：A1と同じ（当該2階柱の引き抜き力が他の柱などにより下階に伝達される場合には0とする。）
　　B1、B2：周辺部材による押さえの効果を表す係数で0.5。出隅の柱は0.8。ただし、詳細な計算により、適切な数値としても良い
L1：鉛直荷重による押さえの効果を表す係数で0.6。出隅の柱は0.4。
L2：鉛直荷重による押さえの効果を表す係数で1.6。出隅の柱は1.0。

### 表1　N値と接合部の仕様

| N値 | 必要耐力<br>[kN] | 継手・仕口の仕様、金物など |
|---|---|---|
| 0.0以下 | 0.0 | 短ほぞ差し、かすがい打ち |
| 1.0以下 | 5.1 | かど金物CP・T、山形プレートVP |
| 1.6以下 | 8.5 | 羽子板ボルト、短冊金物（スクリュー釘あり） |
| 2.8以下 | 15.0 | 引寄せ金物HD-B15（S-HD15） |
| 4.7以下 | 25.0 | 引寄せ金物HD-B25（S-HD25） |
| 5.6以下 | 30.0 | 引寄せ金物HD-B15（S-HD15）×2個 |
| 5.6超 | N×5.3 | |

### 表2　補正値の例

| 筋かいの取付く位置（片側） | 柱頭部 | 柱脚部 | 柱頭・柱脚部 |
|---|---|---|---|
| 筋かいの種類 | | | |
| Φ9以上の鉄筋 15×90mm以上の木材 | 0.0 | 0.0 | たすき掛けの場合は0.0 |
| 45×90mm以上の木材 | 0.5 | -0.5 | |

| 筋かいの取付く位置（両側）<br>筋かいの種類 | Φ9以上の鉄筋 15×90mm以上の木材 | 30×90mm以上の木材 | 45×90mm以上の木材 | 90×90mm以上の木材 | その他 |
|---|---|---|---|---|---|
| Φ9以上の鉄筋 15×90mm以上の木材 | 0.0 | 0.5 | 0.5 | 2.0 | 片筋かいが柱脚に取り付く場合、両側ともたすき掛け筋かいの場合は0.0 |
| 30×90mm以上の木材 | 0.0 | 0.5 | 0.5 | 2.0 | |
| 45×90mm以上の木材 | 0.0 | 0.5 | 0.5 | 2.0 | |
| 90×90mm以上の木材 | 0.0 | 0.5 | 0.5 | 2.0 | |

出典）『平成12年建設省告示第1460号に対応した木造住宅用接合金物の使い方』(財)日本住宅・木材技術センター　2005　より作成

荷重と外力

構造の材料と仕組み

構造部材の設計

地震に負けない建築

構造設計の実務

構造計算の手続きと法規

# 壁量計算と4分割法

## 小規模な木造の場合、構造計算の代わりに壁量計算を行う。平面的な壁配置のバランスは4分割法で確認する

### 壁量計算とは

在来軸組構法でつくる木造では、構造計算の代わりに壁量計算という簡易的な計算方法が採用されている。

壁量計算では、計画している耐力壁の量（存在壁量）が、建築基準法の規定で求められる耐力壁の量（必要壁量）以上であるか確認しなければならない。

存在壁量は、壁倍率に壁長さを掛けて算出する。必要壁量には、地震用と風用の2つがあり、各階とXY方向で地震用と風用の必要壁量を算出し、大きい方の値を採用する。

地震用の必要壁量は、屋根の重さや階数で決まる係数を床面積に掛けて求める。つまり、床面積が大きいほど必要壁量が増えることになる。床面積には、法令上、バルコニーや吹き抜け部分を含めない。小屋裏の床面積については告示で取り扱いが規定されている。

風用の必要壁量は、建物の見付面積に、建築基準法令46条で規定された数値を掛けて算出する。

### 4分割法

4分割法は、耐力壁の平面的配置のバランスを確認する簡易な手法である。4分割法の手順は次のようになる。

プランをX・Y方向ともに4等分し、それぞれの両端（側端部）の床面積を求める。次に側端部の床面積で必要壁量を算出する。すべての側端部について存在壁量が必要壁量以上であれば、平面的な配置バランスに問題がないと考えることができる。存在壁量が必要壁量に満たない部分があれば、側端部の壁の配置や量で調整する。

なお、4分割法はあくまでも平面的な壁配置のバランスを確認する手法である。立面的なバランスについては評価できない。

● 告示
公の機関が行う法令、条例、規則にもとづく決定事項の通知

● 見付面積
建物の風を受ける面積。見付とは正面から見える部分やその幅を指す

---

## 4分割法

### ①X方向の1/4の検討

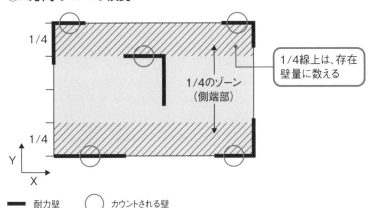

1/4線上は、存在壁量に数える

1/4のゾーン（側端部）

### ②Y方向の1/4の検討

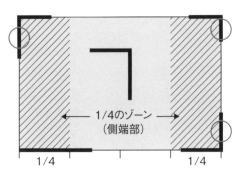

1/4のゾーン（側端部）

━ 耐力壁 　◯ カウントされる壁

存在壁量÷地震用必要壁量＝側端部の充足率＞1

側端部の充足率が1未満の場合は、
小さいほうの充足率÷大きいほうの充足率≧0.5
であることを確認

## 壁量計算

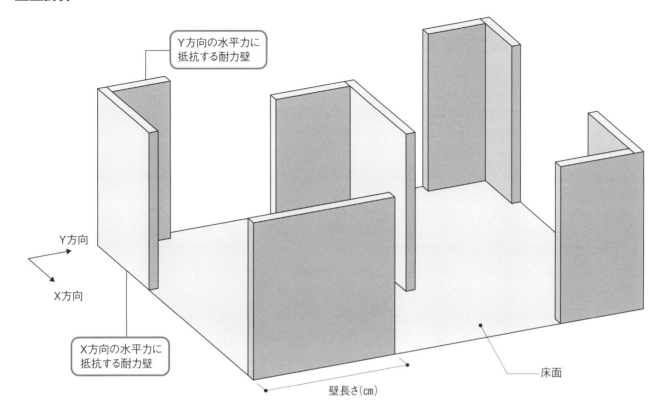

Y方向の水平力に
抵抗する耐力壁

Y方向

X方向

X方向の水平力に
抵抗する耐力壁

壁長さ(cm)

床面

---

存在壁量＞必要壁量

・存在壁量＝壁倍率×壁長さ
・必要壁量は、地震用(床面積×係数)と風用(見付面積×係数)で大きいほうを採用

## 必要壁量の算出方法

### ①地震力に対する必要壁量算出

床面積(m²)×建築基準法が定める係数(cm/m²)

**建築基準法が定める係数**

| 屋根の重さ | 具体例 | 床面積に乗じる係数(cm/m²) | | |
|---|---|---|---|---|
| | | 平屋 | 2階建て | |
| | | | 1階 | 2階 |
| 軽い屋根 | 金属板、ストレート葺きなど | 11 | 29 | 15 |
| 重い屋根 | 土蔵造、瓦葺きなど | 15 | 33 | 21 |

注 階数は、建物の階数ではなく該当する階のもの

### ②風圧力に対する必要壁量算出

見付面積(m²)×建築基準法が定める係数(cm/m²)

**建築基準法が定める係数**

| 区域 | 見付面積に乗じる係数(cm/m²) |
|---|---|
| 一般区域 | 50 |
| 特定行政庁の指定する強風地域 | 50超〜75の間で特定行政庁が定めた値 |

荷重と外力

構造の材料と仕組み

構造部材の設計

地震に負けない建築

構造設計の実務

構造計算の手法と仕組み

# 床の構造的な役割

## 床の役割には、積載物の荷重を支えるなど構造的なもののほか、遮音や振動の軽減といった居住性にかかわるものもある

### 床の役割

床は、梁とともに建物の水平面を構成する構造部材である。さまざまな種類があるので、求められる性能や居住性を確保しながら、施工性やコストなどを加味して形式を選択する必要がある。

床には建物内にいる人や家具などの積載物の鉛直荷重を支える役割がある。また、柱や梁、壁が受けた水平荷重を伝達する機能もある。そのため床は、これらの荷重に耐えられる強度（剛性）をもつよう設計しなければならない。

このような構造性能以外にも床には遮音や振動の軽減など、居住性にかかわる性能も求められる。

### 床の形式・種類

床の形式や種類は、構造形式によって異なる。

木造において床は、梁や大引に根太を掛け、その上に合板などの床板を載せて構成する。近年は、根太を省略し、梁や大引に構造用合板を直接留めて剛床とすることも多い。

鉄骨造では、デッキプレートなどの鋼製折板上に配筋しコンクリートを打設してつくる合成スラブが主流である。このほか、ALC板を用いた床や、床スラブの下半分を工場でつくり、上半分は現場でコンクリートを打設するハーフPCaスラブなどが用いられている。

鉄筋コンクリート造では、通常、柱、梁、壁が一体になるように配筋し、コンクリートを打設してつくる。梁の付き方で名称は変わり、1方向に狭い間隔で梁を入れたものをジョイストスラブ、格子状に梁を配置されたワッフルスラブがある。最近のマンションなど遮音性能が要求される建物では、円筒や球形などボイド材をコンクリートスラブに埋め込んだボイドスラブもよく利用されている。

● デッキプレート
鉄骨造の床スラブの型枠を兼ねた床材などに使われる波形の鋼板

● スラブ
本来「平らな板」という意味。建築関係では鉄筋コンクリート構造の床のことを指す

● ボイド材
コンクリート部に空間をもたせるために設置するスリーブ材

● ハーフPCaスラブ
床スラブの下半分を工場でつくり、上半分を現場で打設するもの

---

### 床の構造的役割

①鉛直荷重を支える

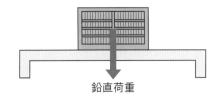

鉛直荷重

②地震力を伝える

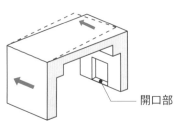

開口部

③音を遮る、振動を抑える

④熱をさえぎる、熱を蓄える

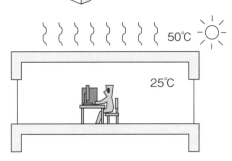

50℃

25℃

## 床の種類

### ①木造の床（2階）

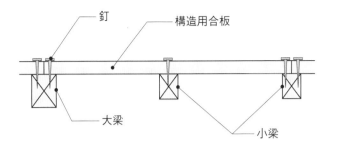

釘　　構造用合板
大梁　　小梁

### ②鉄骨造の床

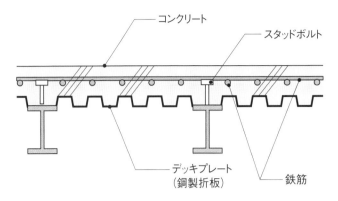

コンクリート　　スタッドボルト
デッキプレート（鋼製折板）　　鉄筋

### ③鉄筋コンクリート造の床

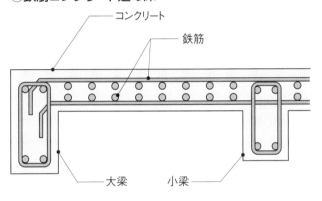

コンクリート　　鉄筋
大梁　　小梁

### ④鉄筋コンクリート造の床（ボイドスラブ）

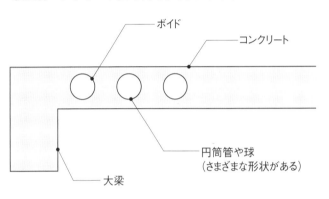

ボイド　　コンクリート
円筒管や球（さまざまな形状がある）
大梁

## 床スラブの応力分布

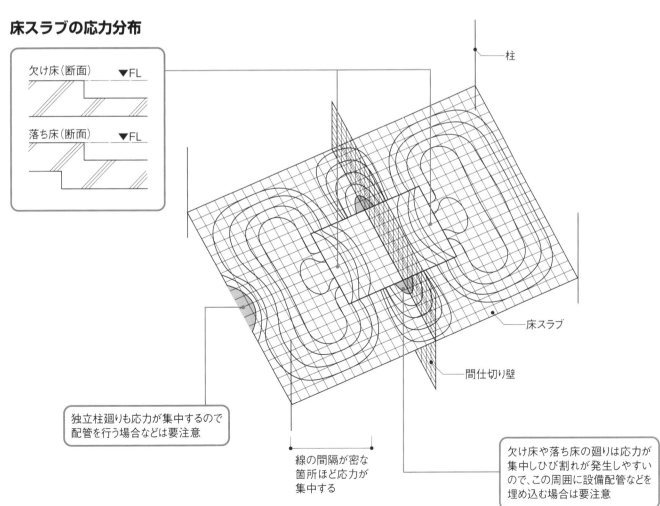

欠け床（断面）　▼FL
落ち床（断面）　▼FL

柱

床スラブ

間仕切り壁

独立柱廻りも応力が集中するので配管を行う場合などは要注意

線の間隔が密な箇所ほど応力が集中する

欠け床や落ち床の廻りは応力が集中しひび割れが発生しやすいので、この周囲に設備配管などを埋め込む場合は要注意

# 床スラブの設計

## 床スラブの構造計算は梁と床面との境界条件で変わる。通常は4辺固定で計算する。たわみ量はL/250まで許容

### 床スラブの変形とたわみの算出

鉄筋コンクリート造の床スラブは、通常4辺が梁で囲まれている。ほとんどの場合、梁は床よりも剛性が高いので、床スラブは4辺が固定されたものとして応力と変形（たわみ）を計算する。

床スラブに必要な鉄筋量は、床に生じる応力で決まる。

また、変形（たわみ）は、図表などを用いて求めることができる。建築基準法に変形（たわみ）量の許容値が決まっているので（1/250以下）、算出した変形量（たわみ量）が許容値以下となるように断面を設計する。

たわみ量の算出の際にはクリープを考慮する。クリープとは、時間が経つにつれてたわみが進行する現象である。鉄筋コンクリートの場合、算出したたわみ量を16倍した値が、クリープを考慮した床のたわみ量とするよう、建築基準法で決められている。

### 床設計の注意点

床と梁の境界条件が変わると、計算式も変更しなければならないので注意が必要である。たとえば、床スラブの短辺方向と長辺方向の辺長比が1：2以上になる場合や、デッキ合成スラブを用いる場合は、4辺の梁に固定されていると考えるのではなく、2辺の梁に固定された1方向スラブとして応力や変形（たわみ量）を算出する必要がある。

また、梁よりも床の剛性が高い場合は、床の端部はピン接合として応力を計算する場合がある。

ハーフPCaスラブやデッキ合成スラブを用いる場合、仮設時はコンクリートが打設されていないため、設計で想定しているものより剛性が低い。作業床などに用いる場合は、仮設時の強度や変形量も確認する必要がある。

● 境界条件
部材端部の支持条件のこと。境界条件には固定、ピンなどがあり、境界がどのように接しているかによって応力や変形が大きく変わる

● デッキ合成スラブ
折板状の鋼材の上にコンクリートを打設するもの

## 4辺固定スラブの公式

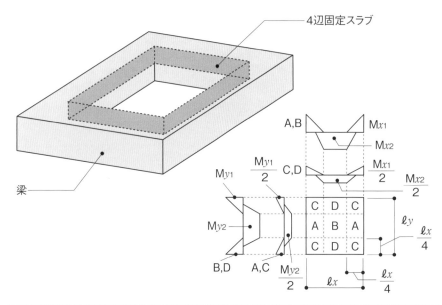

4辺固定スラブ

梁

$$M_{x1} = -\frac{1}{12}W_x \times \ell x^2$$

$$M_{x2} = \frac{1}{18}W_x \times \ell x^2 = -\frac{2}{3}M_{x1}$$

$$M_{y1} = -\frac{1}{24}W \times \ell x^2$$

$$M_{y2} = \frac{1}{36}W \times \ell x^2 = -\frac{2}{3}M_{y1}$$

$$W_x = \frac{\ell y^4}{\ell x^4 + \ell y^4}W$$

$M(x_1, x_2, y_1, y_2)$
　：$x_1, x_2, y_1, y_2$の曲げモーメント（N·m）
$\ell x$：床の短辺の長さ（m）
$\ell y$：床の長辺の長さ（m）
$W$：等分布荷重（N/m²）

## クリープを考慮した設計（鉄筋コンクリート造の場合）

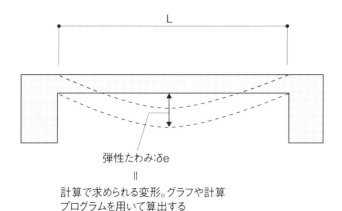

弾性たわみ:δe
＝
計算で求められる変形。グラフや計算
プログラムを用いて算出する

クリープを考慮したたわみ量の許容値の算出

$$\delta = 16 \times \delta e$$

$$\frac{\delta}{L} \leqq \frac{1}{250}$$

## 床と梁の境界条件が変わる例

### ①辺長比が1：2以上スラブの場合

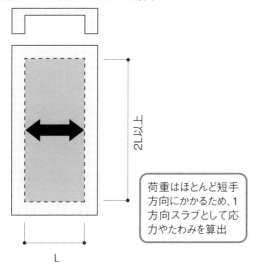

荷重はほとんど短手方向にかかるため、1方向スラブとして応力やたわみを算出

### ②デッキ合成スラブの場合

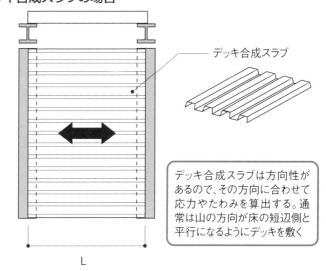

デッキ合成スラブ

デッキ合成スラブは方向性があるので、その方向に合わせて応力やたわみを算出する。通常は山の方向が床の短辺側と平行になるようにデッキを敷く

## 床スラブを薄くする方法

### ①キーストンプレートサンドイッチ構造のスラブ

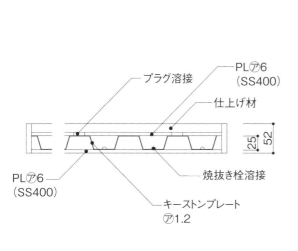

プラグ溶接
PL⑦6
（SS400）
仕上げ材
PL⑦6
（SS400）
焼抜き栓溶接
キーストンプレート
⑦1.2
25
52

### ②ペーパーハニカム構造を利用したスラブ

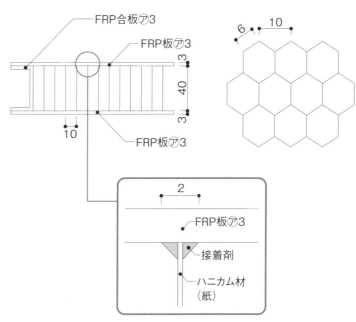

FRP合板⑦3
FRP板⑦3
FRP板⑦3
3
40
3
10
6　10

FRP板⑦3
接着剤
ハニカム材
（紙）
2

# 剛床

剛床は水平力を受けてもまったく変形しない床である。
剛床仮定とは構造計算を簡略化するため計算上、剛床と仮定する床

## 仮定としての剛床

　剛床とは、地震力や風圧力などの水平力を受けてもまったく変形しない床のことである。また、床の剛性が高いほど水平力の伝達能力は向上するので、剛床は最も効率よく水平力を伝達する理想的な床でもある。

　一般に剛床というとき、「理論上の剛床（剛床仮定）」と「施工してつくる剛床」の2つの意味で使われる。

　理論上の剛床とは、構造計算を簡略化するために、実際の床の状況にかかわらず、計算上、剛床と仮定する床のことである。床が伝達する水平力は、床の剛性から算出することができるが、計算が複雑になる。そのため、構造計算では、「剛床仮定」として構造計算することが多い。

　剛床仮定は、床の状況を考慮しない理論値であるため、極端な言い方をすれば、床面がない吹抜けも剛床とみなして構造計算するこ

とが可能である。一貫構造計算プログラムは剛床仮定を基本とするものが大半だが、吹抜けなどがある場合は、設定を解除して、実際の計画に近い計算を行う必要がある。

## 施工してつくる剛床

　実際に、「まったく変形しない」剛な床をつくることは不可能である。ただし鉄筋コンクリート造や鉄骨造でコンクリート床を採用した場合は、理論値の剛床に近いと考えてもよい。

　だが、木造の場合、材質が比較的柔らかいため、剛床を成立させるのは困難である。そこで木造で剛床というときは、根太を省き構造用合板を梁や大引、土台に直接留めた床を指すことが多い。ただし、剛床を「効率よく水平力を伝達できる床」という機能だけに着目すれば、柔らかい床（柔床）でも、壁と壁の間隔を狭めることで、計算上の剛床仮定は成立する。

● 一貫構造計算プログラム
材料や寸法、荷重など建物に関する各データを入力すると、建築基準法が定める計算やその合否判定を連続して行い、印刷までできるソフト

---

## 剛床の特徴

剛床（応力計算上の剛床）

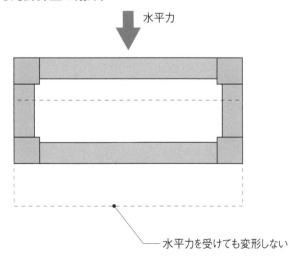

水平力

水平力を受けても変形しない

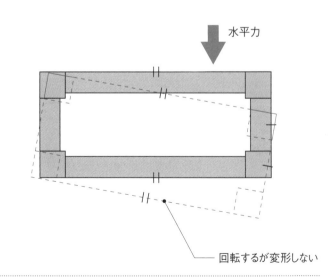

水平力

回転するが変形しない

## 耐震壁の位置で柔らかい床を剛床に近づける

### ①非剛床で耐震壁どうしの間隔が広い場合

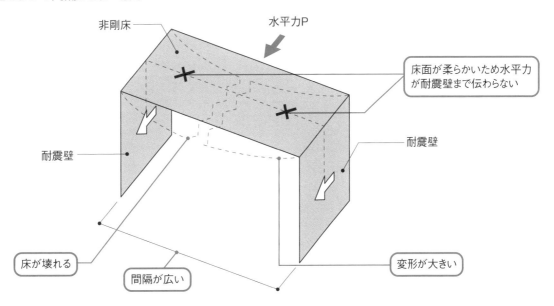

非剛床

水平力P

床面が柔らかいため水平力が耐震壁まで伝わらない

耐震壁

耐震壁

床が壊れる

間隔が広い

変形が大きい

### ②非剛床で耐震壁どうしの間隔が狭い場合

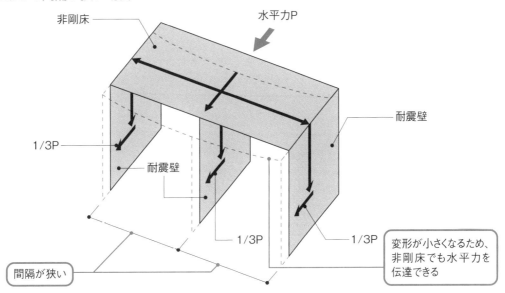

非剛床

水平力P

耐震壁

1/3P

耐震壁

1/3P

1/3P

間隔が狭い

変形が小さくなるため、非剛床でも水平力を伝達できる

### 非剛床

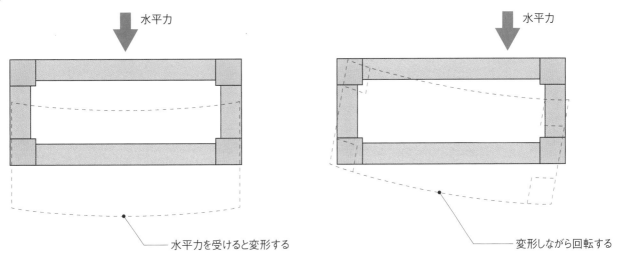

水平力

水平力

水平力を受けると変形する

変形しながら回転する

# スキップフロアと吹抜けの設計

**スキップフロアでは、耐震壁などの耐震要素をバランスよく配置する。**
**吹抜けを設ける場合は、耐震壁の仕様に十分注意する**

## スキップフロアの弱点

スキップフロアとは、床面の高さをずらしながら階を配置したものである。室内空間に変化を与えたり、狭い敷地に建築する場合や傾斜地に住宅を計画する場合に有効な手段となる。

スキップフロアで最も注意すべきは、剛床がつくりにくいということである。段差部分があるため床が一体とならず、柱や梁、壁から流れてきたせん断力をほかの柱、梁、壁に伝達することができない。そのため、耐震性の低い建物になりやすい。

したがって、スキップフロアを計画する場合は、耐震壁などの耐震要素をバランスよく配置し、床面での力のやり取りを極力抑える設計とする必要がある。

また、床間の段差が小さい場合、段差部分にある柱が短柱になる。このような柱には地震力が集中しやすく、せん断力で破壊してしまう。対策としては、下階の耐震壁を上階まで届かせるなど、できるだけ短柱ができないように設計する必要がある。

## 吹抜けの注意点

吹抜けは、一部分が抜けている床である。そのため剛床となりづらく、力の伝達能力が低下することになる。

吹抜けを設ける場合は、吹抜け側にある耐震壁の一部を床と接続するか、吹抜け部分の梁を補強して応力のやり取りができる仕様とすることが重要である。

そのほかの注意点として、建物中央部に吹抜けを計画することはできるだけ避けたい。建物が水平力を受けたときに、吹抜けで分断された部分がどのように挙動するか把握しづらいからである。どうしても設ける場合は、吹抜けの両側の床面をキャットウォークなどの床でつなげ、床面の一体性を高めるようにする。

また、吹抜け部分にある柱の座屈長さにも注意が必要である。柱の座屈長さは、柱の圧縮耐力に大きく影響する。たとえば木造で吹抜けに通し柱を設けると、途中で柱を拘束する床がないため座屈長さが長くなり、その分、圧縮耐力が小さくなる。

● 座屈長さ
圧縮力を受けた柱が弓なりに変形した際、力が加わった点から変形が生じる点までの長さ

## スキップフロア

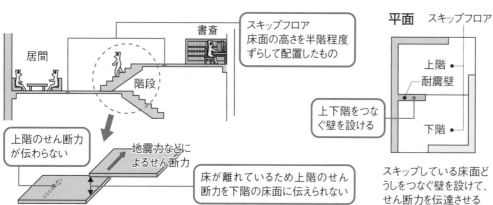

居間

書斎

スキップフロア
床面の高さを半階程度
ずらして配置したもの

階段

上階のせん断力が伝わらない

地震力などによるせん断力

床が離れているため上階のせん断力を下階の床面に伝えられない

## 設計上のポイント

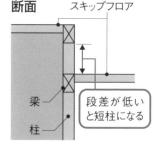

平面　スキップフロア

上階
耐震壁
下階

上下階をつなぐ壁を設ける

スキップしている床面どうしをつなぐ壁を設けて、せん断力を伝達させる

断面　スキップフロア

梁
柱

段差が低いと短柱になる

短柱には応力が集中するので危険。短柱部分には壁を設けるなどの対策が必要

## 吹抜けの構造的弱点

### ①水平力を受けたときの挙動

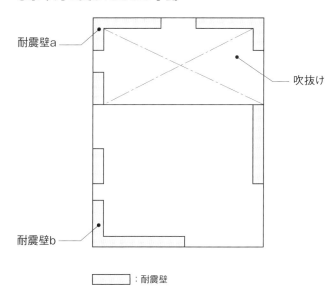

耐震壁a
吹抜け
耐震壁b
□：耐震壁

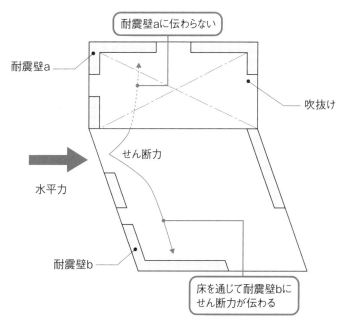

耐震壁aに伝わらない
耐震壁a
吹抜け
せん断力
水平力
耐震壁b
床を通じて耐震壁bにせん断力が伝わる

### ②床をつなげて力の伝達能力を上げる

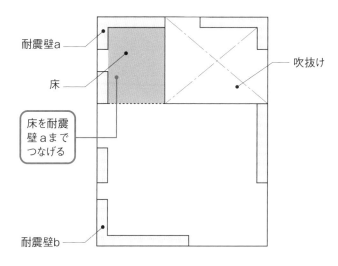

耐震壁a
床
吹抜け
床を耐震壁aまでつなげる
耐震壁b

### ③梁幅を広くして力の伝達能力を上げる

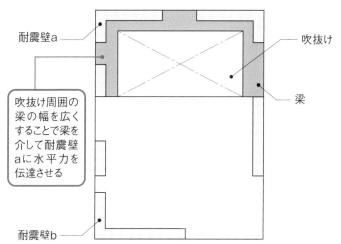

耐震壁a
吹抜け
梁
吹抜け周囲の梁の幅を広くすることで梁を介して耐震壁aに水平力を伝達させる
耐震壁b

## 吹抜けの危険な配置

### ①吹抜けに柱を設ける場合

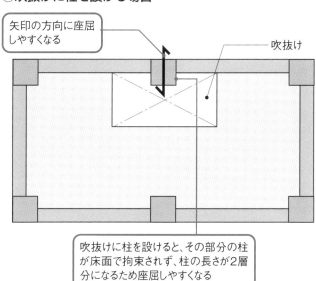

矢印の方向に座屈しやすくなる
吹抜け
吹抜けに柱を設けると、その部分の柱が床面で拘束されず、柱の長さが2層分になるため座屈しやすくなる

### ②吹抜けで左右の床が分断される場合

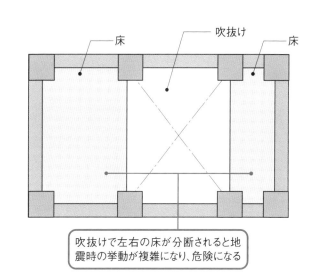

床
吹抜け
床
吹抜けで左右の床が分断されると地震時の挙動が複雑になり、危険になる

# 屋根の設計

屋根を支える架構は構造形式や材料、スパンなどで異なる。
屋根の構造計算では、風荷重と積雪荷重を確認する

## 架構の種類

屋根を支える架構にはさまざまな種類がある。構造形式や使用する材料、スパンなどで選択する架構が決まる。

木造では、屋根の形状を形づくる架構のことを小屋組という。代表的な小屋組は、和小屋と洋小屋である。和小屋は、梁、桁（地廻り）に束を立て、母屋と垂木を掛けて屋根の荷重を支える小屋組である。洋小屋は、トラス構造とも呼ばれ、トラスで構成された小屋組が屋根の荷重を支える。

鉄骨造では、木造と同様に梁や母屋などの水平部材で小屋組を組むか、トラスをフラット状や山形、ボールト状に配置して架構をつくるのが一般的である。

鉄筋コンクリート造では、躯体と一体として屋根を形づくることが一般的である。

## 屋根に作用する荷重

屋根は建物の最上部にあり、主に設備や防水、断熱、仕上材の荷重を支持している。し
かし、これ以外にも検討するべき荷重がある。

まず注意すべきは風荷重である。小規模の木造住宅では、地震力より風荷重のほうが構造設計上重要になる場合がある。たとえば、海辺や高台などの風が強く吹く場所では、特に風荷重の検討が必要である。

次に注意すべきは、積雪荷重である。一般区域では短期荷重として無視できることも多いが、多雪区域では積雪荷重が構造計画上、大きな問題となる。この場合、勾配屋根であれば勾配に応じて積雪荷重を低減することができる。積雪荷重または人が乗って利用することが想定されていない屋根では、積載荷重をほとんど無視して設計する。

とはいえ、そのような屋根でも施工時の荷重は検討しておくべきである。施工中に人や資材が乗るからである。

また、屋根は日射や気温などの影響を受けて、年間を通して伸縮している。伸縮の際に発生する力が温度応力である。温度応力でひび割れが生じないよう、構造・意匠の両面で調整して設計する必要がある。

● ボールト状
かまぼこ型。アーチを押し出したような形状

## 木造の小屋組

①和小屋

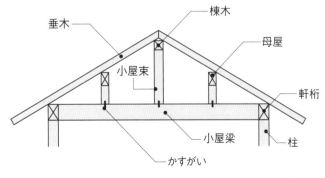

②洋小屋

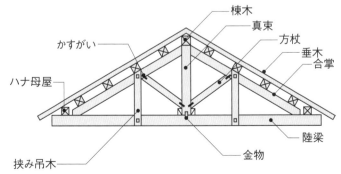

## 鉄骨造のトラス

①キングポストトラス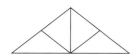

②フラットトラス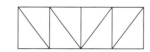

③ワーレントラス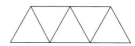

④クイーンポストトラス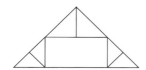

⑤ハウトラス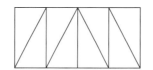

⑥立体トラス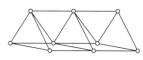

## 屋根に作用する荷重

### 風圧力

①平地の場合

この大きさが風圧力

②高台の場合

この大きさが風荷重となるので、風圧力が平地より大きくなる

### 積雪荷重

雪止めがある場合積雪荷重を低減すると危険

勾配に応じて積雪荷重を低減できる

軒の先端には雪がたまりやすいので大きな荷重がかかるおそれがある

### 人の荷重

①屋上を利用する場合

人の荷重を想定して構造設計する

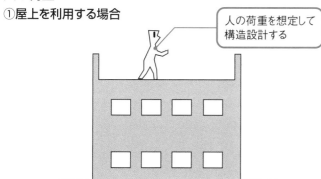

②屋上を利用しない場合

人の荷重を無視して構造設計する

### 施工時荷重

施工中は人や物が載るので、それらの荷重を考慮する必要がある

### 温度応力

屋根面が熱を帯び膨張すると引張り力と圧縮力がはたらく

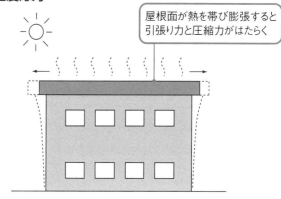

# 開口部の設計

## 開口部の構造設計では大きさと位置に注意する

### 木造と鉄骨造の開口部設計

開口部は建築には必ず必要なものである。しかし耐震壁（耐力壁）などの耐震要素に開口部を設ける場合は、構造計算上その位置や大きさが重要になる。

木造では、2007年の建築基準法改正に伴い改訂された『建築物の構造関係技術基準解説書』（国土交通省住宅局建築指導課）で、耐力壁に設ける開口部の大きさの上限を径50cm程度と規定している。ただしこれでは半間（910㎜）程度の壁の場合、開口部としては大きすぎるとも考えられる。耐震要素とみなせるかどうかは、設計者の判断が分かれるところだろう。

木造においては耐力壁が主な耐震要素となる。しかし、開口部の補強方法には規定がないため、通常は開口部がある壁を耐力壁とはみなさず設計すべきである。

鉄骨造では、ラーメン構造の場合、柱・梁だけで耐震要素となるため、開口をそれほど気にする必要がない。ブレース構造の場合は、ブレースを切断できないので、開口部とブレースが干渉しないよう配置に注意する。

### 鉄筋コンクリート造の開口部設計

鉄筋コンクリート造では、耐震壁に設けられる開口部の条件が明確に規定されている。また、開口部は、特に隅角部に応力が集中するので、周囲に補強筋や斜め筋を入れて補強する。

鉄筋コンクリートでつくる壁は剛性が非常に高いため、開口部の条件を満たさない壁でも、配置位置によっては柱や梁の剛性に影響を与える。このような壁がある場合は、耐震スリットを設けて、柱にせん断力が伝達しにくいように設計することが多い。

それとは逆に耐震補強では、これらの壁や柱の強度を確認して耐力として活用することもある。

● ブレース
鉄筋などでつくられた斜材。地震や風などの力に対し建物の変形を防ぐ。役割は木造の筋かいと同じ

## 縦長開口と横長開口

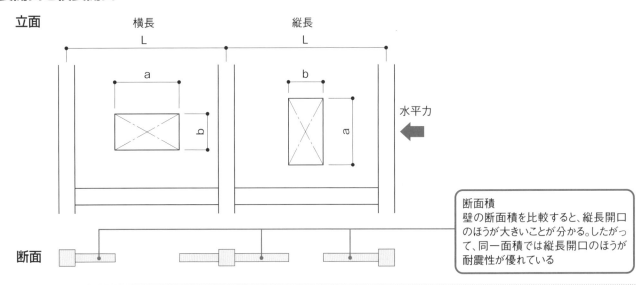

断面積
壁の断面積を比較すると、縦長開口のほうが大きいことが分かる。したがって、同一面積では縦長開口のほうが耐震性が優れている

# 開口部の設計

## 木造の開口部

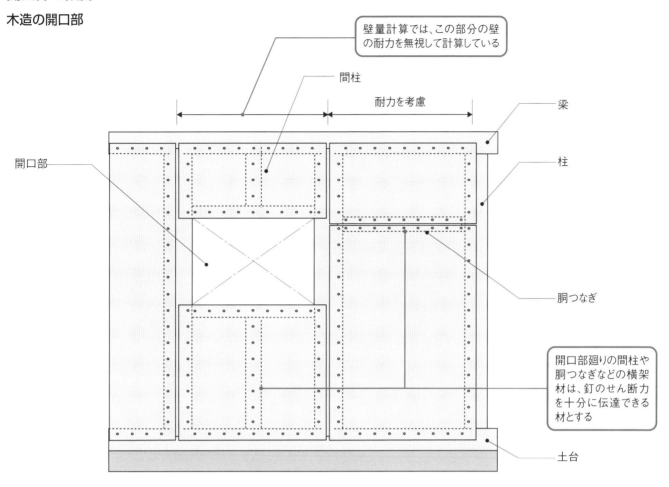

壁量計算では、この部分の壁の耐力を無視して計算している

間柱

耐力を考慮

梁

柱

開口部

胴つなぎ

開口部廻りの間柱や胴つなぎなどの横架材は、釘のせん断力を十分に伝達できる材とする

土台

## 鉄骨造の開口部

ラーメン構造の場合、柱・梁だけで耐震要素になるので自由に開口部がとれる。ブレース構造の場合、ブレースの設け方を考慮しながら開口部の位置を決める

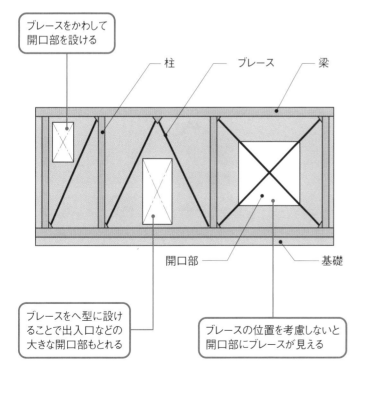

ブレースをかわして開口部を設ける

柱　　ブレース　　梁

開口部　　　　基礎

ブレースをへ型に設けることで出入口などの大きな開口部もとれる

ブレースの位置を考慮しないと開口部にブレースが見える

## 鉄筋コンクリート造の開口部
### ①開口部の補強材

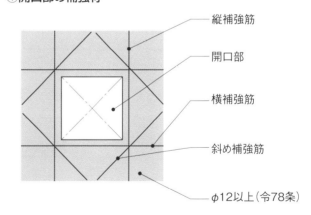

縦補強筋

開口部

横補強筋

斜め補強筋

φ12以上（令78条）

### ②耐震壁に設ける開口部の条件

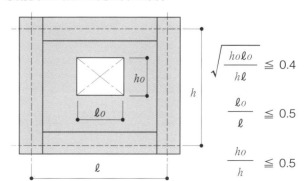

$$\sqrt{\dfrac{ho\,\ell o}{h\ell}} \leqq 0.4$$

$$\dfrac{\ell o}{\ell} \leqq 0.5$$

$$\dfrac{ho}{h} \leqq 0.5$$

荷重と外力

構造の材料と仕組み

構造部材の設計

地震に負けない建築

構造設計の実務

構造設計者の実務と法規

# 階段と手摺の設計

## 階段の構造システムは単純梁形式と片持ち梁形式の2つ。手摺は用途によって設定する荷重を変える

### 階段の構造

　階段の構造システムは、単純梁形式と片持ち梁形式の2つの形式に分けられる。

　単純梁形式は、上下階の梁を階段がつなぐもので、側桁階段やささら桁階段などがある。構造計算上の注意点は、側桁やささら桁に曲げモーメントと軸力が生じることである。また、留める側で発生する軸力の圧縮力と引張り力が変化することも考慮する必要がある。

　一方、片持ち梁形式は、一面の壁や一本の支柱から片持ちで踏み板を持ち出す階段である。構造計算は、梁の場合と変わらない。

　踏み板の変形量(たわみ量)には明確な基準はない。ただし、長期間の使用を考慮すると、たわみは抑えたほうがよい。最低でも踏み板の横幅の1/250程度の変形量に抑えることを目安にするとよいだろう。

　また、片持ち形式のらせん階段では、段板と支柱との接続部分が小さくなるため、局部的な変形が起こりやすい。そのため、段板の先端部に集中荷重をかけて構造の安全性を確認する。

### 用途で変わる手摺の設計

　手摺の設計には構造規定が特にない。ただし、用途によって設定する荷重を変えるなどの構造的な配慮が求められる。

　手摺の用途は、①境界を示す手摺、②個人的用途に使う手摺、③公共的用途に使う手摺、④避難経路に使う手摺、の4つに大別できる。

　①の手摺は単純に境界を示すロープやチェーンなどで、特に構造的な配慮は必要ない。②の手摺は、住宅の階段やバルコニーに用いる手摺である。落下を防ぐために水平方向の抵抗力を十分に確保することが求められる。

　①や②と比べて、より安全性を要求されるのが③と④の手摺である。

　③は、学校や劇場などに設置する手摺である。④は、避難階段などに設置する手摺である。避難時は、一時的に大勢の人が集中し、手摺が強く押される可能性がある。

　なお、手摺にかかる荷重の目安は、日本建築学会が発行している『建築物荷重指針・同解説』に記載されているので参考にしてほしい。

● 側桁
階段の左右両側に取り付け、段板や蹴込み板を挟んで支える板材

● ささら桁
段型の刻み目の上に段板を載せ、下から支える板材

---

### 階段の構造設計

**単純梁形式(ささら桁階段)**
ささら桁には2方向の力がかかっている。構造計算する際はそれぞれの力について安全性を確認する

段板(踏み板)

ささら桁の軸方向の力

ささら桁を曲げる方向に作用する力

段板

ささら桁

$$\frac{\delta}{L} \leqq \frac{1}{250}$$

## 階段の構造設計②

### 片持ち梁形式（らせん階段）

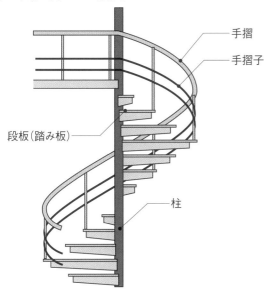

手摺
手摺子
段板（踏み板）
柱

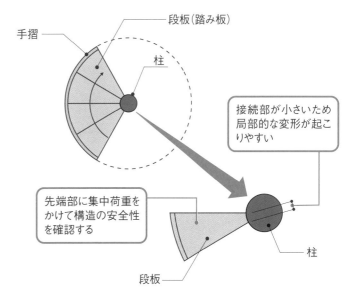

手摺
段板（踏み板）
柱

接続部が小さいため局部的な変形が起こりやすい

先端部に集中荷重をかけて構造の安全性を確認する

段板
柱

### 手摺の構造計算

#### 構造モデル

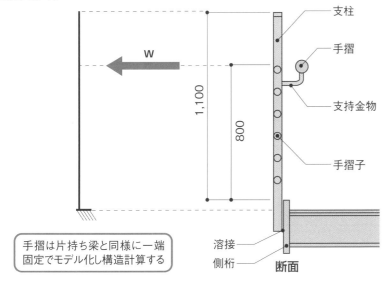

W
1,100
800

支柱
手摺
支持金物
手摺子
溶接
側桁
断面

手摺は片持ち梁と同様に一端固定でモデル化し構造計算する

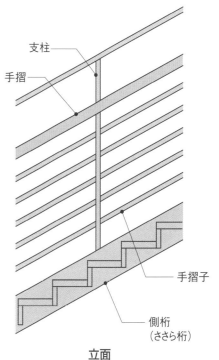

支柱
手摺
手摺子
側桁（ささら桁）
立面

### 荷重と支柱の目安

| 状態 | 実際の荷重（kgf/m幅） | 設計用の荷重（kgf/m幅） | 支柱の目安（mm）[※] |
|---|---|---|---|
| 1人が壁に寄りかかったとき | 25 | 50 | φ27.2 |
| 1人が全力で壁に寄りかかったとき | 150 | 300 | φ42.2 |
| 1人が壁に押し付けられて苦しいとき | 190 | 600 | φ60.5 |
| 集団が壁を押すとき。最前列は苦しくて悲鳴をあげるほど | 600 | 適宜決定 | — |

※支柱が1mピッチの場合

境界線を示す手摺は構造計算の必要がない

荷重と外力

構造の材料と仕組み

構造部材の設計

地震に負けない建築

構造設計の実務

構造計算の実務と法規

# 木造の接合部と接合金物

木造の接合部は直線状につなぐ継手と、直交させる仕口がある。
接合金物の選択方法は告示仕様、N値計算、許容応力度計算の3つ

## 継手と仕口

木造の伝統構法や在来軸組構法などでは、部材の端部をさまざまな形状に加工して接合する。接合部の形状や接合の方法は、使用される用途や部位によって選ぶ。また、その形状や方法によってそれぞれ呼び名がある。

梁など、材を直線状につなぎ合わせて長さを延長するための接合部を継手という。代表的な継手には、鎌継ぎや蟻継ぎ、台持ち継ぎなどがある。

梁と柱など、2つ以上の部材に角度をつけてつなぎ合わせる接合部を仕口という。また、仕口で、2つの材の角度をつけて組み合わせる部分を組手、柱に梁などを差し込んで留める部分を差し口という。代表的な仕口には、長ホゾ、短ホゾや渡り腮などがある。

木材どうしの接合では十分な耐震性が得られない場合もある。

建築基準法では、耐力上重要な接合部分を金物やボルトを使って補強することが義務付けられている。

## 告示金物とN値計算

在来軸組構法の木造では、構造耐力上主要な継手・仕口を、ボルトやかすがい、込み栓などで緊結することが義務付けられている。金物の具体的な仕様と設置方法は、平成12年建設省告示1460号に定められており、告示金物には、筋かい金物と柱頭・柱脚金物の2種類がある。

筋かい金物は、筋かい耐力壁に用いられる筋かいを柱に固定するのに使用する金物である。柱頭・柱脚金物は、柱と梁・土台などの横架材を緊結したり、上下階の柱どうしをつなぐのに用いられる金物である。

告示の仕様以外でも、N値計算か許容応力度計算で金物を選択することができる。N値計算とは、耐力壁と柱の位置などから、1本の柱にかかる引抜き力を算定し、それ以上の耐力をもつ接合金物を選ぶという手法。この計算を利用することで、告示仕様より無駄のない金物選択が可能になる。さらに厳密に金物の仕様を選ぶなら、許容応力度計算を行う。

## 木造の主な継手・仕口

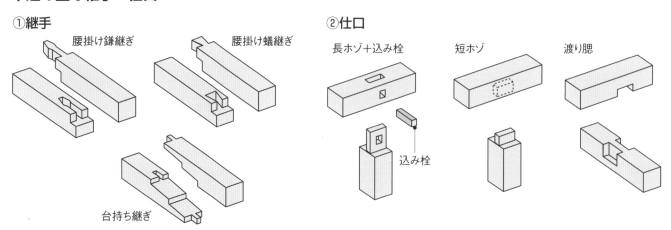

①継手

腰掛け鎌継ぎ　腰掛け蟻継ぎ

台持ち継ぎ

②仕口

長ホゾ＋込み栓　短ホゾ　渡り腮

込み栓

## 木造の主な金物

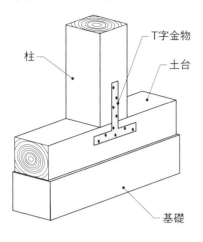

柱
T字金物
土台
基礎

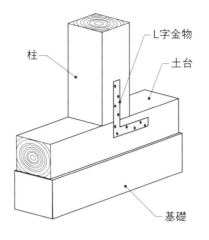

柱
L字金物
土台
基礎

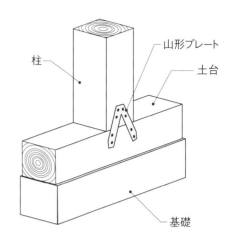

柱
山形プレート
土台
基礎

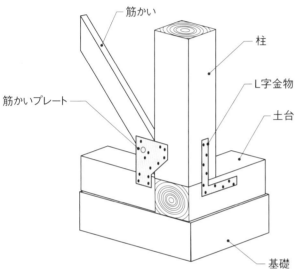

筋かい
柱
筋かいプレート
L字金物
土台
基礎

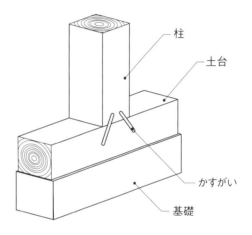

柱
土台
かすがい
基礎

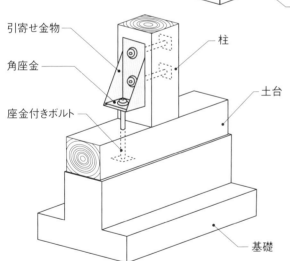

引寄せ金物
柱
角座金
土台
座金付きボルト
基礎

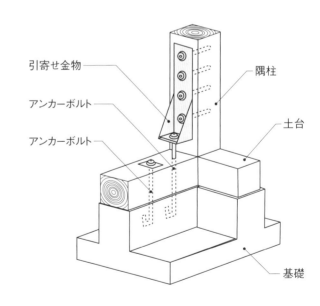

引寄せ金物
隅柱
アンカーボルト
アンカーボルト
土台
基礎

## 主な補強金物

L字金物

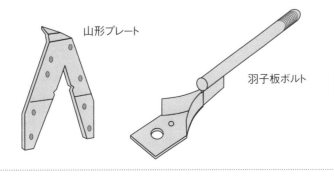

山形プレート

羽子板ボルト

補強金物には、このほかにもかすがい、
短冊金物、ホールダウン金物などがある

荷重と外力

構造の材料と仕組み

構造部材の設計

地震に負けない建築

構造設計の実務

構造部材の実務と技術

# 鉄骨の接合部とボルト接合

## 鉄骨造の部材は溶接かボルトで接合する。ボルト接合には普通ボルトや高力ボルトを使う

### 継手と仕口の種類

鉄骨造のフレームの継手は、一般的に剛接合にする。継手の位置は、部材に荷重がかかったときに曲げ応力が最も小さくなる場所（反曲点）に設ける。

現場での接合はボルト接合が多い。フランジを添え板（スプライスプレート）で挟みボルト接合し、ウェッブ部分も同様にスプライスプレートで挟み込み継手をつくることが、中小規模の建物では一般的である。大規模建物では、溶接で接合することが多い。

梁－柱の仕口は、ピン接合と剛接合がある。ピン接合の場合、柱に溶接したガセットプレートと梁をボルトで留めればよい。

剛接合とする場合は、工場で柱に取り付けたブラケットに梁のフランジとウェッブを接合（ボルト接合）する方法が一般的である。

大梁－小梁の仕口は、ピン接合とすることが多い。大梁にガセットプレートを溶接し、小梁をボルトで接合する納まりとなる。

柱・梁－ブレースの仕口は、柱・梁にガセットプレートを溶接し、それにブレースをボルトで接合する仕様が一般的である。

### 普通ボルトと高力ボルト

建築の鉄骨部材を接合するボルトには、大きく2種類ある。

普通ボルトは、軸部分のせん断性能で接合するボルトである。施工が簡単な反面、衝撃や振動などに弱く、軸部が破断しやすい。

もう1つの高力ボルトには、JIS形高力ボルトとトルシア形高力ボルト（特殊高力ボルト）がある。高力ボルトは、軸部分の引張り耐力と強く締め付けられた部材に生じる摩擦力で接合する。普通ボルトと比べて、接合は強固である。

JIS形高力ボルトは、ナットの回転数やトルクレンチにより導入軸力を調整して締め付ける。トルシア形高力ボルトは、トルクが所定の値に達するとピンテールが切れるため、トルクの確認が容易である。

● 反曲点
部材に対する曲げモーメントが0となる点

● フランジ・ウェッブ
フランジはI形鋼やH形鋼断面の上下の部分。主に曲げ応力に抵抗する。ウェッブはその間にはさまれた部分

● ガセットプレート
鉄骨が集合する節点の接合に用いる補強板

● ブラケット
壁や柱から突き出して設置する取付金具

## 柱・梁仕口（剛接合）

### ①角形鋼管柱（通しダイヤフラム）

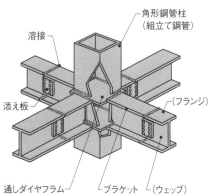

溶接
角形鋼管柱（組立て鋼管）
添え板
（フランジ）
通しダイヤフラム
ブラケット
（ウェッブ）

### ②角形鋼管柱（内ダイヤフラム）

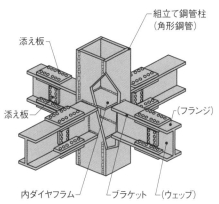

添え板
組立て鋼管柱（角形鋼管）
添え板
（フランジ）
内ダイヤフラム
ブラケット
（ウェッブ）

### ③H形鋼柱

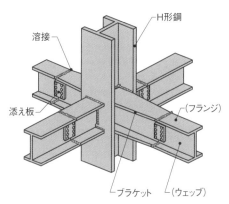

溶接
H形鋼
添え板
（フランジ）
ブラケット
（ウェッブ）

## 大梁・小梁仕口（ピン接合）

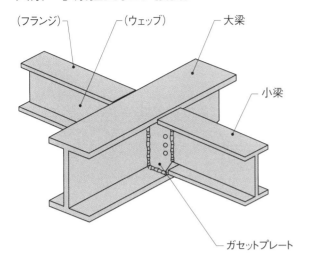

（フランジ）　（ウェッブ）　大梁
小梁
ガセットプレート

## ブレース仕口（ピン接合）

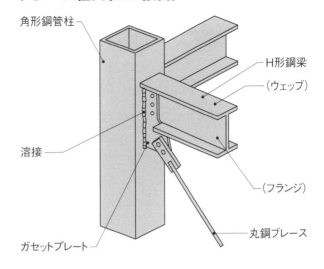

角形鋼管柱
H形鋼梁
（ウェッブ）
溶接
（フランジ）
ガセットプレート
丸鋼ブレース

## 普通ボルトと高力ボルト

### ①普通ボルト

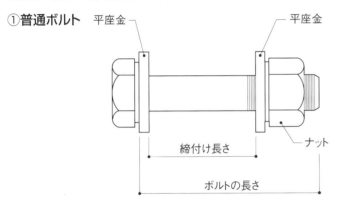

平座金
平座金
ナット
締付け長さ
ボルトの長さ

### ②高力ボルト（トルシア形）

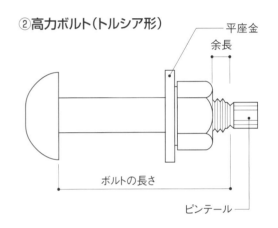

平座金
余長
ボルトの長さ
ピンテール

## 高力ボルトの接合

### ①摩擦接合

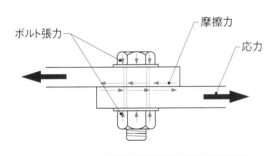

ボルト張力
摩擦力
応力

接合する部材どうしの摩擦力を利用して応力を伝達する接合形式

### ②引張り接合

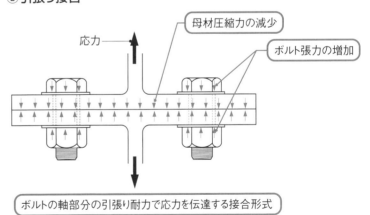

母材圧縮力の減少
ボルト張力の増加
応力

ボルトの軸部分の引張り耐力で応力を伝達する接合形式

## ボルトの締付け確認

### ①ナット回転法

マーキング
締付け

所定のトルクで1次締めを行う。その後、一定の回転角を与える

### ②トルクコントロール法

ピンテール
ピンテールが破断
位置が一致していることを確認
マーキング

トルシア形の高力ボルトは、ボルトにかけるトルクが所定の値になるとピンテール部分が切断される

# 溶接の種類

## 建築の溶接継目は、突合せ溶接、隅肉溶接、部分溶込み溶接の3つ。溶接する環境や施工者の技術によって構造性能が左右される

### 代表的な溶接継目

溶接はボルト接合のように断面欠損ができず、また、部材どうしを溶かし一体とするため、応力の伝達がスムーズである。一方で溶接する環境や施工者の技術によって構造性能が左右されるなどの欠点をもつ。

建築に用いられる代表的な溶接継目は、その形状から①突合せ溶接、②隅肉溶接、③部分溶込み溶接、の3つに分類できる。

#### ①突合せ溶接

母材どうしを接合するのに用いる溶接。接合部に開先と呼ばれる溝を設け、母材と溶接棒を溶かして母材を一体化する。溶接部の端部にはエンドタブを設置し、溶接欠落を防ぐ。溶接は連続して行わなければならない。

#### ②隅肉溶接

母材を重ねたり、Ｔ字形に接合する場合に用いられる溶接。部材の開先を設けずに隅部だけで溶接する。溶接棒を溶かしてつないだ部分のみ応力を伝達する。

#### ③部分溶込み溶接

母材の一部に開先を設けて母材どうしをつなぐ溶接。厚板などを溶接するときに用いる。

### 溶接の注意点

溶接は非常に種類が多い。建築で主に使われているものには、被覆アーク溶接、スタッド溶接、フレアー溶接などがあり、部位や目的によって使い分ける。

溶接欠陥は目視で判明するケースが多い。気泡により生じるブローホールやアンダーカットなどが見受けられた場合は、その部分の溶接をガウジングにより除去し、溶接をやり直す。溶接盛りやビード形状も確認する。

また、重要な溶接部位は、溶接後に全数超音波探傷試験や、磁粉探傷試験、浸透探傷試験などで問題がないか確認する。

- **エンドタブ**
  溶接線の始点と終点に取り付ける使い捨ての補助板。溶接金属の垂れなど溶接欠陥防止のために用いられる

- **ガウジング**
  機械やガスを使用し鋼材に溝をつけること

- **ビード**
  溶接部分にできる帯状の盛り上がりのこと。溶融で凝固した金属

---

### 溶接の種類

#### ①突合せ溶接（完全溶込み溶接）

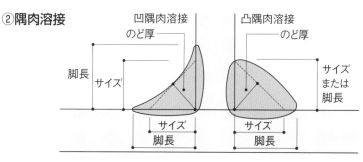

#### ②隅肉溶接

#### ③部分溶込み溶接

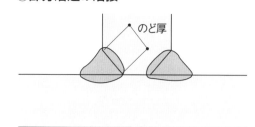

## 溶接欠陥の例

### ①溶込み不足と融合不良

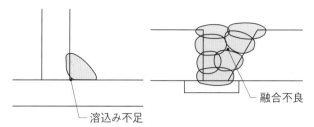

溶込み不足

融合不良

### ②オーバーラップ

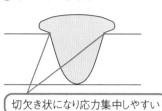

切欠き状になり応力集中しやすい

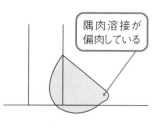

隅肉溶接が偏肉している

### ③ブローホール

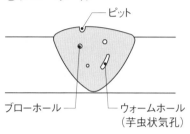

ピット

ブローホール

ウォームホール（芋虫状気孔）

### ④スラグ巻込み

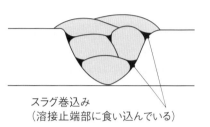

スラグ巻込み（溶接止端部に食い込んでいる）

### ⑥アンダーカット

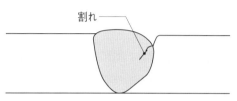

割れ

鋭角なアンダーカットは割れが入りやすい

### ⑤クレーター割れ（星状割れ）

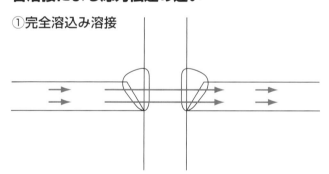

ビート

冷却速度が速いときなどに発生しやすい

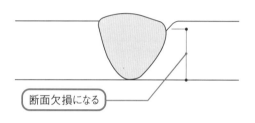

断面欠損になる

荷重と外力

構造の材料と仕組み

構造部材の設計

地震に負けない建築

構造設計の実務

構造計算の実務と法規

## 各溶接による応力伝達の違い

### ①完全溶込み溶接

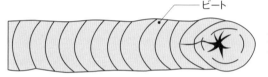

力が溶接部を伝わり、直接接合する板へ流れる。大きな力をスムーズに流すことができる

### ②隔肉溶接

力がそれぞれの溶接部を迂回して接合する板へ流れていく。溶接線に平行に作用する力の伝達に適する。
仕口など構造上重要な部分には①完全溶込み溶接を使用する

## 開先部分の名称

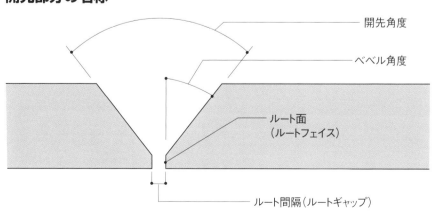

開先角度

ベベル角度

ルート面（ルートフェイス）

ルート間隔（ルートギャップ）

開先角度・ルート間隔は板厚・溶接方法などにより異なるため、（社）日本鋼構造協会による「溶接開先標準」（JASS6にも掲載）などを参照する

# 鉄筋コンクリート造の接合部

## 鉄筋コンクリートでは、内部鉄筋の継手方法と定着長さが、構造性能を決める要因となる

### 鉄筋の継手方法

　木造や鉄骨造は、柱や梁に継手・仕口を設けて部材を接合する。一方、鉄筋コンクリート造は、現場でコンクリートを打設し、柱や梁が一体化した躯体をつくるため、部材に継手・仕口が存在しない。

　ただし、鉄筋コンクリートの部材に生じる力は主に内部の鉄筋が伝達するため、各部材内の鉄筋どうしの接合方法には、十分な注意が必要である。鉄筋どうしを確実に接合させるには、継手方法と定着長さが重要になる。

　鉄筋の一般的な継手方法には重ね継手、圧接、溶接がある。

　重ね継手は、鉄筋が重なるように配置し、コンクリートの付着力で鉄筋どうしの応力のやりとりを行う方法である。端部を曲げてフックをつくった鉄筋を重ねる方法と、鉄筋を単純に重ねる方法の2種類がある。

　鉄筋を重ねる長さは、コンクリートの強度や配筋位置、鉄筋の種類・径・端部形状などで異なる。

　そのほか接合には、鉄筋の端部にガスで熱を加え、圧力をかけて鉄筋どうしを圧着するガス圧接や、先端部を突き合わせて溶接するエンクローズ溶接、鉄筋の先端にネジを取り付け、ネジで鉄筋を接合するネジ形継手などがある。継手の位置は、応力が小さい場所に設け、また継手位置が隣り合わないようにずらしながら配筋する。

### 定着長さを確保する

　鉄筋コンクリートで、一方の部材の鉄筋を延ばし、他方の部材に埋め込んで緊結することを定着という。定着長さとは、このとき埋め込んだ鉄筋の長さのことである。定着長さは、継手長さ同様、鉄筋の種類や部材などによって、必要値が異なる。

---

### 鉄筋間隔、鉄筋のあきの最小値

|  |  | 鉄筋間隔 | 鉄筋のあき |
|---|---|---|---|
| 異形鉄筋 | 鉄筋間隔<br>D　鉄筋のあき　D | ・呼び名の数値の1.5倍＋最外径<br>・粗骨材最大寸法の1.25倍＋最外径<br>・25mm＋最外径のうち大きいほうの数値 | ・呼び名の数値の1.5倍<br>・粗骨材最大寸法の1.25倍<br>・25mmのうち大きいほうの数値 |
| 丸鋼 | 鉄筋間隔<br>d　鉄筋のあき　d | ・鉄筋径の2.5倍<br>・粗骨材最大寸法の1.25倍＋鉄筋径<br>・25mm＋鉄筋径のうち大きいほうの数値 | ・鉄筋径の1.5倍<br>・粗骨材最大寸法の1.25倍<br>・25mmのうち大きいほうの数値 |

注　D：鉄筋の最外径　d：鉄筋径

### 柱と梁が同一面の場合

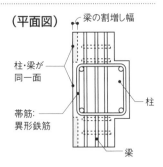

（平面図）
梁の割増し幅
柱・梁が同一面
帯筋：異形鉄筋
柱
梁

### 隅柱・側柱接合部の梁筋の納まり

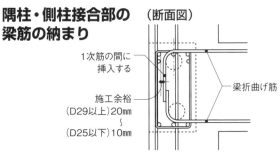

（断面図）
1次筋の間に挿入する
施工余裕
（D29以上）20mm
〜
（D25以下）10mm
梁折曲げ筋

# コンクリートの接合部

## 部材の接合部

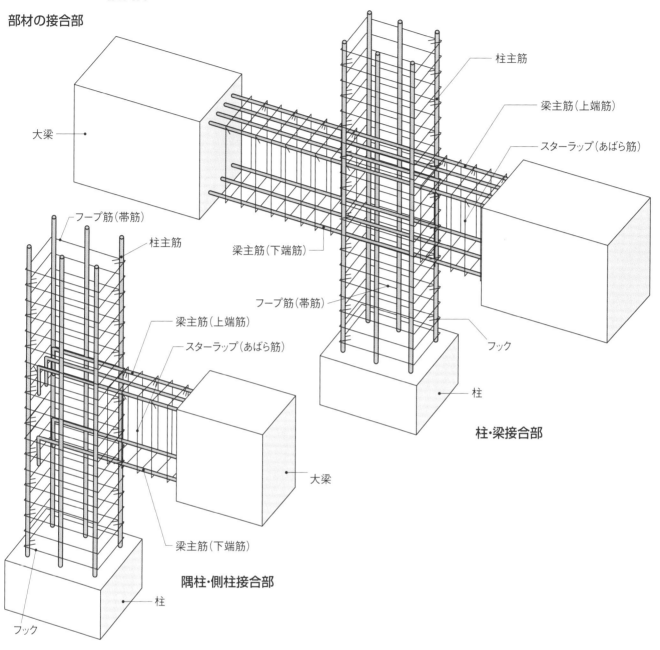

柱主筋

梁主筋（上端筋）

スターラップ（あばら筋）

大梁

フープ筋（帯筋）

柱主筋

梁主筋（下端筋）

フープ筋（帯筋）

フック

柱

**柱・梁接合部**

梁主筋（上端筋）

スターラップ（あばら筋）

大梁

梁主筋（下端筋）

柱

フック

**隅柱・側柱接合部**

## 鉄筋の接合部

①重ね継手（丸鋼）

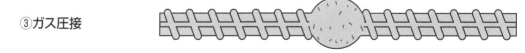

フック

②重ね継手（異形鉄筋）

③ガス圧接

④エンクローズ溶接

⑤ねじ形継手

荷重と外力

構造の材料と仕組み

構造部材の設計

地震に負けない建築

構造設計の実務

構造計算の実務と手順

# エキスパンションジョイント

## 幅が100m以上の建物や不整形な形状の建物は、EXP.Jを設けて建物をできるだけ整形な部分に分割する

### エキスパンションジョイントとは

　幅が広い建物や複雑な形状の建物などでは、建物の各部分にかかる荷重が均一でないため、建物を構造的に複数に分けて計画する場合がある。このときの建物の各部分の接合部をエキスパンションジョイント(EXP.J)と呼ぶ。

　幅の広い建物では、温度応力による部材の伸縮や、躯体がコンクリートの場合は乾燥収縮が大きくなり、ひび割れたり破損するおそれがある。一般的に、幅が100mを超える建物は、エキスパンションジョイントを設けたほうがよいとされる。

　また複雑な形状の建物は、偏心を起こしやすく、地震や暴風時に建物の一部に応力が集中するおそれがある。このためエキスパンションジョイントを設けて、構造的に整形になるよう分割し、偏心率を抑える。

　このほか、高層の建物の剛性率の調整や、軟弱地盤での、不同沈下の影響を極力抑えるためにも使われることがある。

### EXP.Jの設計

　構造的に建物を分割するためには、エキスパンションジョイント部分が自由に挙動できる形状でなければならない。エキスパンションジョイントの形状には、滑り型、蛇腹型、ボールト型、ヒンジ型、櫛型などがある。

　エキスパンションジョイントの設計では、クリアランスの確保が重要である。構造的に分割してもクリアランスが十分でないと挙動時に建物どうしがぶつかるおそれがあるからだ。保有水平耐力計算では隣り合う建物部分の変形を足し合わせた値だけクリアランスを確保する。保有水平耐力計算を行わない場合は、少なくとも隣り合う部分の層間変形角の1/50程度の距離を確保する。

● クリアランス
部材間や接合部に設ける余裕、隙間

● 保有水平耐力
建築物が地震力に対して限界に達したときの水平抵抗力

## エキスパンションジョイントが必要な建物

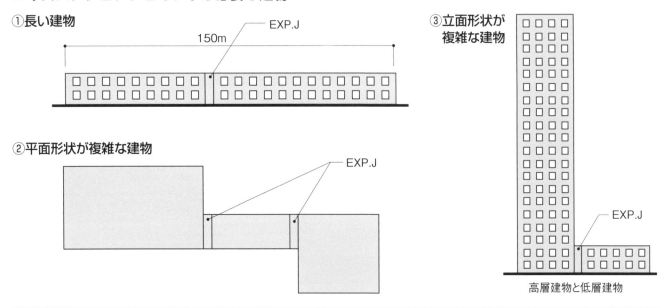

①長い建物
150m　EXP.J

②平面形状が複雑な建物
EXP.J

③立面形状が複雑な建物
EXP.J
高層建物と低層建物

## EXP.Jの形状

### ①滑り型

### ④ヒンジ型

### ②蛇腹型

### ⑤櫛型

### ③ボールト型

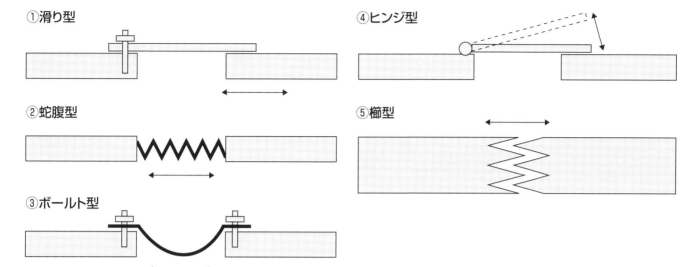

## クリアランスのとり方

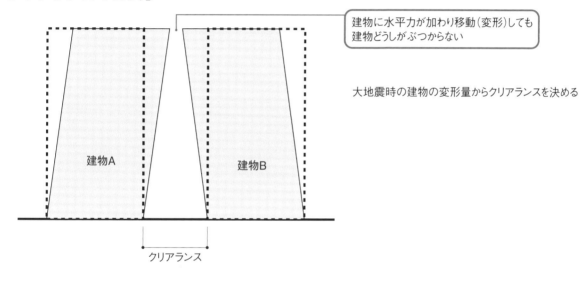

建物に水平力が加わり移動(変形)しても建物どうしがぶつからない

大地震時の建物の変形量からクリアランスを決める

建物A

建物B

クリアランス

## EXP.Jを必要としないケース

### ①L字型の連結

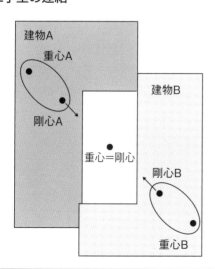

建物A

重心A

剛心A

建物B

重心=剛心

剛心B

重心B

別々の建物と考えると重心と剛心がズレていたが、一体の建物となることで、それぞれの建物の重心と剛心が移動し、一致しやすくなる

### ②左右の建物に荷重を逃す

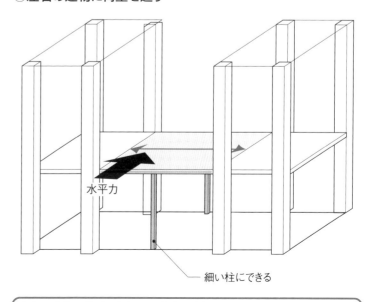

水平力

細い柱にできる

左右の建物に荷重を逃すことで中央の建物のフレームを細くすることができる

# 基礎と地業の種類

## 基礎の種類は直接基礎（布基礎とベタ基礎）と杭基礎の２つ。基礎を安定して支えるために地業で地盤を固める

### 基礎の形式

基礎の形式は、直接基礎と杭基礎に分類できる。建物の重量などの長期の鉛直荷重に対して、地盤表層部が十分な耐力をもっていれば直接基礎、そうでなければ杭基礎を選択する。

直接基礎には、布基礎、ベタ基礎がある。布基礎とは、Ｔ字を逆にした形の基礎で、連続したフーチングによって建物の荷重を地盤に伝える。フーチングが連続せず、柱ごとに単独で設けられた基礎を独立フーチング基礎あるいは独立基礎という。一方ベタ基礎は、基礎スラブで建物の荷重を地盤に伝える基礎である。

杭基礎は、地盤の表層部が建物の荷重を支えられない軟弱な地盤で用いられる。建物の荷重を支えられる地盤の層まで杭を延ばして、建物を支持する。杭は、施工方法により場所打ち杭と既製杭に、支持力の確保方法により支持杭と摩擦杭に分類される。

### 地業とは

直接基礎の下の堅固な地盤づくりを地業という。地業は、躯体の位置決めや鉄筋・型枠の受台となる捨てコンクリートを打設する際の地均しにも必要となる。

一般に行われる地業には、割栗地業、砂利地業、直接地業の３つがある。

#### ①割栗地業

直径200〜300mm程度の硬質の石（割栗石）を小端立てで密に敷き込み、隙間を目潰し砂利で埋めて固める地業。割栗石を手作業で並べるため、手間がかかる。軟弱地盤では割栗石が沈下するので向かない。

#### ②砂利地業（砕石地業）

45mm程度の砕石や砂利を、厚さ60mm以上確保しながら均等に敷き詰めて固める地業。割栗地業のように手作業で石を並べる必要がないため、近年よく行われる地業である。粘土地盤や砂地盤など、軟弱な地盤には向かない。

#### ③直接地業

地盤が非常に密度の高い砂礫で構成されており、水はけがよく、地耐力が十分な場合は、割栗石や砕石を用いず、地盤を直接締め固める。このような地業を直接地業という。

● 場所打ち杭
鉄筋で組んだかごにコンクリートを打設した杭。現場造成杭ともいう

● 既製杭
工場で形成する高強度のコンクリート杭

● 捨てコンクリート
建物の基準線や基礎の位置を決めるため、フーチングや土間コンクリートをつくる前に打つコンクリート。基礎の耐力には関係しない

### 基礎の形式

#### ①直接基礎
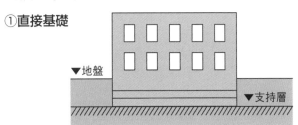

#### ②杭基礎
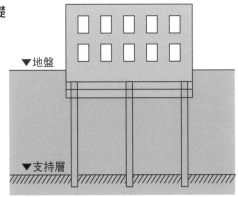

## 直接基礎の種類

### ①布基礎

長期地耐力30kN/㎡以上

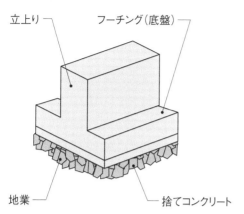

立上り／フーチング（底盤）
地業
捨てコンクリート

### ②ベタ基礎

長期地耐力20kN/㎡以上

基礎スラブ（耐圧盤）
立上り
地業
捨てコンクリート

## 杭基礎の種類

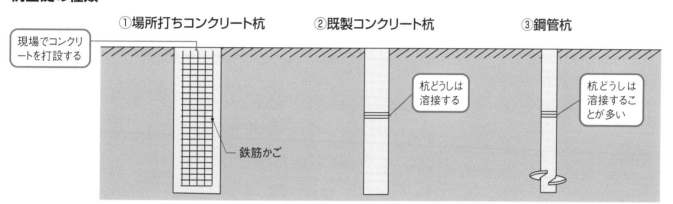

①場所打ちコンクリート杭　②既製コンクリート杭　③鋼管杭

現場でコンクリートを打設する

鉄筋かご

杭どうしは溶接する

杭どうしは溶接することが多い

## 地業の種類

### ①割栗地業

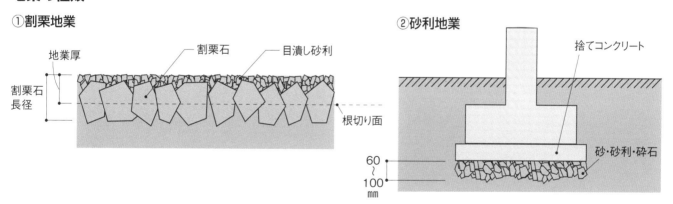

地業厚
割栗石
長径
割栗石　目潰し砂利
根切り面

### ②砂利地業

捨てコンクリート

60〜100mm

砂・砂利・砕石

## 標準的な地業

| 構造部材 | 地盤・地業　地盤の地質 | 地業 種別 | 地業 厚さ(mm) | 均しコンクリート厚さ(mm) |
|---|---|---|---|---|
| 直接基礎床版下 | 岩盤・土丹 | 地肌 | — | 50 |
| 直接基礎床版下 | 砂礫・砂 | 砂利 | 100 | 50 |
| 直接基礎床版下 | 砂礫・砂 | 砂利 | 60 | 50 |
| 直接基礎床版下 | シルト 粘土 ローム | 砂利 | 150 | 50 |
| 直接基礎床版下 | シルト 粘土 ローム | 砂利 | 60 | 50 |
| 杭基礎床版下 | — | 砂利 | 60 | 50 |

出典）『建築構造設計基準及び同解説　平成16年版』（建設省大臣官房官庁営繕部整備課 監修）をもとに作成

# 地盤の種類と性状

主な地盤は砂質地盤、粘土質地盤、岩盤。
砂質地盤は液状化、粘土質地盤は圧密に注意。岩盤は最も安定

## 地盤を読む

地盤の種類と性状を把握することは、建物の安全性を確保するために非常に重要である。地盤の状況によって、使用できる基礎形式や杭の工法が違ってくる。主な地盤の種類は、砂質地盤、粘土質地盤、岩盤である。

砂質地盤（砂質土）は、礫や砂の粒子によって地盤の耐力が大きく異なる。たとえば細砂の地盤では、地震時に液状化するおそれがあるため、基礎は慎重に選択する必要がある。

粘土質地盤（粘性土）は、古い地層ならばよく引き締まっているため、直接基礎を設けることが可能だ。ただし比較的新しい地層では、地盤が十分に引き締まっていないため、圧密と呼ばれる現象が起こり、長期にわたって建物が沈下するおそれがある。ロームも粘土質地盤に近い性質がある。シルトは、粘土と砂質地盤の中間的な性質である。

岩盤は、強固で安定した地盤であり、直接基礎を設けることが可能である。

地盤の性質以外に確認しておかなければならない地盤の性状に、地下水位がある。地下室がある建物で地下水位が高いと、水の浮力によって構造物に大きな負担がかかる可能性も高くなる。

また、一見問題がないように見える土地でも、もとは川や崖地だったり、古い炭鉱町では地下孔を埋め立ててあったりする場合がある。古地図で地盤の履歴を知ることも重要だ。

## 地質によって変わる地震力

地盤の性質によって、地震発生時の建物の揺れ方は大きく変わる。建築基準法施行令88条では、建物の振動特性を決める要因の1つに「地盤の種類」を挙げている。一般に軟弱な地盤ほどゆっくりと、地盤が硬くなると細かく振動する。

● 礫
直径が2mm以上の岩片。砂よりも粒子が大きい

● 圧密
地層内の水や空気といった隙間の減少によって地盤沈下すること

## 地盤の地耐力（建築基準法施行令93条）

| 地盤 | 長期許容応力度（kN/㎡） | 短期許容応力度（kN/㎡） |
|---|---|---|
| 岩盤 | 1,000 | 長期の2倍 |
| 固結した砂 | 500 | |
| 土丹盤 | 300 | |
| 密実な礫層 | 300 | |
| 密実な砂質地盤 | 200 | |
| 砂質地盤（液状化のおそれがないもの） | 50 | |
| 堅い粘土質地盤 | 100 | |
| 粘土質地盤 | 20 | |
| 堅いローム層 | 100 | |
| ローム層 | 50 | |

## 砂質地盤と粘土質地盤

### 砂質地盤(砂質土)

砂質が均質で水分を多く含んでいると液状化を起こしやすい。また、地盤中の礫が大きい場合は杭基礎の施工が難しい

### 粘土質地盤(粘性土)

#### ①古い粘土質地盤

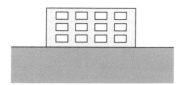

堅固で支持力が大きいが、地盤が露出すると風化するおそれがある

#### ②新しい粘土質地盤

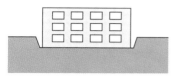

比較的軟らかく、長期にわたって圧密沈下するおそれがある。ローム層も同じような性質をもつ

## 問題となる地盤

### ①軟弱地盤

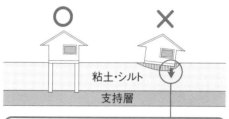

粘土分やシルトの多い沖積層からなる地盤などは軟弱地盤が多く、不同沈下の可能性がある

### ③異種地盤

山地や丘陵地を造成した敷地は盛土部と切土部があり、盛土部は沈下の可能性がある

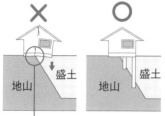

盛土部と地山部は地盤性状が異なり、不同沈下を生じる

### ②盛土地盤

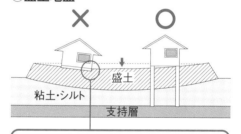

盛土による造成は地盤が安定していない場合が多い。盛土の重量で下層の軟弱地盤が沈下する可能性がある

### ④崖・急傾斜地

地震や集中豪雨により土砂崩れや擁壁崩壊のおそれがある

### ⑤砂質地盤

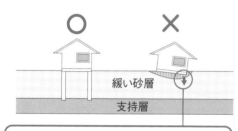

粒のそろった細かい砂質地盤で、地下水が飽和状態にあるところでは液状化現象のおそれがある

## 地層のつくられ方と地形区分

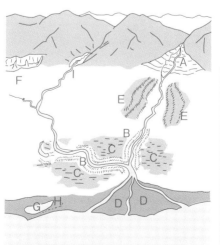

A:扇状地　D:三角州　G:潟湖
B:自然堤防　E:洪積段丘(丘陵)　H:潟湖跡
C:後背湿地　F:崖錐　I:埋積谷

| | 地形的特徴と土地利用 | 予想される地盤状況適否 | 適否 |
|---|---|---|---|
| 谷底平野 | 山で囲まれている。小川や水路が多く、湿地帯や水田になっている | かなり深くまで極めて軟弱 | × |
| 扇状地 | 山地から平野部に抜ける間の傾斜面を有する扇状の地形。畑、果樹園など | ローム、砂礫などからなる良質な地盤。ただし、地中を流れる伏流水に注意 | ○ |
| 自然堤防 | 河川の流路沿いの微高地(0.5～3m高)。昔からの集落や畑など | ローム、砂礫などからなる良質な地盤 | ○ |
| 後背湿地 | 自然堤防や砂丘の後ろにある水田など | 極めて軟弱 | × |
| 湿地 | 低地、排水不良地、湧水付近、旧河川、盛土をした宅地、荒地 | 同上 | × |
| 河原 | 現河道の流路沿い。荒地、畑、水田など | 腐植土と礫質土のサンドイッチ構造 | × |
| デルタ(三角州) | 河川の河口部で起伏に乏しい。水田などに利用 | 極めて軟弱。液状化のおそれあり | × |
| 砂州 | 海岸、湖岸沿い、林、畑、荒地、集落など | 砂地盤、液状化に注意 | △ |
| 丘陵地 | 地表面が平坦な台地、宅地 | ローム、硬粘土、礫地盤 | ○ |
| 山地 | 山、切土などの造成地 | 軟岩、地すべりに注意 | △ |
| 崖 | 斜面、造成地 | 2次堆積土(崩れた土)で構成される。崖崩れ、地すべり | ×不適 |

○:適　△:注意　×:対策工法必要
『小規模建築物を対象とした地盤・基礎』((社)日本建築学会刊)、『小規模建築物基礎設計の手引き』(建築学会)をもとに作成

# 地盤調査と地盤改良

## 代表的な地盤調査方法は4種類。
## 地盤改良は浅層混合処理工法と深層混合処理工法の2種類が一般的

### 代表的な地盤調査方法

　主な地盤調査方法にボーリング調査、標準貫入試験、平板載荷試験、静的貫入試験がある。

①**ボーリング調査**　刃先の付いた鋼管で地表面から土を採掘し、地盤の構成や地下水位の確認などを行う調査方法。標準貫入試験を同時に行うことが多い。

②**標準貫入試験**　錘(63.5kg)を75cmの高さから落下させ、サンプラーと呼ばれる鉄管を地盤に30cm打ち込むのに必要な打撃回数から、地盤の支持力を確認する調査方法。この打撃回数をN値と呼ぶ。

③**平板載荷試験**　角板または丸板で地盤に静的な荷重を加えて、地盤の支持力(耐力)などを確認する調査方法。地盤の表層の耐力を知ることができるが、深層部分については確認できない。

④**静的貫入試験**　先端がスクリュー状のロッドに錘(95kg)と載荷用クランプを取り付け、地盤に1mねじ込ませるのに要した回転数で地盤を評価する調査方法。スクリューウエイト貫入試験(SWS試験)もその1つ。

### 主な地盤改良工法

　地盤調査の結果、耐力不足の場合は杭基礎を選択する。ただし、表層部は軟弱地盤だが比較的浅い位置に良好な地盤がある場合は、地盤改良を行い直接基礎を選択することもある。

　地盤改良とは、セメント系固化材を土に混ぜて固めることで地盤の耐力を高める工法である。一般的にはセメント系固化材で地盤の表層部分を改良する浅層混合処理工法と、深層部分まで改良する深層混合処理工法の2つがある。

①**浅層混合処理工法**　地盤表層部分の土にセメント系固化材を混合し、転圧して固める工法。改良できる地盤の深さは、地表面から2mくらいが目安である。

②**深層混合処理工法**　セメント系固化材と元の地盤の土を混ぜてつくった柱を、深層にある安定した地盤まで届かせて地盤の耐力を高める工法である。

　そのほかにも、細径鋼管を使った方法など、さまざまな改良工法がある。

● 転圧
地面をガソリンエンジンの爆発反力を利用するランマーやタイヤローラーなどの機械で締め固めること

### 代表的な地盤調査方法

①ボーリング調査+標準貫入試験

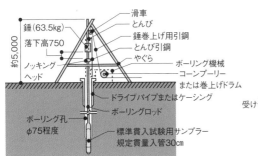

②平板載荷試験

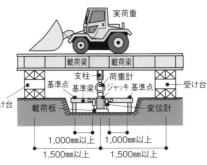

③静的貫入試験(スクリューウエイト)

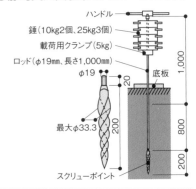

## 代表的な地盤改良工法

①浅層混合
　処理工法

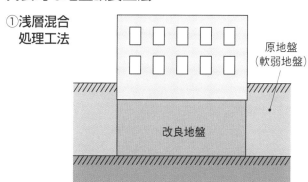

原地盤
（軟弱地盤）

改良地盤

良好な地盤

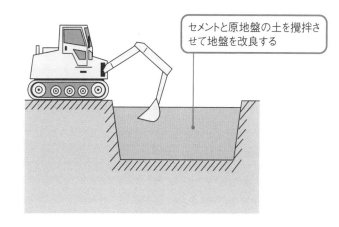

セメントと原地盤の土を攪拌させて地盤を改良する

②深層混合
　処理工法

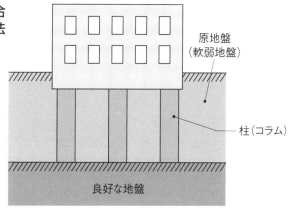

原地盤
（軟弱地盤）

柱（コラム）

良好な地盤

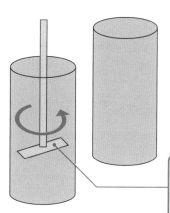

セメントと原地盤の土を攪拌させて柱（コラム）をつくり、安定した地盤まで届かせる

## 新しい地盤改良工法

写真（左）
モルタルでつくった細い柱（コラム）を列をつくるように埋め込み地盤を改良する

写真（右）
改良に用いる柱（コラム）の断面

写真提供：旭化成建材株式会社

## 地盤改良工法の概要

| 工法 | 概要 | 調査方法 |
|---|---|---|
| 表層改良 | 基礎下直下（GL－1.0〜2.0m）の軟弱地盤にセメント系固化材を散布し、攪拌・混合することで、その地盤を水和反応により硬化させ地盤の支持力増加を主目的とする工法 | SWS試験 |
| 柱状改良 | セメント系固化材に水を加えてスラリー状（液状）にして、原地盤に注入しながら機械で攪拌・混合することにより原地盤土を柱状に固化させ、支持力増加と沈下量の低減を目的とする工法 | SWS試験 CPT※試験 |
| RES-P工法 | 細径鋼管（48.6mm径）を貫入させ、地盤の支持力とパイプの支持力の複合作用により支持力増加と沈下量の低減を図る工法（パイルドラフト基礎） | SWS試験 CPT試験 |
| 小口径鋼管杭 | 鋼管杭（114.3〜264.7mm径）を回転貫入または圧入させ、沈下量の低減を図る工法 | SWS試験 標準貫入試験 |

※ Cone Penetration Testing（電気式静的コーン貫入試験）

荷重と外力

構造の材料と仕組み

構造部材の設計

地震に負けない建築

構造設計の実務

構造部材のまとめ

# Column

## 昔ながらの材料で構造をつくる

　石は、紀元前より建築の構造材料として利用されてきた。石を構造躯体に利用する場合、積み上げてつくる組積造とするのが一般的である。

　組積する石材は、一定のボリュームのある部材（通常は、直方体）に加工するため、出来上がった建物は重々しいイメージとなる。

　ただし組積の方法を少し工夫するだけで、かなり違った印象の構造体にすることができる。写真の事例は、トランプをヒントに考え出した構造形式である。薄い石版で三角形の空間をつくりトラス構造とすることで、軽やかな印象を与えることが可能になった。

### ■ 石のトランプタワー

全景。薄い石をトラス状に組んでいる

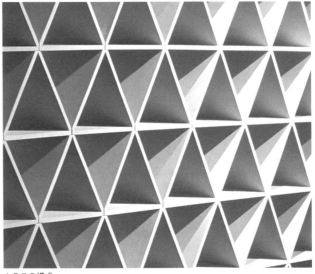

トラスの構成

石材は、通常、直方体にカットされ積み上げられるため重量感があるが、トランプタワーのように三角形に組み合わせると軽快な構造になる。壁の面内はトラスで構成されているので非常に強く、面外へは板幅を確保して自立させている

### 応力解析図

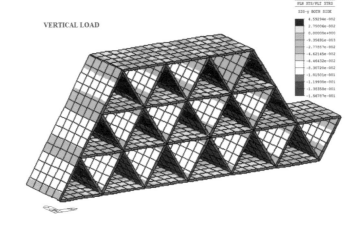

VERTICAL LOAD

# 地震に負けない建築

# 地震の伝わり方

## 地震の揺れのうち、支配的な周期を卓越周期といい、卓越周期と建物の固有周期が一致すると共振し、建物が大きく揺れる

### 地震のメカニズム

地震は、地震基盤にある活断層がずれることで発生する。断層がずれて起こった震動は地震波として、工学的基盤や表層地盤を通じ地表まで到達し、建物に伝達される。地震波には、地震発生時の第1波のP波（Primary wave）、第2波のS波（Secondary wave）、さらに地表と平行して伝わる表面波がある。また、地震波は、強固な地盤ほど伝播速度が早く、柔らかい地盤ほど速度が遅い。この速度が地震の揺れ幅（周期）に影響を与える。

地震波の周期のなかで、特に支配的な周期を「卓越周期」という。一方で、建物は、硬さなどによりそれぞれ独自の揺れ方をする。これをその建物の固有周期という。

卓越周期と建物の固有周期が一致する、すなわち共振すると、地震波はさらに大きくなる。同じ地震でも、建物によって被害に差が出る理由の1つは、卓越周期と固有周期の共振のバランスにある。卓越周期が固有周期に近いほど共振が大きく、揺れが増幅する。

### 地震力の構造計算

地震の大きさを示す単位には、震度、ガル（gal）、カイン（kine）、マグニチュード（M）がある。震度は気象庁が発表する地震の揺れの程度を表す指標、ガルは地震の加速度、カインは地震の速度、マグニチュードは地震エネルギーの大きさを示す値である。

地震力の大きさや方向は、発生から常に変化しており、実際、建物に作用する地震力も方向や大きさが定まっていない。だからといって、地震力を変化し続ける力として構造計算することは非常に困難である。

そのため、通常の構造計算では、地震力は建物を任意の方向から一定の力で押し続ける静的な力に置き換えて計算することになる。計算方法には、許容応力度計算や保有水平耐力計算などがある。

一方、地震力を時間ごとに変化する動的な力として計算する手法には、時刻歴応答解析がある。時刻歴応答解析ではガルやカインが用いられる。

● 地震基盤
地震は震源地での揺れが地表まで伝播され、地震動として揺れを感じるが、地表から浅い地層では地盤が緩いため、震源時よりも地震動が増幅される。一方、深い地層には地震動に変化のない地盤があり、これを地震基盤という

● 工学的基盤
建物を建築する際、建物を支持するのに十分な剛性と強度をもつ地層。地震基盤よりも浅い地層となる

● P波
地震波の進行方向に対し平行に振動する波で、縦波ともいわれる。毎秒5〜7kmの早さで伝播し、地震時にカタカタと小さな揺れを起こす

● S波
地震波の進行方向に対し直角に振動する波で、横波ともいわれる。毎秒3〜4kmの早さで伝播し、主要動と呼ばれる大きな揺れを起こす

● 表面波
P波やS波が地層中を伝播する実体波と呼ばれるのに対し、地表の表面に伝わる波のこと。周期が長く、振動幅も大きい。境界波ともいわれる

● 時刻歴応答解析
建築物を質量・ばねでモデル化し、地表面に時間とともに変化する地震振動を与え、建築物の各階の応答加速度などを得るための計算法。主に高層建築物などに用いられている

### 地震の大きさの単位

| 震 度 | 地震の揺れの程度を表す指標。0〜7まで10段階に階級が分かれている。構造計算を行うときの水平力を算出する係数も震度（K）というが、それとは異なる |
|---|---|
| ガ ル | 地震によって生じる加速度の値<br>　　1gal＝980㎝/sec²<br>重力を基準にしている |
| カイン | 地震によって生じる速度の値<br>　　1kine＝1.0㎝/sec<br>構造物の被害は、加速度よりも速度との相関が大きいといわれ、最近ではガルよりもカインが構造計算で多く使われる |

## 地震発生のメカニズム

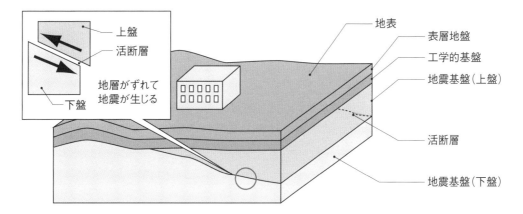

## 地震波の伝わり方

P波：地震時の第1波（Primary wave）。進行方向と平行に振動する波
S波：地震時の第2波（Secondary wave）。進行方向と直交に振動する波
表面波：地表面を伝わる波。ラブ波・レイリー波がある
Vs：せん断波速度。大きいほど固い地盤

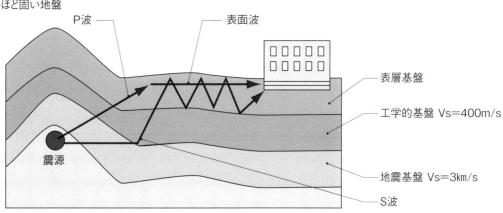

## 震度とガルの対照関係

| 震度階 | 揺れ方 | 計測震度 | 相当加速度（gal）（1.0sを基準） |
|---|---|---|---|
| 0 | 人は揺れを感じない。 | 0.5未満 | |
| 1 | 屋内で静かにしている人の中には、揺れをわずかに感じる人がいる。 | 0.5以上1.5未満 | 0.6〜 |
| 2 | 屋内で静かにしている人の大半が、揺れを感じる。 | 1.5以上2.5未満 | 2.0〜 |
| 3 | 屋内にいる人のほとんどが、揺れを感じる。 | 2.5以上3.5未満 | 6.0〜 |
| 4 | ほとんどの人が驚く。電灯などのつり下げ物は大きく揺れる。座りの悪い置物が、倒れることがある。 | 3.5以上4.5未満 | 20〜 |
| 5弱 | 大半の人が、恐怖を覚え、物につかまりたいと感じる。棚にある食器類、書棚の本が落ちることがある。固定していない家具が移動することがあり、不安定なものは倒れることがある。 | 4.5以上5.0未満 | 60〜 |
| 5強 | 物につかまらないと歩くことが難しい。棚にある食器類や書棚の本で、落ちるものが多くなる。補強されていないブロック塀が崩れることがある。 | 5.0以上5.5未満 | 110〜 |
| 6弱 | 立っていることが困難になる。固定していない家具の大半が移動し、倒れるものもある。ドアが開かなくなることがある。壁のタイルや窓ガラスが破損、落下することがある。耐震性の低い木造建築物は、瓦が落下したり、建物が傾いたりすることがある。倒れるものもある。 | 5.5以上6.0未満 | 190〜 |
| 6強 | 這わないと動くことができない。飛ばされることもある。耐震性の低い木像建築は傾くものや、倒れるものが多くなる。大きな地割れが生じたり、大規模な地滑りや山体の崩壊が発生することがある。 | 6.0以上6.5未満 | 340〜 |
| 7 | 耐震性の低い木造建築は、傾くものや倒れるものがさらに多くなる。耐震性の高い木造建築でも、稀に傾くことがある。耐震性の低いRC造の建物では、倒れるものが多くなる | 6.5以上 | 600〜 |

出典）「気象庁震度階級の解説」「震度の活用と震度階級の変遷などに関する参考資料」（2009 気象庁）をもとに作成

荷重と外力
構造の材料と仕組み
構造部材の設計
地震に負けない建築
構造設計の実務
構造設計の実務と法規

# 地震を想定した耐震設計

## 建築基準法の耐震設計法は、1次設計で中小地震を、2次設計で大地震を想定している

### 中規模地震に対する1次設計

耐震設計の規定は、建築基準法で定めており、同法では、計画建物の規模や剛性率、偏心率によって耐震設計法を1次設計と2次設計の2段階に分けている。1次、2次では、それぞれ対象としている地震の規模が異なり、構造計算の方法も変わる。

1次設計とは、建物を使用している期間にまれに遭遇するであろう中小地震で建物が損傷しない（壊れない）ことを確認する設計法である。許容応力度計算法を用いて、各部材の許容応力度が、地震によって生じる応力以上であるかを検証する。

1次設計で建てられる建物は、地震に対する抵抗形式によって、さらに2つに分けられる。1つが強度型の建物で、建物自体の強度を地震力よりも強くするよう設計する。もう1つが靭性型の建物で、建物に靭性をもたせる（柔らかくする）ことで、地震力を受け流す

よう設計する。

### 大規模地震を想定した2次設計

2次設計とは、建物を使用している期間にごくまれに遭遇する大地震に対して、建物の安全性を確保する設計法である。1次設計との大きな違いは、1次設計では建物が壊れないように設計するのに対して、2次設計では部材がある程度壊れることを許容しながら、最終的に建物が倒壊しない状態であることを確認する設計となっていることである。

具体的な計算方法としては、保有水平耐力計算で建物が最終的に倒壊する外力を算出し、建築基準法で想定される必要保有水平耐力以上であることを確認する。

2次設計で計算する建物は、規模の大きいものが多い。なお、大地震に対して強度型の建物を設計すると、部材が必要以上に大きくなってしまうため、2次設計では靭性型の建物を設計するのが一般的である。

● 剛性率
建物の上下階における、剛性のばらつきを評価する指標。各階の剛性を全階の剛性の平均値で除した値

● 偏心率
建物の重心と壁がもつ剛芯とのずれの値。住宅の場合、偏心率は0.3以下となるよう定められている

## 地震に抵抗する構造形式の違い

①強度型（剛構造）

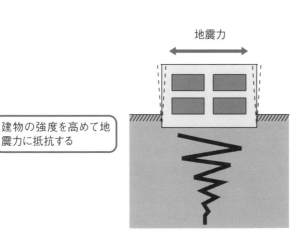

地震力

建物の強度を高めて地震力に抵抗する

②靭性型（柔構造）

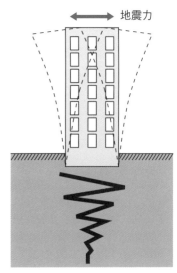

地震力

建物を柔らかくして力を受け流す

## 地震に対する設計の考え方

### ①許容応力度計算（1次設計）

| 中小規模の地震に相当する地震力を想定 |

部材の許容応力度＞地震による部材に生じる応力度

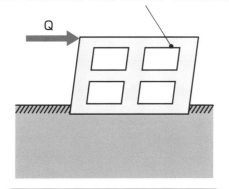

部材に生じる応力は、部材の許容応力度以下に納まり、建物が倒壊しないかを確認する

### ②保有水平耐力計算（2次設計）

| 大規模な地震を想定 |

部材が降伏

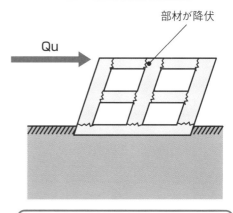

建物に加力し、すべての部材が壊れて（降伏して）建物が倒壊する、限界の耐力を確認する

## 新耐震設計法の構造計算フロー

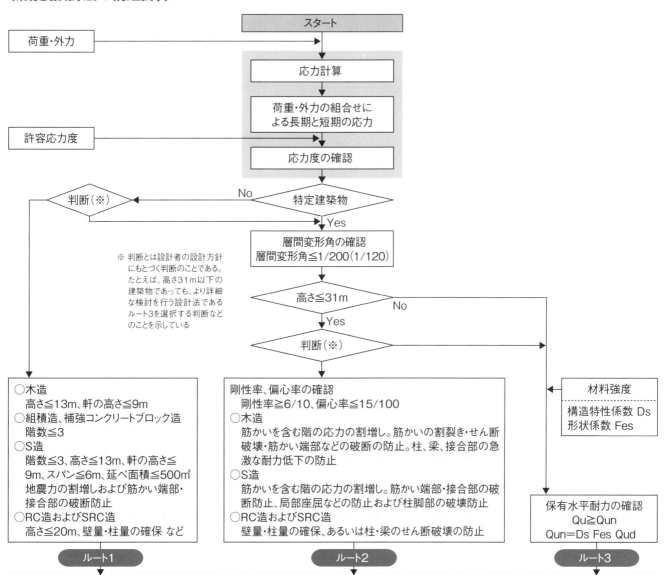

※ 判断とは設計者の設計方針にもとづく判断のことである。たとえば、高さ31m以下の建築物であっても、より詳細な検討を行う設計法であるルート3を選択する判断などのことを示している

○木造
高さ≦13m、軒の高さ≦9m
○組積造、補強コンクリートブロック造
階数≦3
○S造
階数≦3、高さ≦13m、軒の高さ≦9m、スパン≦6m、延べ面積≦500㎡
地震力の割増しおよび筋かい端部・接合部の破断防止
○RC造およびSRC造
高さ≦20m、壁量・柱量の確保 など

**ルート1**

剛性率、偏心率の確認
剛性率≧6/10、偏心率≦15/100
○木造
筋かいを含む階の応力の割増し。筋かいの割裂き・せん断破壊・筋かい端部などの破断の防止。柱、梁、接合部の急激な耐力低下の防止
○S造
筋かいを含む階の応力の割増し。筋かい端部・接合部の破断防止、局部座屈などの防止および柱脚部の破壊防止
○RC造およびSRC造
壁量・柱量の確保、あるいは柱・梁のせん断破壊の防止

**ルート2**

材料強度
‥‥‥‥‥‥
構造特性係数 Ds
形状係数 Fes

保有水平耐力の確認
Qu≧Qun
Qun＝Ds Fes Qud

**ルート3**

注 大断面木造建築物とする場合には、別途、構造計算による安全性の確認が必要

# 耐震構造と制振構造の仕組み

## 耐震構造は、地震に対して建物の強度で抵抗するもの。制振構造は、装置を使って地震の揺れをコントロールする

### 耐震構造

耐震構造とは、地震時に建物が受ける水平力に対して、部材の強度で抵抗するよう設計された構造である。耐震要素となる主な部材は、柱、梁、壁（耐震壁）、ブレースである。構造形式では、鉄筋コンクリート造のラーメン構造や、壁式構造、鉄骨造のブレース構造の建物が耐震構造といえる。

木造は、耐力壁の設置が義務付けられているため、基本的には耐震構造の建物として設計することになる。部材の断面が大きいほど抵抗できる地震のエネルギーが大きくなるため、耐震構造の建物では一般に柱形や梁形が大きくなる。

耐震構造の建物を構造設計する場合は、建物の耐用年数の間に、少なくとも1回は遭遇すると予想される中規模地震においては大きな損傷はせず、耐用年数の間にごくまれに遭遇するかもしれない大地震に対しては倒壊しない。そのような性能を建物にもたせなければならない。

### 制振構造

制振構造は、建物が受ける地震力に対して、装置を利用して抵抗する構造である。制振装置には、エネルギー吸収型と振動制御型の2つがある。

エネルギー吸収型の代表的な装置はダンパーである。ダンパーは建物が受けた地震力を熱エネルギーに変えることで、地震力を低減する。ダンパーには、オイルダンパー、粘弾性ダンパー、鋼材ダンパーなどがある。ダンパーが地震エネルギーを吸収するので、柱や梁などの部材は比較的断面を抑えることができる。

一方、振動制御型の制振装置とは、建物の屋上部分に錘を設置し、錘の振れで地震の揺れをコントロールするもので、マスダンパーとも呼ばれる。マスダンパーには、機械を使わずバネなどの力で錘を調整し揺れをコントロールするパッシブ制振と、機械によって、地震時の振れにあわせ錘の動きを調整するアクティブ制振がある。

---

● 水平力
建物に横から加わる外力。地震力のほか、風圧力も水平力として考える

● ブレース
柱や梁などで組まれた軸組に対角線状に設置する鉄筋や鋼の補強材

● ラーメン構造
鉄筋コンクリート造や鉄骨造などで、柱と梁が剛接合により一体化した構造のこと。ラーメンとはドイツ語で「枠」という意味

● 壁式構造
柱や梁がなく、壁だけで構成された建築の構造のこと

● 耐力壁
地震力や風圧力に抵抗する能力をもつ壁のこと。耐震壁とほぼ同義語だが、耐震壁は鉄筋コンクリート造の場合に使うことが一般的である

● オイルダンパー
ダンパーのなかに流れる油の粘性を利用して衝撃や振動を減衰する装置

● 粘弾性ダンパー
鉄板の間に挟んだ粘弾性体（ゴム）にせん断変形を生じさせることで震動を低減させる装置。ラバーダンパーともいう

● 鋼材ダンパー
鋼材が塑性変形することで震動をゆるやかにする

---

### 耐震構造

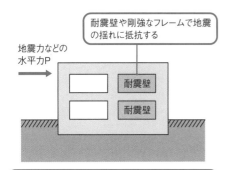

柱・梁などの部材の強度を上げたり、壁を耐震壁にする、ブレースを設けるなどして、構造躯体の強度で地震力に抵抗する構造

### 制振構造

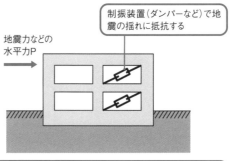

ダンパーなどの制振装置に地震のエネルギーを吸収させ、建物が受ける地震力を軽減する構造。オイルダンパーや粘弾性ダンパーなど、電気を使わないパッシブ制振と、地震が発生したときに機械を用いて地震とは反対の方向の振動を起こすアクティブ制振がある

# 免震構造の仕組み

## 免震構造は、地盤と建物の間(あるいは建物の部分)に免震層を設けて、建物に入力される地震力を低減するもの

### 免震構造のシステム

免震構造とは、免震装置を設置することで、建物に非常に柔らかく大きく変形する部分(免震層)を設け、地盤から建物に伝わる地震力を低減するシステムである。

建物は固さや形状により、大きく揺れる特有の周期をもち、これを建物の固有周期という。地震時に、地震波の周期と建物の固有周期が同じになると、揺れが重なり(増幅され)、建物は激しく揺れる。地震波の周期は、1〜2秒程度といわれるが、免震装置を使うと、建物の固有周期は3〜4秒になり、それぞれの周期が重なるのを防ぐことができる。

免震層は基礎部分に設ける「基礎免震」を採用することが多いが、実際は建物の任意の場所に計画できる柔軟性がある。

基礎免震の場合は、基礎の上部に免震装置を置き、その上に建物本体を載荷する。免震装置には、ゴムと鉄板が交互に挟まれた積層ゴムが使われることが多い。ただし、積層ゴムは剛性が大きいため、比較的重量の軽い戸建住宅では転がり支承や滑り支承が用いられることが多い。また、免震装置とともにダンパーと呼ばれる地震力を減衰させる装置を設置する。

### 免震計画の注意点

免震の計画で注意すべきはクリアランスの確保である。免震建物は地震時に揺れるため、隣地とのクリアランスを十分に確保しなければならない。また、将来のメンテナンスも考えて、免震層に人が入って作業できるだけのスペースを確保することも重要である。

また、免震建物は強い風でも揺れる可能性がある。強い風が日常的に吹く場所では、居住性に影響がないかも考慮して免震装置を設置するかを検討する必要がある。

● クリアランス
隙間やゆとりなどの意味があり、建築的には面と面との相互の余裕や空きを指す

---

### 免震構造

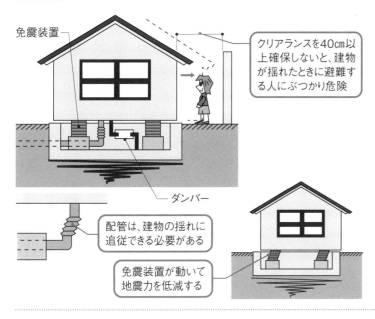

免震装置

クリアランスを40cm以上確保しないと、建物が揺れたときに避難する人にぶつかり危険

ダンパー

配管は、建物の揺れに追従できる必要がある

免震装置が動いて地震力を低減する

### 免震装置の種類

①積層免震ゴム

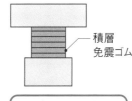

積層免震ゴム

積層免震ゴムの変形で地震力を低減

②転がり支承

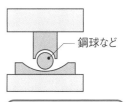

鋼球など

鋼球などが転がることで地震力を低減

③滑り支承

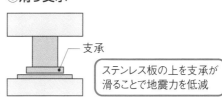

支承

ステンレス板の上を支承が滑ることで地震力を低減

# 既存建物の耐震診断

## RC造の耐震診断は、1次〜3次の3段階。最も簡易な診断は1次診断。3次診断は最も厳密だがコストや手間がかかる

### 耐震改修促進法について

耐震改修促進法は1995年の兵庫県南部地震が発生した年に、既存建物の耐震診断・耐震補強の促進を目的として施行された。2004年の新潟中越地震後の06年に改正され、具体的な目標値や指導、支援策が決められ、建築基準法においても耐震改修の促進を目的とした規制緩和が盛り込まれた。11年に発生した東北地方太平洋沖地震の後13年にはさらに、耐震診断の対象範囲の拡大、建物所有者の義務などが定められた。

### 耐震補強の前の事前調査

耐震診断で建物の耐震性能を把握するためには、設計図書など、建物の構造に関する資料を集めておく必要がある。ただし、耐震補強が必要な古い建物では、資料が残っていないことが多い。そこで、建物を事前に調査し、耐震診断に必要な情報を整理する。たとえば、鉄筋をはつり出して鉄筋径を確かめたり、鉄筋探査機を使いピッチを確認したり、コアを抜いてコンクリートの強度を測定したりする。

設計図書が残っている場合でも、図書と現状が一致しているとは限らない。確認申請図書と完了検査済証がある場合、図面と現状が一致していると判断するが、そうでない場合は、現状と設計図書が合っていることを証明しなければならない。また調査では、部材の劣化度を把握することも重要だ。

事前調査で資料を収集したら、次に耐震診断を行う。耐震診断では、構造耐震判定指標と構造耐震指標を比較し、建物耐震補強の必要性や耐震補強の有効性を検証する。

耐震診断は、1次診断、2次診断、3次診断の3つがある。事前に集めることのできた資料の内容や求める安全性、コストなどから診断方法を決定する。

### 耐震診断の調査方法

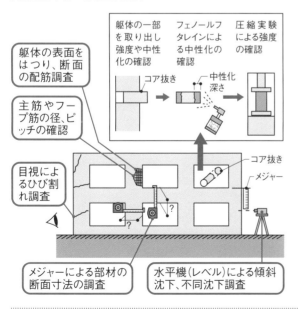

躯体の表面をはつり、断面の配筋調査

主筋やフープ筋の径、ピッチの確認

目視によるひび割れ調査

躯体の一部を取り出し強度や中性化の確認

フェノールフタレインによる中性化の確認

圧縮実験による強度の確認

コア抜き

中性化深さ

コア抜き

メジャー

メジャーによる部材の断面寸法の調査

水平機(レベル)による傾斜沈下、不同沈下調査

### 耐震診断の種類

| 診断法 | 特徴 |
|---|---|
| 1次診断 | 柱と壁の量やバランスなどから建物の耐震性を評価する。最も簡単な診断で、簡易診断ともいう。実際の部材の強度を確認しないため、判断が曖昧。特に壁の少ない建物では、壁の強度が実際の耐震性能を左右するため、1次診断のみで耐震補強を行うことは避けたほうがよい |
| 2次診断 | 1次診断の内容に加え、柱と壁の強度や靭性を調べ、破壊形式を考えながら耐震性能を確認する。最も広く使われている |
| 3次診断 | 最も精密な診断。2次診断の内容に加え、梁や基礎の強度や靭性から、耐震性能を診断する。詳細に耐震性能を確認することができるが、手間やコストがかかるため、費用対効果を考えて診断するかを決めるほうがよい |

● 耐震改修促進法
正式名称は「建築物の耐震改修の促進に関する法律」。1995年12月施行。既存不適格建築(現行法の構造基準を満たさない既存建築)の耐震診断・補強を促進。2006年改正：①計画的な耐震化、②建築物に対する指導などの強化、③耐震化支援制度の充実。13年改正：①要緊急安全確認大規模建築物・要安全確認計画記載建築物の所有者に対し、耐震診断と報告を義務付け、②既存制度の緩和・特別措置など。19年改正：ブロック塀などについても診断の実施・結果の報告を義務化

● はつり
削ること。「鉄筋をはつり出す」とはコンクリートを削ってなかの鉄筋を取り出すこと

● ピッチ
均一の間隔で同形のものが並んでいる場合に、その間隔を示す寸法のこと

● コア
強度試験のために構造体のなかから抜き取る供試体

● 構造耐震判定指標
定められた耐震基準により、その建物が保持していなければならない耐震数値

● 構造耐震指標
耐震計算によって算出された建物が実際にもつ強度指標

# 耐震補強の方法

## 木造は金物や構造用合板で、鉄骨造はブレースで、鉄筋コンクリート造は繊維シートや鋼材フレームなどで補強する

### 耐震補強の方法

木造や鉄骨造の耐震補強は、基本的に、制震構造や耐震構造の建物を新築する場合と同様の対策をとることになる。

木造では、各部材の耐震性能を向上させるために、柱と土台・基礎をつなぐ引寄せ金物などの金物を増やす、構造用合板で壁を固める、筋かいを新たに設置するなどの補強を行う。最近では木造用の制振ダンパーを壁に入れ込むなどの方法も採用されている。

鉄骨造では、ブレースを増設したり、ラーメン構造のフレームを建物の外部に取り付けたりして、建物を補強する。

一方、鉄筋コンクリート造は、建物が建てられた年代によって耐震性能が大きく異なる。1981年の新耐震以前の基準で建てられた建物は、せん断力に対して十分な耐力をもっていない場合が多い。このような建物では、せん断破壊を防ぐために、アラミド繊維や炭素繊維を柱に巻き付けて補強するなどの方法がとられる。また、柱に取り付く垂れ壁などがある場合は、あえてスリットを設けて非耐震要素にし、柱に力が集中しないようにする。躯体自身の強度を上げる場合は、X形やV形の鋼材フレームを外壁や開口部に配置したり、壁部分のコンクリートを増打ちする。室内での補強が難しい場合は、外側に耐震壁を設ける外側耐震フレーム補強を選択することが多い。

### 歴史的建造物の耐震補強

耐震性能が十分でない歴史的建造物などは、歴史的・芸術的な価値を考慮しながら耐震補強しなければならない。

このような建物では、躯体自体には補強工事をせずに免震装置を用いた免震レトロフィットを採用したり、限界耐力計算法で耐震性能を厳密に評価し、補強個所を最小限に抑えるようにする。

● 耐震補強
耐震性が不足している既存建物を、現在の耐震基準を満たすように補強すること

● 新耐震
1981年に改正された建築基準法のなかに盛り込まれた耐震基準。それまでの旧耐震基準と比較すると、新基準では、地震による建物の倒壊を防ぐだけでなく、建物内の人間の安全確保に主眼が置かれている

● アラミド繊維
伸び・縮みが少なく、引張力・弾力・耐熱性が非常に大きい合成繊維

● 炭素繊維
軽量で耐久性の高い繊維。コンクリート造の耐震補強材として一般に用いられる

● 垂れ壁
天井から垂れ下がり床まで届いていない壁で、開口部の上部などに設けられることが多い

● 免震レトロフィット
既存の建物の基礎や中間階に免震装置を設置して耐震補強するもので、外観や内装などはそのままの状態を保てる

### 耐震補強の種類

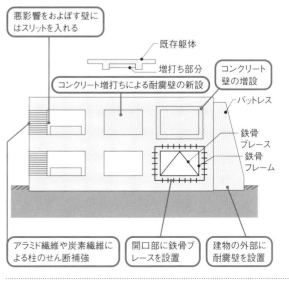

悪影響をおよぼす壁にはスリットを入れる

既存躯体

増打ち部分

コンクリート壁の増設

コンクリート増打ちによる耐震壁の新設

バットレス

鉄骨ブレース
鉄骨フレーム

アラミド繊維や炭素繊維による柱のせん断補強

開口部に鉄骨ブレースを設置

建物の外部に耐震壁を設置

### 免震レトロフィット

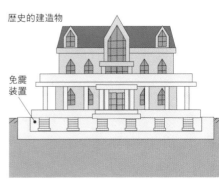

歴史的建造物

免震装置

免震レトロフィットとは、デザイン上や機能上、ダンパーやブレースを設置することができない古い建物や歴史的建造物などに免震装置を取り付け、耐震性能を向上させること

# Column

## 建築構造の単位

　現在、建築の構造計算で使われる単位は、1960年の国際度量こう会議で決定された国際単位系と呼ばれるSI単位系である。日本の建築では、古くは尺貫法が使われ、SI単位系に移る前では、従来法と呼ばれる重量単位（kgfやtf）などが長さや重さを表す単位として使われていたが、1999年よりSI単位系の使用が建築基準法で規定された。

　十進法を原則とするSI単位系は、多くの国で採用されている。単位がSI単位系に統一されることで、どのような環境でも、値が不変となる（極端な例だが、従来の重力単位系では月と地球では、同じ重さを扱っていても値が変わる）。

### ■ 構造の単位

| 長さ | 単位長さ当たりの力 |
|---|---|
| 1.0 m＝100 cm＝1,000 mm<br>1.0間＝6尺＝60寸＝600分<br>1尺＝0.303m　1m＝3.3尺 | 1.0tf/m＝9.80665kN/m |
| **面積** | **単位面積当たりの力** |
| 1.0 ㎢＝1,000,000 ㎡<br>1.0ha＝10,000 ㎡<br>1.0 坪＝3.305 ㎡ | 1.0tf/㎡＝9.80665kN/㎡<br>1.0 kgf/㎠＝0.0980665N/㎜²<br>1.0 kgf/㎜²＝9.80665N/㎜² |
| **容積** | **力・重力** |
| 1 ℓ＝1,000 ㎤<br>1 ㎥＝1,000,000 ㎤<br>1 合＝180.39 ㎤<br>1 升＝1803.9 ㎤ | 1 kgf＝9.800665N<br>1tf＝9806.65N＝9.80665kN<br>1kN＝1,000N |

### ■ ギリシア文字の読み方

| 大文字 | 小文字 | 読み方 | 大文字 | 小文字 | 読み方 | 大文字 | 小文字 | 読み方 |
|---|---|---|---|---|---|---|---|---|
| A | α | アルファ | I | ι | イオタ | P | ρ | ロー |
| B | β | ベータ | K | κ | カッパ | Σ | σ | シグマ |
| Γ | γ | ガンマ | Λ | λ | ラムダ | T | τ | タウ |
| Δ | δ | デルタ | M | μ | ミュー | Y | υ | ウプシロン |
| E | ε | イプシロン | N | ν | ニュー | Φ | φ | ファイ |
| Z | ζ | ジータ | Ξ | ξ | クサイ | X | χ | カイ |
| H | η | イータ | O | ο | オミクロン | Ψ | ψ | プサイ |
| Θ | θ | シータ<br>テータ | Π | π | パイ | Ω | ω | オメガ |

# 構造設計の実務

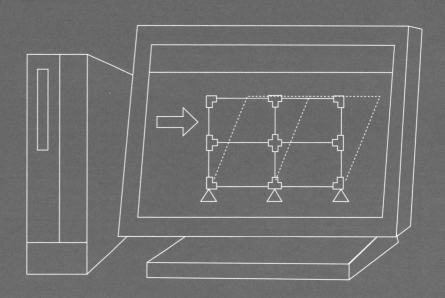

# 構造設計と構造計画

構造設計の基本業務は構造計画から始まる。
構造計画が固まったら、構造計算で安全性を確認する

## 構造設計の基本業務とは

　構造設計の基本業務は、構造計画、構造計算、構造図の作成、行政上の手続き（確認申請業務）、現場監理の5つである。業務の基本的な流れは次のようになる。

　意匠設計者と協議し、構造のシステムを考え、構造計画を行う。構造計画案にもとづき、部材の断面算定や建築関係法規で定められた基準に適合しているか確認を行う。

　問題がなければ、構造図面を仕上げ、確認申請を受ける。現場施工が始まると、設計図どおりに施工されているかを監理する。

## 構造計画と構造計算

　構造計画とは、建築計画の目標を確認し、諸条件を考慮しながら計画を実現するための道筋を立てることである。まず、意匠設計者やクライアントから建物の計画や用途、規模、デザイン的な狙いなどをヒアリングし、建築設計の目標値を定める。そしてそれを実現す

るために、構造システムや材料、予算、敷地・近隣環境、施工方法などを検討するのが、構造計画の大まかな流れである。

　構造計画が固まったら、次に構造計算に移る。構造計算の内容もモデル化と構造解析の2つに大別することができる。

　モデル化とは、計算の前に建物の架構や荷重、部材を整理し、構造の解析方法を決定することである。

　一方、構造解析とは、モデル化した結果をもとに、コンピュータなどを使って力の流れを解析し、部材断面の設計と検討を行うことである。

　構造計算は、すべての部材の安全性が確認できるまで行う。しかし、なかにはどうしても安全性を確保できない場合もある。そのようなときは、最初の構造計画に立ち戻って、計画の目標設定に無理はないか、変更可能な要素はないか、などを再検討することになる。この点からも、いかに構造計画が重要であるかが分かる。

● 確認申請業務
建築基準法にもとづいた申請業務。建築主がこれから建築する建築物の建築許可を申請すること。建築士は建築主の委任を受け、代理で申請を行うことができる

## 基本設計段階での必要な情報

| 設計スケジュール・工事費・工期 | 設計を始めるうえでの基本的な情報。この情報がなければ何も始まらない |
|---|---|
| 立地条件 | 敷地やその周辺の道路状況などの情報。施工条件により構造形式が左右されることもある |
| 地盤条件 | 周辺地盤の状況など。基礎の選択にもかかわり、上部構造体への影響が大きい。なお、構造設計者が入手する場合もある |
| 行政指導事項 | 特別な指導事項があるかの確認。なお、構造設計者が行政へヒアリングしたほうがよい場合もある |
| 設計意図 | 設計の方向性を確認するための情報。構造設計者には関係ないと思わずに話したほうがよい |
| 建築主の意向 | 設計の方向性を確認するための情報。今までは、設計意図と同じく、必要な場合に構造設計者に伝えられていたが、今後は建築主から構造設計者へ直接伝えられる機会が増えると思われる |
| 設計グレード・重要度 | 建物がどのようなクライテリア（目標値）なのか。それにより、建物の仕様や安全性が変わってくることもある |

## 実施設計段階での必要な情報

| 建築図（意匠図） | 平面図・立面図と仕上げ表、建具表などがそろっていること。特に立面図には、最高高さの情報が押さえられていること |
|---|---|
| 設計条件 | 基本設計時に曖昧だった点が具体的に整理されていること |
| 設備図 | 梁貫通などを確認するために必要 |

## 建築設計業務

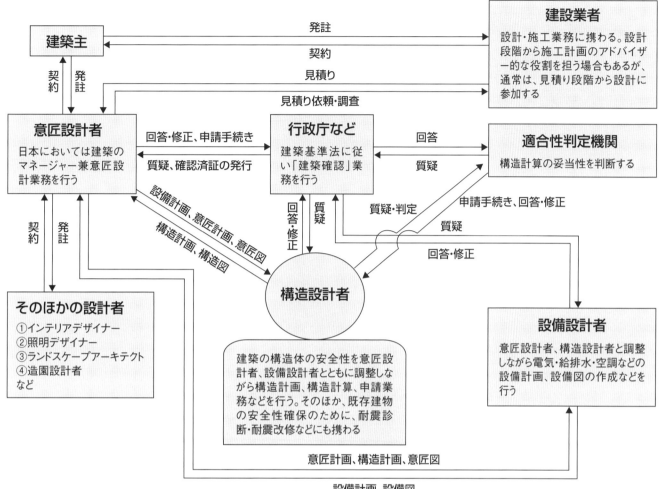

**建設業者**
設計・施工業務に携わる。設計段階から施工計画のアドバイザー的な役割を担う場合もあるが、通常は、見積り段階から設計に参加する

建築主 —発注→ / ←契約—
見積り
見積り依頼・調査

**意匠設計者**
日本においては建築のマネージャー兼意匠設計業務を行う

契約 / 発注

回答・修正、申請手続き
質疑、確認済証の発行

**行政庁など**
建築基準法に従い「建築確認」業務を行う

回答 / 質疑

**適合性判定機関**
構造計算の妥当性を判断する

質疑・判定
申請手続き、回答・修正
質疑
回答・修正

回答・修正
質疑

設備計画、意匠計画、意匠図
構造計画、構造図

**構造設計者**

建築の構造体の安全性を意匠設計者、設備設計者とともに調整しながら構造計画、構造計算、申請業務などを行う。そのほか、既存建物の安全性確保のために、耐震診断・耐震改修などにも携わる

**そのほかの設計者**
①インテリアデザイナー
②照明デザイナー
③ランドスケープアーキテクト
④造園設計者
など

契約 / 発注

**設備設計者**
意匠設計者、構造設計者と調整しながら電気・給排水・空調などの設備計画、設備図の作成などを行う

意匠計画、構造計画、意匠図

設備計画、設備図

---

## 構造計画と構造計算

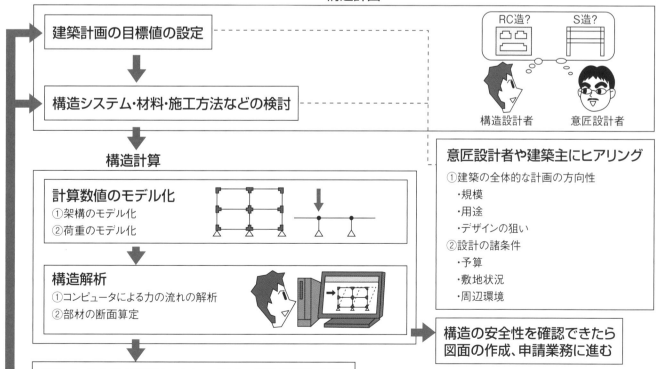

**構造計画**

建築計画の目標値の設定 ------

構造システム・材料・施工方法などの検討 ------

RC造? / S造?
構造設計者 / 意匠設計者

**意匠設計者や建築主にヒアリング**
①建築の全体的な計画の方向性
　・規模
　・用途
　・デザインの狙い
②設計の諸条件
　・予算
　・敷地状況
　・周辺環境

**構造計算**

**計算数値のモデル化**
①架構のモデル化
②荷重のモデル化

**構造解析**
①コンピュータによる力の流れの解析
②部材の断面算定

構造の安全性が確認できない場合、構造計画に戻る

構造の安全性を確認できたら図面の作成、申請業務に進む

# クライテリア

## クライテリアとは、建築設計の「目標値」のこと。設計者が独自に定め、設計図面などに表現する

### クライテリアとはなにか

構造設計をする際に、しばしば「クライテリア」という用語が使われる。クライテリアとは、一般に「判定基準」と訳される。

日本における建築構造のクライテリアは、第一に建築基準法に適合しているかどうかである。建築基準法には、想定する耐震性や耐久性をもつ建物となるようさまざまな規定がある。中小地震に対する設計（許容応力度計算）であれば、部材に生じる応力度を許容応力度以下にすることや、鉄筋コンクリート造ならば水平力が作用したときの部材の層間変形角を1/200以下にするなどで、これが構造計算に対する建築基準法のクライテリアである。

### 図面のクライテリア

建築基準法だけでなく、設計者が設計方針を決め、それを満たすために描く図面も設計・

施工のクライテリアとなる。図面で表現されるクライテリアは、建築基準法の仕様規定や構造計算のような明確な基準・数値だけでは決められていない場合が多い。

たとえば、構造設計者は、構造図で設計クライテリアを表現する。その際、構造設計者は建築基準法や構造計算以外にも、「この梁は本棚などの集中荷重が載荷されそうだ」など、竣工後の使用状況を考慮して、目指す安全性を確保できる断面を描いている。

したがって、構造計算の結果から部材の検定値に余裕があると判断し、断面寸法を勝手に変更すると、構造設計者が設定する設計のクライテリアから外れることにもなりかねない。

施工にも同じことが言える。配筋工事の際、鉄筋コンクリート配筋詳細図に描かれた定着方向を間違えて施工した場合など、構造設計者が想定したクライテリアを満たせないことになる。

● 許容応力度計算
小規模な建築物に用いられる構造計算のこと。構造躯体自体の重さ、人やモノが載ったときの重さ、地震力などを受けたときに部材に生じる応力を、許容応力度（限界点）と比較する

● 層間変形角
建物に水平の力が加わったとき、建物に生じるたわみ（層間変位）が、該当する各階の高さに占める割合を指す

### 梁のクライテリアの設定

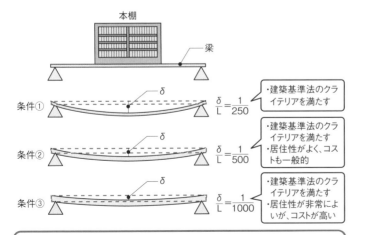

図のように、いくつかの条件を考慮しながら、設計者や建築主が設計のクライテリア（目標値）を決める。設計者は、設定したクライテリアを満たす図面を描く

### クライテリアの実現

#### 図面での鉄筋の方向の指示

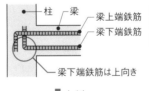

構造設計者は大地震時の安全性を考慮して、鉄筋方向を指示する

しかし…

#### 施工現場での鉄筋の方向

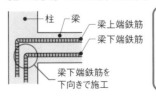

長期の荷重や中小規模の地震時では安全性に問題はないが、大地震時では構造設計者が想定したクライテリアを満たせないおそれがある

設計のクライテリアを満たすためには、図面どおりの施工が不可欠である

# 構造設計と安全性

## 構造設計で何よりも重視されるのは安全性の確保である。 なかでも地震などの外力に対する安全性が最優先される

### 外力に対する安全性

　構造設計を進めるうえで、常に念頭に置かなければならないのが、建物の①安全性、②居住性、③意匠性、の３つの性能の確保である。なかでも安全性の確保は、構造設計業務の根幹ともいえる重要な任務である。

　構造設計で確保する建物の安全性とは、第一に地震や暴風、積雪など、建物の外部からはたらく力（外力）に負けない構造性能を躯体にもたせることを意味する。たとえば、部材の断面算定などは、これらの外力に対して十分な耐力があることを検討する計算である。

　しかし、構造の安全性を考えるときには、外力以外にも考慮しなければならない要素がある。

### 火災に対する安全性

　外力の次に考えなければならないのが、火災に対する安全性で、選択する構造形式によって火災への対策は異なる。

　たとえば、鉄筋コンクリート造の場合、鉄筋部分は熱に弱いが、コンクリート部分は比較的熱に強い性質をもつ。そのため、鉄筋のかぶり厚を十分とることで、コンクリートが耐火被覆のはたらきをし、火災に対する安全性は確保できる。一方、木造や鉄骨造では、部材だけで火災の影響を防ぐことは難しいので、不燃材料で被うなどして火災に対する構造の安全性を確保しなければならない。

　また、特殊な用途の建物の場合、使用目的から構造の安全性を検討しなければならない。たとえば、薬品の貯蔵庫を計画する際には、鉄筋コンクリート造では、薬品の影響で鉄筋が錆びて、コンクリートが爆裂することがある。このような場合は、金物の使用を極力抑えた木構造としたほうが構造の安全性が確保できることもある。

---

## 構造の安全性

| 構造で確保すべき安全性 | 検討要因 |
|---|---|
| 荷重・外力に対する安全性 | 長期鉛直荷重（固定荷重、積載荷重） |
| | 積雪荷重 |
| | 地震力 |
| | 風圧力 |
| | 土圧・水圧（面圧、浮力） |
| | 温度応力 |
| | 人の活動に伴う荷重 |
| | 衝撃荷重 |
| | 繰返荷重 |
| | 機器類の動作に伴う振動（疲労確認） |
| | 地盤の性状（沈下、液状化陥没） |
| 火災に対する安全性 | 耐火性 |
| 特殊な用途に対する安全性 | 耐薬品性（薬品庫の場合） |
| | 耐摩耗性（倉庫など軽車両が走行する場合）、など |
| そのほかの安全性 | 耐久性 |
| | 対候性（気候の変化が厳しい地域の場合）、など |

安全性や居住性などの要因を検討する場合、同じ荷重に対しても考え方が異なる。たとえば居住性では梁がたわんで家具が傾いてしまうのでたわみを抑えることを考えるが、安全性については許容応力度内であるかなど、部材が壊れないことを確認する

## 火災に対する安全性の確保

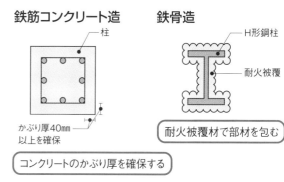

鉄筋コンクリート造
柱
かぶり厚40mm以上を確保
コンクリートのかぶり厚を確保する

鉄骨造
H形鋼柱
耐火被覆
耐火被覆材で部材を包む

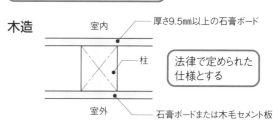

木造
室内
厚さ9.5mm以上の石膏ボード
柱
法律で定められた仕様とする
室外
石膏ボードまたは木毛セメント板

# 構造設計による居住性と意匠性

## 構造種別や材料は、建物の居住性を十分に考慮して選定する。意匠と構造を協働させることで、意匠の幅が広がる

### 音・振動・熱を構造設計で防ぐ

どんなに構造的に安全な建物を設計しても、その建物で過ごす人が不快な思いをしては建物としての意味がない。居住性を確保するために構造設計で考慮しなければならない点は、不快な音・振動・熱をいかに防ぐかである。

音の問題には、集合住宅などでしばしば問題になる近隣住戸の生活音などがある。一般に遮音性を高めるには、部材の厚みや重量を大きくする。

振動の問題には、人が歩いたとき梁などが揺れる歩行振動、車や電車の通行などで起こる交通振動がある。振動を抑えるには、できるだけ部材のたわみを抑える設計とする。

熱の問題では、構造材料を通じて室内の熱環境が左右されることをいかに防ぐかが重要になる。鋼材のように熱伝導率が高い材料を構造材に選ぶと、材が熱橋（ヒートブリッジ）となるため、冬季に室内の熱が奪われたり、結露や錆の原因となりやすい。

逆に、蓄熱性能が高いコンクリートを構造材に選んだ場合、夏季には温められたコンクリートの影響で夜になっても室内の温度が下がらないということにもなりかねない。

熱の問題は、構造材だけでは解決できない場合が多いので、断熱計画と調整しながら材料の選択や納まりを決めていく必要がある。

居住性やバリアフリー、スケルトンインフィルを考えるうえで、床仕上げ面をそろえるための段差を構造体でつくれるか（段差性能）も重要である。

### 鉄骨造・RC造の意匠性

一般に、鉄骨造は軽快で開放的なイメージになる。鉄骨は鉄筋コンクリートに比べると強度が高く、梁せいを抑えてスパンを飛ばし、開放的な空間をつくりやすいためだ。

一方、鉄筋コンクリート造は堅牢で閉鎖的になりがちだが、構造材の配置の自由度が比較的高い側面がある。そこで建物の中央部の剛性を高めて水平力の大半を負担させると、外周部分の柱・梁は鉛直荷重だけ支えればよくなり、断面を抑えられる場合もある。

● 段差性能
構造床に配管を配置するための段差をつくれるなら、床面はフラットに仕上がる。逆に集合住宅などで下階に配管を配置すると、配管の取り替え作業や漏水、音の問題が起きる場合がある

---

## 居住性を向上するために求められる構造性能

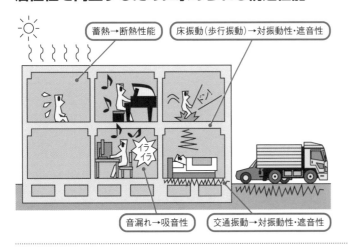

蓄熱→断熱性能

床振動（歩行振動）→対振動性・遮音性

音漏れ→吸音性

交通振動→対振動性・遮音性

## 段差性能とは

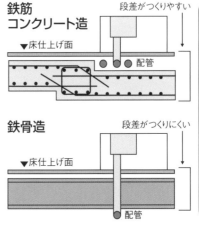

鉄筋コンクリート造

段差がつくりやすい

▼床仕上げ面

配管

鉄骨造

段差がつくりにくい

▼床仕上げ面

配管

構造床に配管のための段差がつくりやすいかどうかも、間接的に居住性にかかわるといえる。段差をつくることができれば、段差部分に配管を埋め込めるため、床面はフラットに仕上がる。また集合住宅などでは、下階に配管を回すと配管の取替え作業や漏水、音の問題など、上下階の独立性が損なわれる場合もある

## そのほかの居住性とかかわる構造部材の性能

| 性能 | 役割 |
|---|---|
| 耐荷性 | 積載物などによる床や梁などの部材の変形を軽減する |
| 耐衝撃性 | 衝突物などによる振動・変形を軽減する |
| 耐摩耗性 | 使用による部材の磨耗を軽減する |
| 防水性 | 雨水などの浸入を防ぐ |
| 防湿性 | 湿気の浸入を防ぐ |
| 気密性 | 断熱性を向上させる |

## 構造形式の選択と意匠性

### 構造形式だけで比較すると

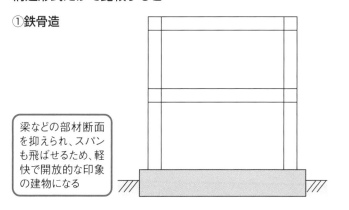

①鉄骨造

梁などの部材断面を抑えられ、スパンも飛ばせるため、軽快で開放的な印象の建物になる

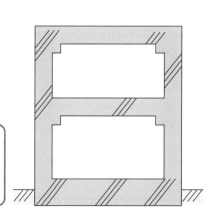

②鉄筋コンクリート造

柱・梁などの部材断面が大きくなるため、堅牢で閉鎖的な印象の建物になる

### 仕上材を含めた寸法を比較してみると

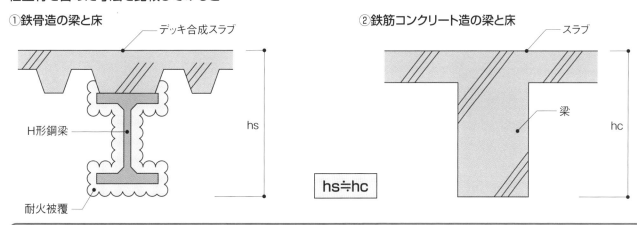

①鉄骨造の梁と床

デッキ合成スラブ
H形鋼梁
耐火被覆
hs

②鉄筋コンクリート造の梁と床

スラブ
梁
hc

$$hs \fallingdotseq hc$$

仕上材の寸法まで考慮すると、床と梁せいを含めた寸法が鉄骨造と鉄筋コンクリート造でほとんど変わらない場合がある

## 構造計算と意匠性

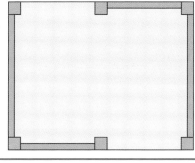

①ルート1で計算した鉄筋コンクリート造

壁が多く閉鎖的な空間になりやすい。ルート1では耐震壁が多く必要

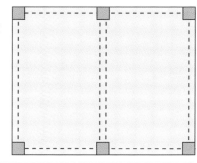

②ルート3で計算した鉄筋コンクリート造

壁が少なく開放的な空間をつくることが可能。ルート3では純ラーメンが計画しやすい

同じ計画の建物でも構造計算ルートが変わることで、つくることが可能な空間に差が生まれる

# 構造躯体と仕上材

## 構造躯体は含水率や温度変化、地震や台風で絶えず変形する。仕上材は躯体の変形に対応でき、耐久性のあるものを選ぶ

### 構造躯体は絶えず変形する

コンクリート打放しなど躯体自体が仕上げになる建物もあるが、多くの建物は構造躯体の表面が仕上材で覆われている。仕上材の下地となる構造躯体は、ひとたび建築されると不動のものと考えられがちだが、実際には躯体は建築後も絶えず変形を繰り返している。

たとえば構造材に着目すると、木材は含水率の変化で、鉄鋼は温度変化で伸縮している。コンクリートは硬化時の水分の反応や蒸発で収縮するし、温度変化によっても伸び縮みを繰り返している。

外力という点からみると、地震によって躯体は大きく動くことがある。鉄骨造や木造の建物なら、台風などの強い風を受けるたびに建物が動いていることが分かるだろう。

したがって、仕上材は追従性のあるものを選択したり、クリアランスを確保するなど、

躯体が動いても影響がない納まりを考えなければならない。鉄筋コンクリート造は動きが小さく、鉄骨造は動きが大きい。またブレース構造は動きが小さく、ラーメン構造は動きが大きい。構造種別や形式によっても仕上材に影響が出る。

### 耐久性を高めるには

仕上材は、躯体の耐久性とも深く関係している。鉄筋コンクリート造の建物では、打放しよりも仕上材を張ったほうがコンクリートが中性化する速度が遅くなり、耐久性が伸びる。

鉄骨造の建物で、仕上材に躯体と異種の金属を用いると耐久性が落ちる場合がある。たとえばアルミと鉄は、イオン化傾向が異なるため、接触させると錆が発生しやすくなる。この場合、仕上材と躯体の縁を切るか、構造材料を木材に変える、仕上材を変更するなどの対応が必要となる。

● 追従性
躯体の変形に仕上材がどれだけ対応できるかを表すもの

● クリアランス
地震などで躯体が上下左右に動いても、周囲の建築物や地盤とぶつからないために設ける隙間や余裕をいう

● ブレース構造
柱と梁の接合部分に余裕を持たせ、筋交いなどの斜め材で横からの外力に対抗する構造

---

### 構造躯体の変化

**乾燥収縮**

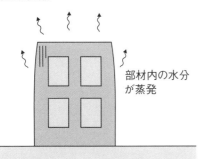

部材内の水分が蒸発

大気中の成分との反応や日射などの熱により、部材内の水分が蒸発し、躯体が縮む

**温度による伸縮**

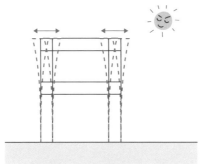

日射などによる温度変化により、1年を通して躯体は伸縮する

**地震・風などによる振動**

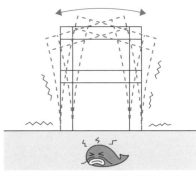

地震や暴風を受けると、躯体は振動する

躯体は建築後もさまざまな要因で変化している。したがって仕上材は、躯体の変化をある程度見越して、挙動に追従できる伸縮性のある素材を選ぶか、クリアランスをとるなどして躯体の変化に影響を受けない納まりとする必要がある

## 仕上材と構造躯体の耐久性

### ①コンクリート打放し（塗装なし）

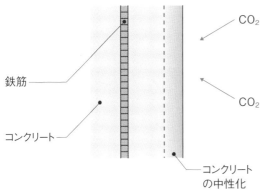

鉄筋

コンクリート

CO$_2$

CO$_2$

コンクリート
の中性化

大気中のCO$_2$に触れることで、0.1mm/年くらいの速さでコンクリートの中性化が進む。中性化が鉄筋付近のコンクリートまで達すると、鉄筋が錆び、コンクリートが爆裂し、躯体の耐久性が下がるおそれがある

### ②コンクリート打放し（塗装あり）

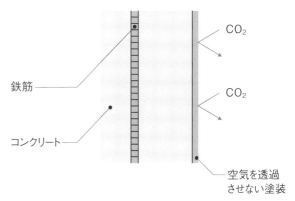

鉄筋

コンクリート

CO$_2$

CO$_2$

空気を透過
させない塗装

コンクリートの表面に塗装を施すことで、CO$_2$がコンクリート内部に浸透せず、コンクリートの中性化が進まない

> 躯体を仕上材で覆ったり、塗装を施すことで躯体の耐久性を向上させることができる

## 外装材の種類

| | 名称 | 仕上げ | 特徴 |
|---|---|---|---|
| 種類 | コンクリート打放し仕上げ | コンクリート躯体の表面をそのまま露しにした仕上げ | コンクリート構造体のもつ力強さと、素材感が醸し出す魅力 |
| | 塗装仕上げ | 吹き付けやローラーなどで、塗料を塗った仕上げ | 色、テクスチャーなど選択肢が広く、安価だが、定期的な塗り替えが必要 |
| | 石張り | 石を張り付ける仕上げ | 高級感はあるが、コスト高となる。湿式工法もしくは乾式工法を選ぶ |
| | タイル張り | タイルを張り付ける仕上げ | 耐久性に優れ、メンテナンスしやすい。湿式工法もしくは乾式工法を選ぶ |

## さまざまな外装の例

タイル

ルーバー

湿式タイル張りと化粧ルーバーの事例（共同住宅）。前面の樹木が建物を引き立てている

打放し

打放し

塗装仕上げ

塗装仕上げと打放し仕上げの事例（共同住宅）。仕上材の種類を抑え、意匠とコストのバランスを図る

アルミパネル

カーテンウォール

石

アルミカーテンウォール、石張り（乾式）、アルミパネル（乾式）の事例（事務所）

目地割りによる意匠性

塗装仕上げ

ライトアップが意匠を引き立てる

塗装仕上げと打放し仕上げを併用した事例（共同住宅）

荷重と外力

構造の材料と仕組み

構造部材の設計

地震に負けない建築

構造設計の実務

構造・資の基礎と実務

# 構造設計図

標準図、伏図、軸組図、部材断面リスト、部分詳細図からなる
構造設計図。意匠図も構造設計に欠かせない

## 構造設計の意図を伝える構造図

構造設計図（構造図）は、確認申請に必要なだけではなく、意匠設計者や施工業者、積算事務所に設計意図を伝える重要な図書で、基本的には標準図（標準仕様書）、伏図、軸組図、部材断面リスト、部分詳細図で構成される。

### ①標準図（標準仕様書）

標準図は、使用している材料や管理方法、ディテールについて記載する図面である。

### ②伏図

構造図のなかで最も重要なのが伏図である。伏図には、スパンと部材の符号、スラブレベル、場合によっては仕上厚などを描き込む。

### ③軸組図

軸組図は、主に部材符号と梁のレベルを示す。特に階段の踊場など、ほかの梁とレベルが異なる位置に梁があるような部分は、軸組図で明確にすると間違いが少ない。

### ④部材断面リスト

フレーム全体の配筋や鉄骨架構について詳細に描く。

### ⑤部分詳細図

局部的な段差部分や形状が複雑な立上りなど標準図では表現できない部分を描く。柱や梁の架構を描いたラーメン詳細図は、伏図や軸組図に記載された符号にもとづき、具体的な断面方法や仕様を記載する。

## 意匠図を構造計算に生かす

構造図の作成や構造計算をするためには、意匠図で描かれる部材の寸法や位置、高さ、通り芯などの情報を必ず押さえておかなければならない。構造図作成の最も基本的な情報を把握できるのが、平面図、立面図、断面図で、計画建物の高さや柱・梁のスパンなどを押さえる。取合い部などの細かい寸法などは、詳細図や矩計図などで把握する。

仕上表は、建物の荷重を算出するために必要となる。展開図や建具表から得られる開口部の位置や大きさも構造設計には欠かせない。ほかに求積図や配置図も必要である。

● 求積図
敷地の面積を表す図面のこと。構造設計者にとって延べ面積や建築面積を確認し、建物の重量を概算するために必要とされる

● 配置図
敷地における建物の配置を表す図面のこと。記載された隣地境界線からの距離や近隣との関係などの情報から施工条件を読み取り、施工方法や構造材料の選択などに役立てる

## 意匠図と構造設計との関係

| 意匠図 | 構造設計との関係 |
|---|---|
| 特記仕様書 | 使用図書を確認。構造設計特記仕様書と情報が重なる部分は食い違いに注意する |
| 求積図 | 延べ床面積や建築面積を確認する。計画建物の概要をつかんだり建物の重量を算出するのに必要 |
| 配置図 | 施工条件を把握し、施工計画を立てるのに必要。また、設備配管の経路を推定し、構造躯体と絡まないかも確認する |
| 平面図 | 構造図（伏図、軸組図）作成の基本的な情報を把握する。ここで押さえる階数や高さ、スパンなどの情報は、構造計算ルートを選択する設計初期の段階から構造計算、構造図の作成にも重要な情報となる |
| 立面図 | |
| 断面図 | |
| 平面詳細図 | 構造の詳細図を作るために必要。平面図や立面図だけでは読み取れない情報を得る。建物の重量を算出するときには、これらの図面を使って、ふかし寸法や立上り寸法なども確認する |
| 断面詳細図 | |
| 矩計図 | |
| 展開図 | 壁量を計算する際や構造計算する際に必要となる開口寸法を確認する |
| 建具表 | |
| 仕上表 | 構造計算に用いる仮定荷重を算出するために必要。仕上げによって荷重は大きく変わる |

# 代表的な構造設計図書

| 図書名 | | 木造 | 鉄骨造 | 鉄筋コンクリート造 |
|---|---|:---:|:---:|:---:|
| **必要な図面** 構造設計標準仕様書 | | ○ | ○ | ○ |
| 木造関係標準図 | | ○ | × | × |
| 鉄骨構造標準図 | | × | ○ | × |
| 鉄筋コンクリート造標準図 | | ○ | ○ | ○ |
| 伏図 | 基礎伏図 | ○ | ○ | ○ |
| | 床伏図 | ○ | ○ | ○ |
| | 小屋伏図・屋根伏図 | ○ | ○ | ○ |
| 軸組図 | | ○ | ○ | ○ |
| 部材断面リスト | | ○ | ○ | ○ |
| 継手・溶接基準図 | | × | ○ | × |
| 部分詳細図 | | ○ | ○ | ○ |
| ラーメン詳細図 | | △ | ○ | ○ |
| **工事内容に応じて必要な図面** 合成スラブ標準図 | | × | ○ | × |
| 杭地業工事特記仕様[※] | | ○ | ○ | ○ |
| 杭伏図[※] | | ○ | ○ | ○ |
| 壁式鉄筋コンクリート造標準図 | | — | — | — |
| プレストレストコンクリート工事特記仕様書 | | × | × | ○ |
| ボイドスラブ工事特記仕様書 | | × | ○ | ○ |

○：必要　×：不要　△：作成することが望ましい
※　杭基礎を採用した場合

# 構造仕様書と標準図

## 構造設計標準仕様書には各種構造図に共通する情報が記載される。標準図とともに構造のクライテリアを決める重要図書である

### 構造設計標準仕様書とは

　構造設計標準仕様書は、伏図や軸組図など各種の構造図に共通する情報を記載するもので、建物全体の構造のクライテリアを決める重要な図書である。具体的には、敷地の情報や建物規模、使用する材料の仕様やJIS番号、JIS以外の材料では、大臣認定番号なども記入しておく必要がある。

　また、意匠設計者や施工業者が、構造設計標準仕様書をもとに、計画している建物が強度型の構造か、大地震時に変形能力が必要な靭性型の構造かを認識して、設計・施工を進められるよう構造設計ルートも記入する。

　このほか構造に関係する基準は、意匠図の特記仕様書ではなく、構造設計標準仕様書に記載するほうがよい。

### 設計基本情報を図面化した標準図

　標準図とは、部材の納まりや鉄筋の定着長さなど、設計の基本となる情報を図面化したものである。鉄筋コンクリート構造配筋標準図、鉄骨構造標準図、木造関係標準図などがある。

　たとえば、鉄筋コンクリート構造配筋標準図では、柱や梁の取り合い部分の配筋、鉄筋の継手位置・方法、壁やスラブ鉄筋の定着方法、補強方法、ふかし要領のほか、標準的に記載可能な部分を図面化する。コンクリートのかぶり厚や鉄筋のフックの形状なども鉄筋コンクリート構造配筋標準図に記載する。

### 独自の標準図・仕様書が必要なケース

　構造種別や部材の種類によっては、独自の標準図や標準仕様書が必要である。たとえば、プレストレストコンクリート造では、プレストレストコンクリート標準仕様書が必要であり、床をデッキ合成スラブにする場合は、耐火時間に応じた仕様や、梁との接合部を表現した標準図が必要という具合である。

● プレストレストコンクリート造
あらかじめコンクリートに圧縮力を加えておき、建築後にかかる引張力に対応する構造。圧縮力に強く、引張力に弱いコンクリートの特性を利用したもの

● デッキ合成スラブ
デッキプレートとコンクリートを合成したスラブ。コンクリート打ち込み時はデッキプレートが型枠の役割を果たし、硬化後はコンクリートと一体となって引張力に対応する

## 標準仕様書と標準図の例

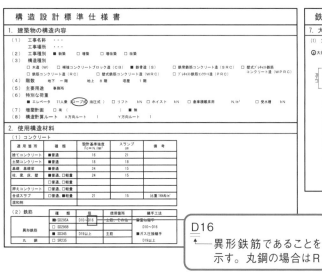

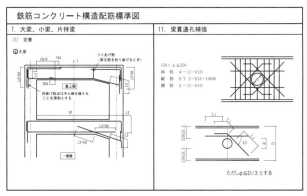

D16
——異形鉄筋であることを示す。丸鋼の場合はR

部材ごとに仕様や配筋を記載すると膨大な図面の量になる。できるだけ標準仕様書や配筋標準図で示すようにする

# 木造の構造図

## 伏図では、柱の位置と種類、横架材の継手・金物位置などを正確に描く。軸組図では伏図で表現しづらい内容を説明する

### 伏図で平面的な構成を描く

構造種別にかかわらず、伏図と軸組図の2つの構造図は必ず描くべきである。ただし、構造種別によって使う材料が異なるため、図面の描き方が異なる。

伏図とは、基礎や床（天井）、小屋組、屋根などの構造材を表した平面図のことで、基礎伏図、床伏図、小屋伏図、屋根伏図がある。

伏図に柱を描くときは、通し柱と管柱が分かるように記載する。間柱は描き込むと煩雑になるので、省略することも多い。

梁や土台などの横架材は、材の寸法や材質、継手位置なども併せて記載する。床や耐力壁の仕様も必要だが、寸法や材質をすべて描き込むと図面が見づらくなるため、記号化し、凡例をつけるとよい。

金物は、各階床伏図に記入し、土台や梁の継手とホールダウン金物の位置に気を付ける。

基礎については、立上りの位置や人通口の位置を明記する。また、1つの建物でも基礎断面が複数になることが多いので、部材リストまたは基礎伏図には基礎リストを付ける。

このように伏図にはさまざまな情報が描き込まれるが、1枚の図面の情報量が多くなると、現場での読み間違いにつながりかねないので、特記仕様書に別途整理しておくとよい。

### 軸組図で立面的な構成を描く

軸組図とは、建物の垂直方向の架構（骨組み）を表す図面である。柱の長さや梁の継手位置のほか、伏図では表現しづらい梁の掛かり方の上下関係や、開口部の位置などを表現するのに適している。軸組図には、地盤面、基礎、土台、柱、間柱、筋かい、梁・桁、小屋組、耐力壁の寸法や材質、高さなどを描き入れる。

● ホールダウン金物
地震や台風の際、柱や梁が土台から抜けるのを防ぐために取り付けられる金物のこと。法令により設置が義務付けられている

## 木造の伏図・軸組図の例

### 2階床伏図

甲1級 105×150

通し柱

管柱で下階にも柱がある

引寄せ金物を表記

甲1級 105×150

共通事項
1. ■：管柱を示す
2. ◎：通柱を示す
3. ✕：下階柱を示す
4. ▼：壁倍率2.5倍を示す　構造用合板（12mm厚）片面張り
5. 使用金物　●：引寄せ金物（HD-25）
6. ──：根太　30×45@303
▲：引寄せ金物（HD-10）　記入なき柱頭・柱脚にはV形金物を使う

### 軸組図

・引寄せ金物は、原則、上下階で同じ仕様にする
・梁と柱の優先順位が分かるように表記する
・1本の柱の長さは5〜6mくらい。3階建てで通し柱とするときは施工業者と相談する必要がある

GLは必ず描く

共通事項
1. ▼：壁倍率2.5倍を示す　構造用合板（12mm厚）片面張り
2. 使用金物
　●：引寄せ金物（HD-25）
　▲：引寄せ金物（HD-10）

139

# 鉄骨造の構造図

## 梁伏図では、梁の位置や接合方法を表現する。柱や梁のレベルや現場継手位置は軸組図で描く

### 部材位置と接合を描く梁伏図

鉄骨造の構造図は、梁伏図と軸組図が基本である。

梁伏図では、柱、大梁、小梁を描く。大梁と小梁は線種を変えるなどして区別しておく（大梁をダブル線、小梁を単線とすることが多い）。小梁と大梁はピン接合が基本なので、それが分かるように大梁から小梁を少し離して描くこともある。小梁を連続させた連続梁など、継手を剛接合とする必要がある場合は、剛接合部分に丸印で表現するなどの工夫が必要となる。

デッキ合成スラブや折板の屋根を掛ける場合、材の強度に方向性があるため、小梁の掛け方やピッチが正しく描かれていることが重要になる。

伏図は、基本的に符号図であるため、部材のおおよその位置が示されればさほど問題はない。梁や柱の寄りを明確にする必要がある場合は、柱芯図を描く。柱芯図とは、通り芯から柱芯の寸法が描かれた図面で、スケールはできるだけ大きいほうがよい。また、階ごとに柱の断面が変わるような場合も、柱芯図を描く。

### 継手位置を決定する軸組図

軸組図では、柱・梁のレベル（高さ方向の位置）と現場継手位置、ベースプレートのレベルを押さえながら描くことが重要である。

特に現場継手位置は、コストに大きく影響するのでよく確認する。継手を多く設けると部材が増えるため、部材を運ぶトラックが多く必要となる。逆に継手を減らすと、大きな重機とトランスポーターが必要となる。軸組図を描く際には、計画地の道路状況や周囲の障害物のことを考えながら継手位置を決定する。

形状や材質など、各部材の詳細な情報は、部材リストに別途まとめる。

● ピン接合・剛接合
ピン接合はホゾとホゾ穴のように接合部分が変形する可能性があるもの。剛接合は柱と梁などの接合部分を一体化させたもの

● 折板
鋼板を山型に成型した屋根材。大型の長い屋根に向いており、鉄骨造の建物によく使われる

## 鉄骨造の伏図・軸組図の例

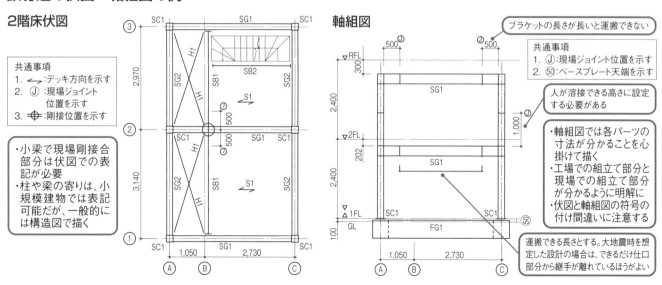

# 鉄筋コンクリート造の構造図

## 鉄筋コンクリート造は形状の自由度が高いため、伏図と軸組図の両方に梁レベル・床レベルを描く

### 伏図には各部材のレベルを描く

　自由な形状が可能な鉄筋コンクリート造の構造図は、比較的簡単に描くことができる。構造図の基本は、ほかの構造と同じで伏図と軸組図である。

　鉄筋コンクリート造の伏図で重要なのは、梁や柱の符号と併せて各部材のレベルを描き込むことである。木造や鉄骨造と異なり、鉄筋コンクリート造では、床レベルを自由に調整できるため、伏図でも梁レベルと床レベルが分かるようにする。

　納まりに大きな影響を与えない場合は、柱芯図（通り芯から柱面までの寸法が描かれた図面）を描かないので、伏図で柱と梁の寄りが分かるようにしておく必要がある。

### 軸組図には開口位置・寸法を描く

　軸組図では、梁レベルや柱長さ、壁、開口部を描く。

　鉄筋コンクリート造では、梁の途中でレベルが変わることがあるので、床の仕上面の位置（フロアレベル：FL）やコンクリート床の位置（スラブレベル：SL）から梁がどの程度上下しているかが分かるように表現する。フロアレベルが複雑な場合は、軸組図に破線でスラブ断面を表現する場合もある。

　2007年6月20日の建築基準法改正により、鉄筋コンクリート造の軸組図には、開口部の寸法・位置を描き込むことが義務付けられた。また、鉄筋コンクリート造では、壁のせん断破壊を避けるために柱と壁の間に耐震スリットを設けることも多いため、壁を描く際にはスリット位置も軸組図に描き込む必要がある。

　なお、コンクリート内部の鉄筋については、標準的なものは配筋標準図や部材リスト、特殊なものは詳細図を別途用意する。

● 耐震スリット
大地震の際、柱や梁などが破壊されないよう、柱と腰壁などとの間に設けた隙間や目地のこと

---

## 鉄筋コンクリート造の伏図・軸組図の例

### 床伏図

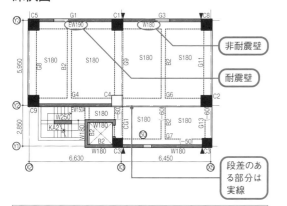

非耐震壁

耐震壁

段差のある部分は実線

共通事項
1. スラブ天端レベル
　3FL―（3FL=GL+7,400）
2. 梁天端レベル
　3FL―（3FL=GL+7,400）
3. ⊿(―10) 印
　⊿スラブ天端レベル3FL―10を示す
4. (―10)梁天端
　3FL―10を示す
5. ▲印:構造スリット位置を示す（3方スリット）

### 軸組図

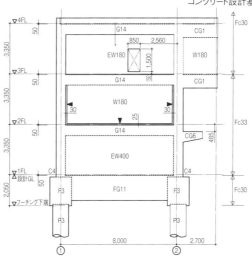

コンクリート設計基準強度

共通事項（軸組図）
1. ▲印:
　構造スリット位置を示す
　（3方スリット）
　鉛直30mm
　水平25mm
2. 特記無き柱符号は
　下階と同じとする

・符号では耐震壁と非耐震壁の違いが分かるようにしたほうが親切
・柱と梁の寄りは、基本的には伏図で表記する。分かりづらいときは柱芯図を描く
・開口寸法は、窓枠の寸法ではなく躯体の寸法

# 部材断面リスト

## 使用する部材を階ごとに一覧表にまとめる部材断面リスト。断面形状、寸法、ピッチ、本数など書き方のルールがある

### 鉄骨造の部材断面リスト

鉄骨部材は、既製品を使用することが多く、部材寸法や材質がある程度決まっているため、部材断面リストの作成にはさほど手間がかからない。ただし部材寸法の書き方にはルールがあるので、覚えておく必要がある。

梁部材によく用いられるH形鋼は、「H－梁せい×フランジ幅×ウェッブ厚×フランジ厚」の順番に表記する。

既製品ではなく板を組み合わせてH形鋼を製作した場合は、先頭の頭文字にB（Built）を付けてBHなどと標記し、既製品と区別する。

柱部材は、柱形状－一方の幅×もう一方の幅×板厚とする。500㎜角で板厚19㎜の角形鋼管を使った場合、「□－500×500×19」と表記する。

なお、既製品の柱材はコーナー部がR形状となっており、R寸法を最後に付け加えることもある。

### 鉄筋コンクリート造の部材断面リスト

梁リストには、断面形状、上筋・下筋の本数、スターラップ（あばら筋）の本数・径・ピッチ、幅止め筋の径・ピッチ、腹筋の本数などを書き込む。

鉄筋は単純な円で表現する場合も多いが、鉄筋の径ごとに記号を決めて表現する場合もある。最近では、計算書と部材リストの整合性を強く求められる。たとえば、梁の上下筋を2段配筋とするか1段配筋とするかなども明確に表現する必要がある。

柱リストでは、断面形状、主筋本数、フープ（中子）の本数・径・ピッチを描く。通常、柱の向きは伏図に合わせる。ただし、リストだけで柱の方向が分かるように表現する必要がある。

柱断面の中央にあるフープは、梁の幅止め筋と同じような位置にくるので、線種を変えるなどして、幅止め筋と区別できるようにする。

● H形鋼
部材の断面がHの形の鋼材。鋼材の縦2本に当たる部分をフランジ、横1本にあたる部分をウエッブという

● スターラップ（あばら筋）
梁の主筋に一定間隔で垂直に配置した補助筋のこと

● 幅止め筋
鉄筋を平行に複数組んだとき、幅を均一に保てるよう挿入する補助鉄筋のこと

● フープ（中子）
鉄筋コンクリート造で、柱の主筋の外回りに水平に巻く囲い筋のこと。主筋の位置を固定し、地震など外力が加わった際は柱の寸断を防ぐ

## 部材リストの例

### 鉄骨部材リスト

| 符号 | 断面形状 | 断面 | 材質 |
|---|---|---|---|
| SC1 | □ | □ － 200 × 200×9 | BCR295 |
| SC2 | □ | □ － 175 × 175×6 | STKR400 |
| SG1 | I | H － 200 × 100×5.5 × 8×8 | SN400B |
| SG2 | I | BH － 250 × 100×9×16 | SN400C |

組立て材はBを付けて

### 柱リスト   幅止め筋 ┌─D10＠1000以下

| 符号 | C 1 | C 2 |
|---|---|---|
| 9F | | |
| Dx×Dy | 600×600 | 600×600 |
| 主筋 | 14－D25 | 14－D25 |
| Hoop [※1] | ⊞－D13＠100 | ⊞－D13＠100 |

※1 フープ・帯筋

- 鉄骨部材はほとんどの場合、JIS規格寸法材を使用するが、材質によっては入手できない場合もあるので要注意
- 組立て材の場合は、寸法や材厚は自由だが、板厚は使われる寸法で決まっている。規格外の板厚を使う場合は要注意

### 大梁リスト   幅止め筋 ┌─D10＠1000以下

| 符号 | G 1 | |
|---|---|---|
| 位置 | 端部 | 中央 |
| 断面 | 400×700 | 400×700 |
| 上筋 | 4－D25 | 4－D25 |
| 下筋 | 4－D25 | 4－D25 |
| S.T.[※2] | □－D13＠100 | |
| 腹筋 | 2－D13 | |

※2 スターラップ・あばら

- 鉄筋コンクリートの部材リストは、できれば鉄筋の種別も図示したほうがよい
- スターラップやフープの形状（フック位置）も分かるように表記。特に、高強度せん断補強筋の場合は、らせん形状のスパイラル筋となる

# 構造詳細図

## 鉄骨造の構造詳細図は、接合部の取り合いなどを描く。RC造は配筋要領と複雑な取り合いの2種類を作成する

### 鉄骨造は溶接の仕様や向きなどを記載

構造詳細図は、構造躯体の断面や材料、寸法などを記載する図面である。

鉄骨造の構造詳細図は、各部分での溶接の仕様や向き、現場溶接か工場溶接かの区分けなどを記載する。また、溶接する箇所としない箇所を交互に設ける断続溶接の場合は溶接のピッチを、隅肉溶接の場合はのど厚なども併せて描き込む。鉄骨造の場合は、合成デッキや外壁の取付け材との接合部の取合いなど、現場で確認しづらい事項がある。そのため、こうした納まりに不備がないかを図面でも事前に確認できるよう、構造詳細図は細心の注意をもって描く必要がある。

### RC造は配筋要領と複雑な取り合いを描く

鉄筋コンクリート造は、比較的自由に形状を決めることができる。壁の立上り高さなど、自由に形状や寸法を変えることができる部分が多く、それらすべて図面に描くことは不可能である。そこで詳細図では、配筋の原則を示したもの（配筋要領）と、特に複雑な取合いになる箇所のみを描いたものの2種類に分けて描く。配筋要領には、鉄筋の径やピッチ、定着長さ、継手長さの情報を描く。

一方、複雑な取り合い部は、鉄筋だけでなく、打設後のコンクリート形状も正確に描く必要がある。コンクリート打継ぎ部などは、継手位置も正確に伝わるよう描く。

● 隅肉溶接
直交する2つの面を三角形の溶接継手で溶接するもの

● 複雑な取合いの詳細図
柱・梁の架構を描いたラーメン詳細図では、取り合い部で鉄筋が直交するため、平面的な納まりだけではなく、立体的な納まりも意識しながら図面を描く必要がある。また、鉄筋は直角に加工できないため、鉄筋を折り曲げたときの曲線も描くようにする

## 構造詳細図の例

### 鉄筋コンクリート造架構詳細図

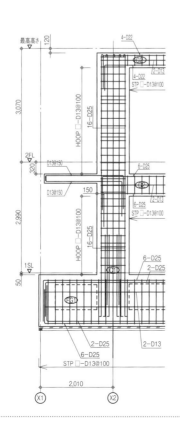

一貫計算プログラムや応力解析プログラムでは部材断面の安全性は確認できるがディテールについては無視されている。全体の納まりを確認するうえで詳細図は重要。また、構造上の納まりだけではなく、意匠設計者にも見てもらい仕上材への影響も考慮する

### 鉄骨架構詳細図

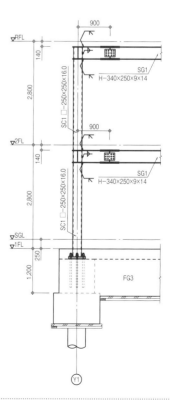

# 継手・溶接基準図

## 鉄骨造では継手基準図と溶接基準図を作成し、継手や溶接の仕様をまとめることで作業効率を上げる

### 継手の納まりを描く継手基準図

鉄骨造では、継手基準図と溶接基準図を作成する。継手や溶接部分の多い鉄骨造では、施工性を向上させるため、共に欠かせない構造図である。

継手基準図(継手リスト)は、継手の納まりを描いたものである。鉄骨造の継手は同じ仕様となることが多いので、継手基準図としてまとめることで繰り返し同じ図面を描く手間が省け、作図や施工上のミスを軽減することができる。

図面には、継手形式、継手符号、断面形状・寸法、ボルト径・ピッチ、添え板(スプライスプレート)・ガセットプレートの板厚などを記載する。

継手のボルトには、高力ボルトか特殊高力ボルトが用いられることが多い。特殊高力ボルトを使用する場合、認定品となるため、認定番号を図面に記載しておく。

### 溶接の種類と施工要領を示す溶接基準図

溶接基準図(溶接リスト)は、使用する溶接の種類と施工要領をまとめたものである。溶接方法も同一の仕様が多いため、リストとしてまとめる。

図面には、溶接の種類や部分、溶接記号、開先角度、裏当て金の材質・形状、エンドタブの種類・形状、半円の孔(スカラップ)の位置・形状などを描く。

小規模建物では、部材の厚さが25㎜程度になることもあるので、突合せ溶接の場合は、裏当て金を用いる。

H形鋼の場合、ウェッブ部分に裏当て金を通すスカラップをあけるスカラップ工法、孔の形状を改良しスカラップに応力が集中することを防ぐ改良型スカラップ工法、孔をあけずに溶接するノンスカラップ工法がある。それぞれの工法で裏当て金の形状が異なるので、図面で確認できるようにする。

● ガセットプレート
筋交いの接合などに使われる鋼板の総称

● 高力ボルト
高張力の鋼でつくられた高強度のボルト。ハイテンションボルトともいう

● エンドタブ
溶接の際、母材への影響を防ぐため、両端に取り付ける部材のこと。溶接終了後は切り落とす

---

### 継手基準図の例

#### 鉄骨梁継手リスト

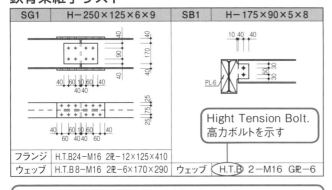

・ボルト接合ではピッチやへりあきを押さえる
・各ボルト径によって最小値がある。ただしボルト径にあわせて数値を変えると間違いのもとなので、できるだけ同じ寸法でそろえたほうがよい

### 溶接基準図の例

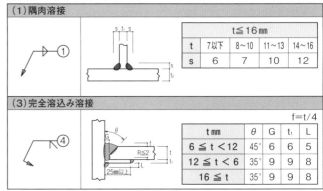

溶接基準図は各工場で仕様が異なるので個別に作成することは難しい。一般的には東京都建築士事務所協会などが発行している標準図を使うことが多い

# 意匠設計と構造設計

## 実施設計までは構造図と意匠・設備設計を調整する。
## 施工時は施工図・施工計画書と構造図の整合性を図る

### 意匠設計者との打ち合わせ

意匠設計者と構造設計者は、設計段階から施工時までのさまざまな場面で、構造図をもとに打ち合わせする。

基本計画時は、主に架構の考え方について打ち合わせて決定する。構造設計者はプランにおける柱や梁、床（スラブ）の構造上の役割などを説明し、協議しながらそれらの位置を決めていく。実際に、各階の平面図を積み上げてみると柱が通っていなかったり、床が空中に浮いているプランが少なくない。この場合、意匠設計者は、どのような経路で荷重を伝達させていくかを構造設計者に確認しながら各部材の配置の変更などを検討することになる。

また構造設計者は、部材の概略的な断面寸法など、納まりに関する情報もこの段階で伝え、意匠・設備の設計が問題なく行えるようにする。

実施設計に入ると、部材の位置や寸法が明確になるので、意匠図や設備図と矛盾がないかを相互に確認する。

近年、確認申請では構造計算書と図面の整合性が重要視されるようになった。そのため確認申請前に、構造計算書で使用した断面寸法などの数値や仕様について変更がないよう、意匠設計者と構造設計者が互いに確認する必要がある。

### 施工業者への伝達と監理

確認申請受理後、施工に移ると、施工業者が設計図書をもとに施工図や施工計画書を作成することが多い。意匠設計者は、施工図・施工要領が正しく作成できるように、仕様や各種形状・寸法を構造設計者と確認しながら施工業者に伝える。

一方、構造設計者は、監理者として施工図や施工計画書と構造図を見比べ、設計図書と相違があれば、意匠設計者や施工業者と協議し、是正する。

## 意匠設計者と構造設計者のかかわり

**基本設計段階**

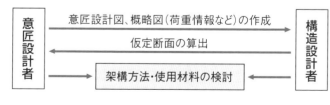

**現場監理段階**

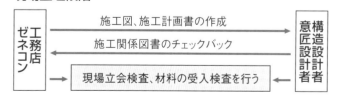

**実施設計段階**

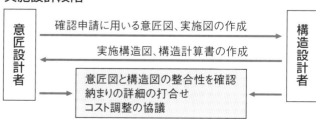

# 設備設計と構造設計

## 構造設計者は意匠・設備を意識しながら構造図を作成。特に電気配管など構造と設備が取り合う部分に配慮する

### 意匠・構造・設備設計の擦り合わせ

意匠・構造・設備の各設計は、相互に密接に関係している。意匠設計者にとっては、意匠設計と構造設計、意匠設計と設備設計の整合性をとるだけでなく、設備設計と構造設計を調整することも重要な業務になる。

意匠設計者は、設計の初期段階で簡単な平面図と立面図を作成し、構造設計者と設備設計者に設計の意図と大体のプランを伝える。

図面を受け取った構造設計者は、意匠計画や仕上材、設置する設備を意識しながら、主に荷重やスパン、柱位置や梁位置と各部材の仮定断面を検討して、構造図を作成する。

設備設計者は、意匠設計者が描いた平・立面図をもとに使用する機器や配管ルートを検討し、設備図を作成する。

こうして上がってきた構造と設備の設計図の整合性を確認しながら、それぞれの設計者とさらに打ち合わせを繰り返していくことになる。

### 構造と設備の取り合い部分に注意

設備設計図と構造設計図では、構造と設備が取り合う部分の綿密な調整が必要となる。たとえば近年、電気配管の量が増えているが、現場が動いてから構造計算上想定していない断面欠損が見つかるケースが少なくない。これは構造計算上安全なスラブ厚や壁厚でも、電気配管を考えると十分でない場合があるためだ。意匠設計者は設備設計者から上がった設備図をもとに、配電盤の位置や配管計画を構造設計者に伝えなければならない。

開口部のある耐震壁も事前の調整が必要な箇所である。構造設計者が耐震壁として問題のない開口部の大きさを設計しても、実際にはその壁に配管を貫通させてしまうと、構造計画上問題になるからである。

## 設計者間のやりとり

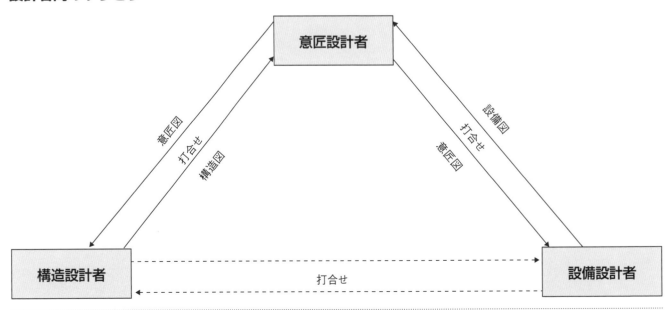

## 詳細な検討が必要な箇所

### ①梁と配管が取り合う箇所

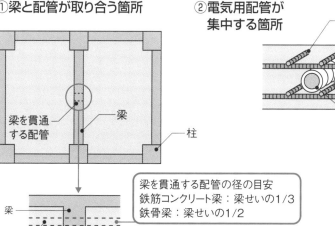

梁を貫通する配管　梁　柱

梁
配管

> 梁を貫通する配管の径の目安
> 鉄筋コンクリート梁：梁せいの1/3
> 鉄骨梁：梁せいの1/2

> 梁を貫通しない配管
> 構造的には問題がない

### ②電気用配管が集中する箇所

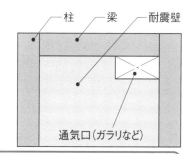

鉄筋　コンクリート

電気用配管（CD管）

> 特に規定値はないが、配管の本数が多くなる場合は、配管による欠損が問題にならないかを確認する

### ③耐震壁に通気口などを設けた箇所

柱　梁　耐震壁

通気口（ガラリなど）

> ガラリなどの通気口は開口部となるので、構造計算をする前に位置や大きさを確定する必要がある

## 梁貫通孔補強

梁端部（スパンℓ/10以内かつ2D以内）は避ける

梁　望ましい範囲

$D/3$　$D$

$\ell_0/4$　$\ell_0/2$　$\ell_0/4$

$\ell_0$

柱

$(\phi 1 + \phi 2) \times 3/2$以上

> 貫通孔が連続して間隔を確保できない場合は構造設計者と打ち合わせのこと

梁貫通に使用する補強筋については、メーカーに計算書などを提出してもらい開口径に合わせて補強を行う

## 開口補強

### ①開口部の最大径が700mm程度以下の例

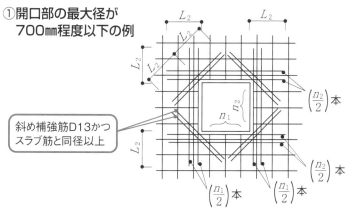

$L_2$　$L_2$

$n_2$　$n_1$

$\left(\dfrac{n_2}{2}\right)$本

$\left(\dfrac{n_2}{2}\right)$本

$\left(\dfrac{n_1}{2}\right)$本　$\left(\dfrac{n_1}{2}\right)$本

> 斜め補強筋D13かつスラブ筋と同径以上

構造の特記仕様により補強方法（本数など）に違いがあるが根本的な仕様は理解しておく必要がある（写真は一例）

### ②開口の最大径が300mm程度以下の例

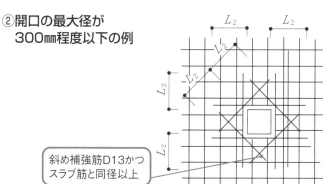

$L_2$　$L_2$

> 斜め補強筋D13かつスラブ筋と同径以上

# Column

## 建築を評価する指標

　建築の性能や価値を評価する指標にはさまざまある。国内の建築に置ける代表的な指標は、「住宅の品質確保の促進等に関する法律」である。通常、品確法と呼ばれ、住宅の構造性能などを等級で表示する。

　住宅の環境性能を示す指標には、「CASBEE（キャスビー）」がある。周辺環境への配慮、ランニングコストの程度などの点から、住宅の環境性能を評価するもので、ある一定規模の建物に対して、CASBEEで評価することを指導している行政もある。

　このほかに、不動産としての評価価値を算出する「デュー・デリジェンス」も建築を評価する指標といえる。

### 住宅の品質確保の促進等に関する法律（品確法）

住宅の性能に関する表示の適正化や消費者が性能比較を行えることなどを目的とした法律

ex.耐震等級
許容応力度計算による場合は、等級に合わせて建築基準法で規定された地震力に下記の倍率を掛けて地震力を算出し、それに対する安全性を確保する

| 等級 | 3 | 2 | 1 |
|---|---|---|---|
| 倍率 | 1.5 | 1.25 | 1 |

### CASBEE

ex.耐震性（建物のこわれにくさ）

| 用途 | 事務所・学校(大学)・物販店・飲食店・集会所・工場・病院・ホテル・集合住宅 |
|---|---|
| レベル1 | 該当するレベルなし |
| レベル2 | 該当するレベルなし |
| レベル3 | 建築基準法に定められた耐震性を有する |
| レベル4 | 建築基準法に定められた125％の耐震性を有する |
| レベル5 | 建築基準法に定められた150％の耐震性を有する。あるいは損傷制御設計が行われている。 |

※学校（小中高）は別途　　　出典）CASBEE-建築（新築）　評価マニュアル（2021年SDGs対応版）　IBEC

### デュー・デリジェンス

不動産の資産価値を評価する調査方法。調査内容にはエンジニアリングレポートなどがある

ex.建物の使用期間中50年で予想される最大規模の地震に対しての予想最大損失率

$$PML：予想最大損失率 = \frac{補修費}{再調査費} \times 100\%$$

## CHAPTER 6

# 構造計算の実務と法規

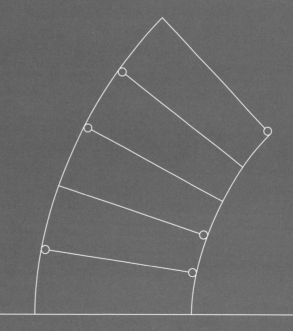

# 構造計算書と構造計算法

## 構造計算書では、構造上の概要、荷重の設定、断面の安全性、構造計算ルートなどをチェックする

### 構造計算書の見方

構造計算書は、建築確認申請時に必要な書類で、建築基準法によって提出が定められている。この書類によって、その建物が、固定荷重・積載荷重・地震力、風圧力、積雪などの力に対して使用上支障のないことが証明されることになる。

構造計算書で最も重要とされるのは、概要部分である。建物の規模や構造形式、構造設計の方針などが記載され、構造計算の基本情報が確認できる。

仮定荷重という項目では、固定荷重や積載荷重を確認する。地震力を算出している部分では、各階の重量が記載されているので、単位床面積当たりの荷重に問題がないかチェックする。

そのほか、断面の安全性については、断面検定比図を見て、部材に発生している応力を許容応力で割った値が1.0以下になっていることを確認する。ルート判別表では、層間変形角、剛性率、偏心率などが各設計ルート

の制限値を満たしているかをチェックする。

### 法に規定された構造計算法

建築基準法で規定されている構造計算の方法には次の4つがある。

#### ①許容応力度計算

部材の許容応力度を長期および短期の2通り設定して、実際に発生する応力が長期・短期ともに許容応力度以内であることを確認する計算方法である。

#### ②保有水平耐力計算

最終的に倒壊する直前の建物の耐力を計算する計算方法である。

#### ③限界耐力計算

建物の損傷限界と安全限界のクライテリア(目標値)を設定し、それを満足しているかを確認する計算方法である。

#### ④時刻歴応答解析

以前観測された地震波や建築基準法で定められた波(告示波)を用いて、コンピュータ上で建物の時間を追って変化する状態を解析する計算方法である。

● ルート
ルートとは手法、経路のこと。建築基準法では「ルート1 = 許容応力度計算」など、さまざまな計算手法にルート番号が付けられている

---

## 構造計算書のチェックリスト

| チェック項目 | 建物の概要のチェック | | | | | | | | | | | | | | | | | | | | | | 荷重のチェック | | 計算ルート判別表のチェック | プログラムの使用状況のチェック |
|---|---|---|---|---|---|---|---|---|---|---|---|---|---|---|---|---|---|---|---|---|---|---|---|---|---|---|
| | 建物の名称 | 構造設計を行った者についての情報 | | | | 計画地の住所 | 計画建物の主な用途 | 計画建物の規模 | | | | | | 計画建物の構造上の特徴 | 計画建物の構造設計方針 | 構造計算に用いる計算方法 | | | | 使用する構造計算プログラムの情報 | | | 使用する材料の強度、使用部位 | 床荷重の評価内容 | 地震力の評価内容 | 計算ルートの判別内容に間違いがないか | 計算内容で不適合な個所がないか(エラーやワーニングの表示がないか) | コメントの内容に不備がないか |
| チェックの内容 | | 資格 | 氏名 | 事務所名 | 事務所の住所と連絡先 など | | | 延べ面積 | 建築面積 | 構造 | 階数 | 高さ | 軒高 | 基礎の底盤の深さ など | | | 許容応力度等計算 | 保有水平耐力計算 | 限界耐力計算 など | プログラム名 | 大臣認定の有無 | 認定番号 など | | | | | | |

# 構造計算の方法

## 許容応力度計算

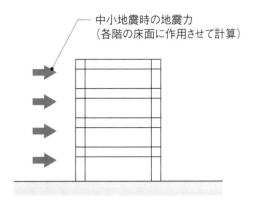

中小地震時の地震力
（各階の床面に作用させて計算）

### モーメント図

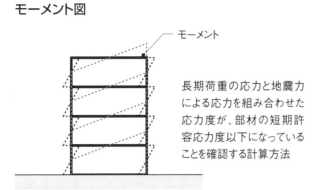

モーメント

長期荷重の応力と地震力
による応力を組み合わせた
応力度が、部材の短期許
容応力度以下になっている
ことを確認する計算方法

## 保有水平耐力計算

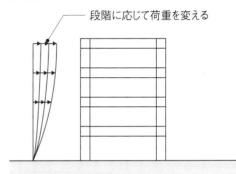

段階に応じて荷重を変える

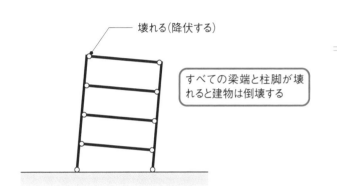

壊れる（降伏する）

すべての梁端と柱脚が壊
れると建物は倒壊する

建物が倒壊に至る直前の荷重を算出し、それが大地震時の地震力よりも大きいことを確認する計算方法

## 限界耐力計算

**損傷限界** …中小地震で建物が損傷しない限界

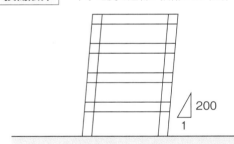

200
1

**安全限界** …大地震で建物が倒壊しない限界

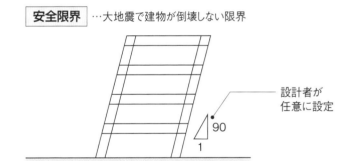

90
1

設計者が
任意に設定

変形の限界値（損傷限界と安全限界）を設定。建物の硬さや地盤の性状から決まる地震力（中小地震と大地震）
よりも、建物の耐力があることを確認する計算方法

## 時刻歴応答解析

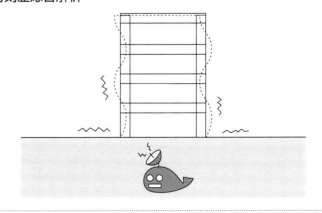

実際の地震波や地盤調査などで得られ
た情報から人工的につくった地震波を、
コンピュータ上で建物に入力し、部材の
安全性を確認する計算方法

# 一貫構造計算プログラム

一貫構造計算プログラムは、荷重や部材の応力の算出、
建築基準法の合否判定、印刷までを連続して行う

## 一貫構造計算プログラムの普及

一貫構造計算プログラムとは、材料や寸法、荷重など建物に関する各データを入力すると、建築基準法が定める計算やその合否判定を連続して行い、印刷までできるソフトである。

1990年代から一般に知られるようになったが、当初は構造の安全性をコンピュータに任せることなどに対し、多くの技術者が反対をした。しかしその後、建築設計業務が増加し、このプログラムは急速に普及した。

荷重の算出のみなど、構造計算の一部だけを行うプログラムを部分プログラムという。

## プログラムの安全性

2005年末、耐震強度偽装事件が発覚した。この事件は、ある建築事務所の一級建築士(当時)が国土交通大臣認定の一貫構造計算プログラムの計算結果を改ざん。その構造計算書の偽装を建物の建築確認・検査を実施した行政および民間の指定確認検査機関が見抜けず承認し、建築基準法に定められた耐震基準を満たさない、マンションやホテルなどが複数建設されていたというものである。

その内容が人命や財産に大きくかかわるものであることから重大な社会問題となった。

この事件から一貫構造計算プログラムは、容易に改ざんが行えることが発覚し、プログラムの脆弱性がクローズアップされた。さらに、設計者のプログラムの取扱い方(モデル化の考え方など)が適切でないケースも目立つことや、出力された計算結果が専門家でないと判断しづらいなど、さまざまな問題が指摘された。

そこで、耐震強度偽装事件による法改正にあわせて、07年に、各社のプログラムが一斉に大幅改訂された。書類の差し替え防止のための計算日付の記載、認定条件に従った計算の場合のソフトの大臣認定番号の出力、個々の部材の安全性を確認するための検定比図の出力などが改良され、ソフト悪用への対策が図られている。

## 一貫構造計算プログラムによる計算の流れ

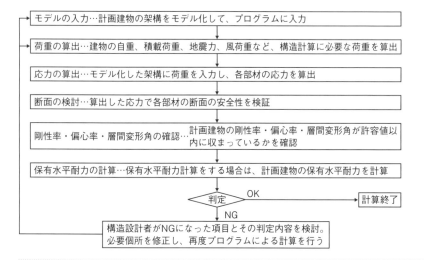

## 一貫構造計算プログラムの不正防止のためのチェックポイント

# 許容応力度計算

許容応力度計算で部材への荷重が許容応力度以下に収まるか確認する。
計算では中小地震で壊れないことと大地震で倒壊しないことを確認

## 許容応力度計算とは

許容応力度計算とは、各種の外力で部材に発生した荷重が、部材の許容応力度以下に収まるかを確認する計算法である。

材料は、力を加えていくとあるポイントで性質が変わる（弾性限度、降伏点、最大強度など）。各材料は基準強度が定められているが、基準強度はこのポイントの値で決まる。たとえば鋼材ならば、降伏点時と最大強さ時の強度の70％の値で小さいほうを基準強度として定めている。

基準強度に安全率を掛けると許容応力度が求められる。安全率の値は、外力の種類（圧縮・引張り・曲げ・せん断）や、材料、形状に応じて建築基準法に定められている。

許容応力度は、荷重の継続時間によって、長期許容応力度と短期許容応力度の2つに分かれる。

## 法規上の許容応力度計算

建築基準法上の許容応力度計算とは、高さ31m以下の建築物で保有水平耐力計算を行わず、高さ方向の剛性のバランス（剛性率）や平面的な剛性のバランス（偏心率）などの計算で代替する一連の構造計算の規定と定義されている。建築基準法では、中小地震と大地震の地震力が規定されている。どの建物でも中小地震では建物機能が維持され、大地震時には一部損壊しても倒壊しないことを目標に基準がつくられている。

許容応力度計算では、中小地震で部材が壊れないことを確認した後に、剛性率や偏心率などの簡易的な方法で大地震時の安全性を確認する。また、さらに2つのルートに分かれる。ルート1は壁量を多く確保して強度を上げる計算手法、ルート2は大地震時に安全な壊れ方をするかを確認する計算手法である。

● 弾性限度
荷重をかけ変形した物体が、荷重をなくした時に完全にもとの状態に戻る応力の限界値

● 降伏点
応力が増加していないのにひずみだけが増していく時の応力

## 許容応力度計算とは

部材の許容応力度＞中小地震時の各部材の応力度

> 許容応力度＝部材の材料の基準強度×安全率の係数

安全率の係数には、荷重継続時間の違いから、長期と短期が建築基準法で定められている

## 許容応力度等計算の流れ

許容応力度計算（令82条の6）

| 荷重の設定（令82条）<br>応力度≦許容応力度の確認（令82条）<br>　応力の算定方法（平成19年国土交通省告示594号）<br>使用上の支障の計算（令82条）<br>　確認方法（平成12年建設省告示1459号） | → | 層間変形角の確認<br>（令82条の2）<br>　確認方法（平成19年国土交通省告示594号） | → | 剛性率・偏心率の計算<br>（令82条の6）<br>　各階の剛性率が6/10以上<br>　各階の偏心率が15/100以下（平成19年国土交通省告示594号）<br>　壁量の計算（平成12年建設省告示1352号） | → | 屋根葺き材などの計算<br>（令82条の4）<br>　計算の基準（平成12年建設省告示1458号） |

# 保有水平耐力計算

**保有水平耐力の計算には、部材の構造特性係数（Ds）が必要。**
**建築基準法上の保有水平耐力計算では適合性判定も行う**

## 保有水平耐力計算とは

　保有水平耐力とは、建物が水平方向に力を受けたときに倒壊に至る水平力である。

　保有水平耐力計算は、各部材の耐力を計算し、その耐力から建物の保有水平耐力を算出するという方法である。計算方法には、節点振分け法、極限解析法、荷重増分法の3つがある。

　必要な保有水平耐力を計算するには、部材の構造特性係数（Ds）を算出する必要がある。構造特性係数は、建物のねばり強さ（塑性変形能力）やひび割れなどで消費されるエネルギーを考慮し、振動減衰性状にもとづいて算出される。塑性変形能力が高いほど、構造特性係数は小さくなる。

　構造特性係数によって必要な保有水平耐力が決まるが、部材が降伏した後の塑性変形を実際に算出し、確認する場合もある。

## 法上の保有水平耐力計算

　建築基準法によって規定された許容応力度等計算では、許容応力度計算（1次設計）と保有水平耐力計算（2次設計）を行う。この場合の保有水平耐力計算とは、保有水平耐力計算を核にした2次設計の計算ルート（ルート3）のことを指す。建築基準法上の保有水平耐力計算は、高さ31m超〜60m以下の建物や、剛性率・偏心率がルート1・2の規定に満たない建物の計算に用いる。

　この計算ルートは、建物が壊れていく段階をシミュレーションしながら構造の安全性を確認する方法である。そのため合理的な設計が行える。ただし、許容応力度計算ルートに比べて高度な知識や経験を要するため、建築基準法では、確認申請だけでなく、都道府県知事または指定判定機関による適合性判定を行うことを義務付けている。

● 振動減衰
時間の経過とともに減少していく振動

---

## 保有水平耐力

水平方向の力に対する耐力

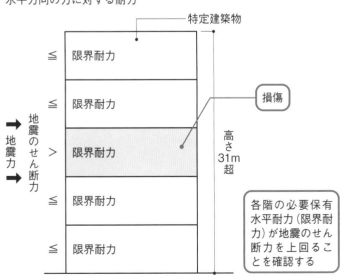

　特定建築物

限界耐力 ≦

限界耐力 ≦

地震力 ← 地震のせん断力 > 限界耐力

限界耐力 ≦

限界耐力 ≦

損傷

高さ31m超

各階の必要保有水平耐力（限界耐力）が地震のせん断力を上回ることを確認する

## 構造計算方法（補足事項）

| 保有水平耐力計算 | 保有水平耐力は、各階の水平力に対して崩壊する限界耐力をいい、材料強度で計算する。また、必要保有水平耐力は、地震力によって各階に生じる水平力に、構造特性係数、形状特性係数を乗じて計算する。この検証により、建築物に部分的な破損が生じても建築物が倒壊・崩壊しないことが確認でき、大地震に対しても命の安全を守ることができる | 令82条 |
|---|---|---|

## 保有水平耐力の概念

> **降伏とは**
> 部材に力を加えたとき、変形は加えた力に比例して大きくなるが、やがてわずかな力でも変形が大きくなる。この変形の性状が変わることを降伏という

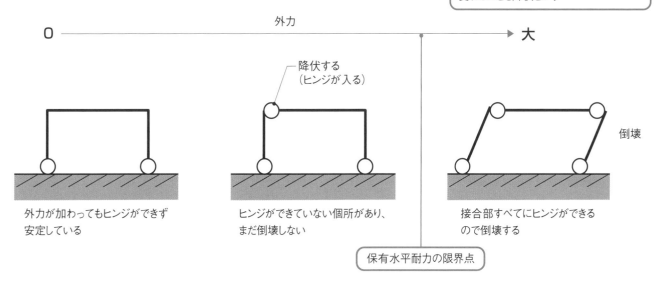

O ————————————— 外力 ——————————→ 大

降伏する
（ヒンジが入る）

倒壊

外力が加わってもヒンジができず安定している

ヒンジができていない個所があり、まだ倒壊しない

接合部すべてにヒンジができるので倒壊する

保有水平耐力の限界点

## 荷重増分法の考え方

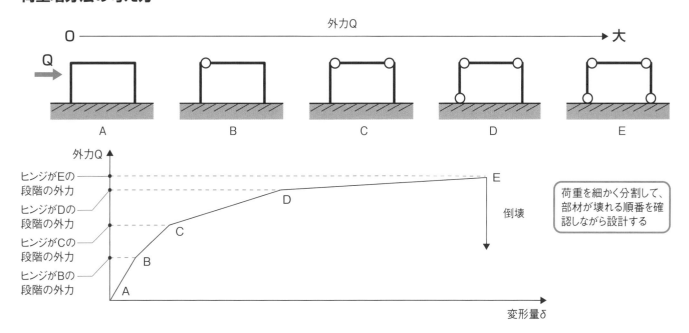

O ————————————— 外力Q ——————————→ 大

Q →

A   B   C   D   E

外力Q

ヒンジがEの段階の外力
ヒンジがDの段階の外力
ヒンジがCの段階の外力
ヒンジがBの段階の外力

A   B   C   D   E

倒壊

変形量δ

> 荷重を細かく分割して、部材が壊れる順番を確認しながら設計する

## 保有水平耐力計算の流れ

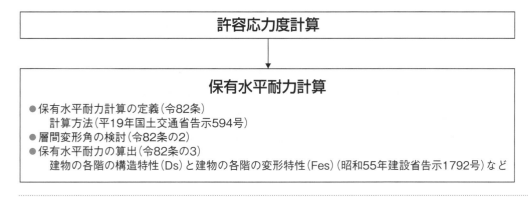

許容応力度計算

↓

保有水平耐力計算

- 保有水平耐力計算の定義（令82条）
  計算方法（平19年国土交通省告示594号）
- 層間変形角の検討（令82条の2）
- 保有水平耐力の算出（令82条の3）
  建物の各階の構造特性（Ds）と建物の各階の変形特性（Fes）（昭和55年建設省告示1792号）など

荷重と外力

構造の材料と仕組み

構造部材の設計

地震に負けない建築

構造設計の実務

構造計算の実務と法規

# 限界耐力計算

限界耐力計算による建物の設計目標値は、損傷限界と安全限界の2つである。
ただし、この計算法はバランスのよい建物を前提として行うことに注意

## 限界耐力計算とは

　限界耐力計算とは、2000年の建築基準法改正時に、それまでの構造計算として利用されていた許容応力度計算、保有水平耐力計算と同等の計算として規定された計算法である。限界耐力計算では、性能設計という概念が取り入れられ、設計の基本的な要求性能（目標値）を2つ設定し、部材がそれを満たすだけの性能をもっているかを計算で確認する。

　1つ目の性能は、建築物に常時作用する荷重、建築物の存在期間中に数回程度遭遇する可能性の高い積雪、暴風、まれに発生する地震動などに対して損傷しない限界以内であるということ。この限界値を損傷限界という。損傷限界時に各部材の耐力が短期許容応力度以下で、建物の層間変形角が1/200以下に収まることなどを確認する。

　2つ目の性能は、積雪や暴風時にごくまれに発生する最大級の荷重・外力、および地震時にごくまれに発生する地震動に対して、建物が倒壊・崩壊しない限界以内であるということ。この限界値を安全限界という。

## 限界耐力計算の注意点

　限界耐力計算では、許容応力度計算とは異なり、地盤の性状と建物の固有周期を適切に評価して、建物に作用する地震力を設定しているため、より合理的な構造計算の手法といえる。また、材料の品質や部材の耐久性など一部の仕様規定を除き、許容応力度計算で要求される仕様を適用しなくてもよいとされているため、木造伝統構法のような仕様規定を満たしづらい建物の構造計算に有効な手法である。

　ただし限界耐力計算は、整形でバランスのよい建物であることを前提として行うため、すべての建物に適用できるわけではない。

● 固有周期
振動の片方に揺れて戻ってくるまでの時間。質量が大きくなるほど長くなり、剛性が強くなるほど短くなる。固有周期はすべての物体に存在する

## 層間変形角

水平方向のひずみ

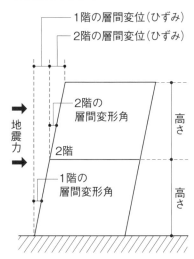

各階の高さと層間変位から層間変形角を計算する

## 構造計算方法（補足事項）

| 限界耐力計算 | 計算の主な内容は以下のとおりである。<br>①積雪時・暴風時に建築物の構造耐力上主要な部分に生じる力を計算して、その部分の耐力を超えないことを確認する<br>②地震による加速度によって建築物の地上部分の各階に作用する地震力と各階に生じる層間変位を計算し、損傷限界耐力を超えないこと、および層間変形角が1/200を超えないことを確認する<br>③建築物の地下部分の各断面に生じる応力が短期許容応力を超えないことを確認する<br>④地震による加速度によって建築物の各階に作用する地震力を計算し、その地震力が保有水平耐力を超えないことを確認する<br>⑤屋根葺き材、外装材、屋外に面する帳壁が許容応力度等計算によって計算される風圧力・地震力その他の力に対して安全であることを確認する | 令81条2項1号ロ、令82条の5 |

## 損傷限界の検討

### 損傷限界時の建物の変形量を検討

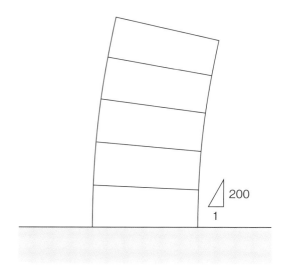

損傷限界時の層間変形角を1/200に設定。計画建物が損傷限界時にそれ以下の変形に納まるかを確認

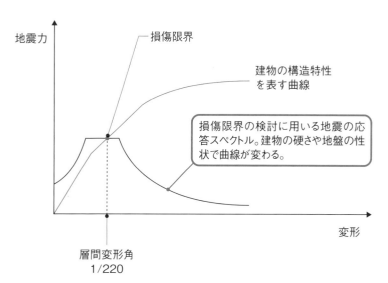

地震力

損傷限界

建物の構造特性
を表す曲線

損傷限界の検討に用いる地震の応答スペクトル。建物の硬さや地盤の性状で曲線が変わる。

変形

層間変形角
1/220

### 梁のたわみなどの検討

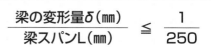

$$\frac{梁の変形量\delta(mm)}{梁スパンL(mm)} \leq \frac{1}{250}$$

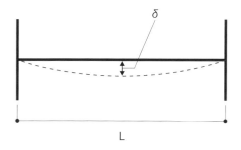

## 安全限界の検討

### 設定した変形時の部材の降伏の有無を検討

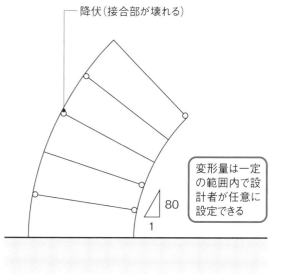

降伏（接合部が壊れる）

変形量は一定の範囲内で設計者が任意に設定できる

設定した変形時に建物が受ける地震力で、建物の梁などが破断して壊れない（降伏しない）ことを確認

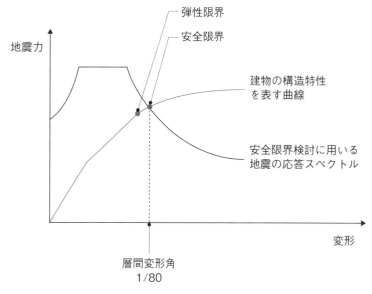

地震力

弾性限界

安全限界

建物の構造特性
を表す曲線

安全限界検討に用いる
地震の応答スペクトル

変形

層間変形角
1/80

荷重と外力

構造の材料と仕組み

構造部材の設計

地震に負けない建築

構造設計の実務

構造計算の実務と法規

# 時刻歴応答解析

## 実際の地震波のデータをもとに建物の安全性を確認する方法で、高層ビルの大臣認定を取得可能

### 時刻歴応答解析とは

時刻歴応答解析は、時間とともに変化する地震力によって建物が変化する様子を数値（応答値）化して、構造の安全性を確認する計算方法である。

許容応力度等計算では、地震力を量や方向が変化しない静的な荷重に置き換えて計算するが、本来地震動は、強い周期（卓越した周期）や弱い周期などの複数の周期の波でできている。時刻歴応答解析では、変化する地震波を反映させて構造の安全性を確認する計算法なので、より詳細に建物の挙動や性状を確認できる。

地震波は場所により異なるが、地盤調査結果などから地震波に対する研究が進み、建設地ごとの地震波（サイト波）をつくる手法が確立され、近年は実用化されている。また、過去に観測された地震波を使用して構造計算を行うケースも少なくない。よく使われる波にエルセントロ波やタフト波がある。

なお、地震のエネルギーが建物に伝わると、建物が揺れることで熱エネルギーなどに変換される。この現象を減衰という。時刻歴応答解析では減衰も考慮して解析が行われる。

### 時刻歴応答解析の運用

時刻歴応答解析は、建築基準法上、構造計算ルートとして認められている。たとえば現行の建築基準法では、60m超の高層ビルの構造の安全性は、許容応力度等計算や限界耐力計算では確認できない。時刻歴応答解析で構造計算し、大臣認定を取得することではじめて、この規模の建物の建設が可能となる。

また、建築基準法上の仕様規定を満たすことができない建物でも、時刻歴応答解析で構造の安全性を確認できれば規定を満たしたものと同等と認められる。

● エルセントロ波
1940年5月に米国・カリフォルニア州エルセントロで発生した地震（M=7.1）の強震動波形。強震観測開始後、最初に観測された地震波で、現在でも代表的な地震動として世界中で用いられている

● タフト波
1952年7月に米国・カリフォルニア州タフトで発生した地震（M=7.7）の強震動波形

● 仕様規定
材料、形状、寸法など仕様に関しての具体的な規定。たとえば「○○部位には●●金物を使用する」など

### 地震による建物の応答

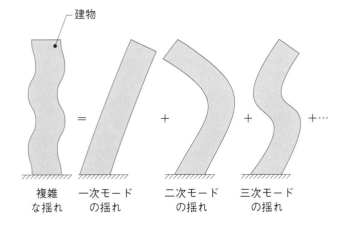

地震によって起こる建物の揺れ方は複雑なため、複数の揺れに分割して考えることができる

### 震度と地震の性状の違い

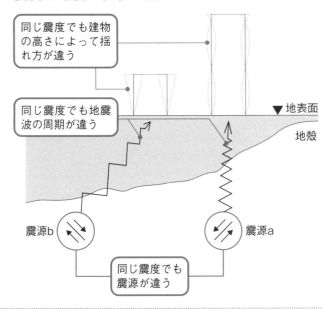

同じ震度でも建物の高さによって揺れ方が違う

同じ震度でも地震波の周期が違う

同じ震度でも震源が違う

## 時刻歴応答解析の概念

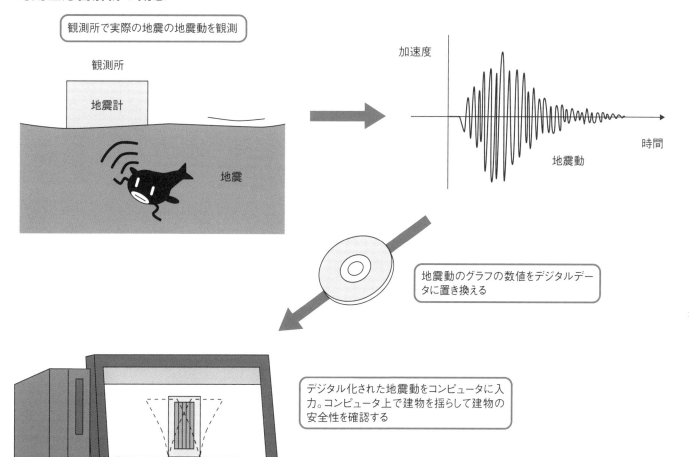

観測所で実際の地震の地震動を観測

観測所

地震計

地震

加速度

時間

地震動

地震動のグラフの数値をデジタルデータに置き換える

デジタル化された地震動をコンピュータに入力。コンピュータ上で建物を揺らして建物の安全性を確認する

時刻歴応答解析では、エルセントロ波（1940年アメリカ・エルセントロで観測された地震動）など、実際の地震動を利用して建物の解析を行う。ただし最近は、技術が進歩し、建築計画地の地盤調査の結果から模擬的な地震波（サイト波）をつくって解析に用いられるようになった

## 時刻歴応答解析の流れ

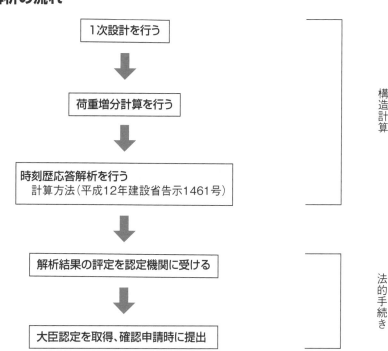

1次設計を行う

↓

荷重増分計算を行う

↓

時刻歴応答解析を行う
計算方法（平成12年建設省告示1461号）

↓

解析結果の評定を認定機関に受ける

↓

大臣認定を取得、確認申請時に提出

構造計算

法的手続き

構造計算の実務と法規

# 構造監理

## 構造監理の役割は、施工状況の確認と設計意図の伝達。施工前は図面、施工中は部材、完成後は施工不良などを確認する

### 構造監理の目的

確認申請が終わり建物の着工に至ると、構造設計者は現場監理を行う。構造設計者が担当する構造関係を中心とした現場監理のことを構造監理という。

木造住宅ならば、意匠設計者が構造監理を行うことも少なくないが、鉄骨造や鉄筋コンクリート造では構造設計者が主に構造監理を受け持つ。

構造監理業務の目的は、構造図面どおりに正しく施工されているかを確認するだけでなく、構造設計の意図を施工者に正しく伝えることである。構造図や構造計算書だけでは伝わりにくい内容や意図を、現場に立ち会いながら施工業者に直接伝えるようにする。

### 構造監理の流れ

構造監理をするうえでのポイントは、進行の段階によって大きく3つに分けられる。

まず、施工前の段階では、施工図や施工計画書、製作図などを設計図書と見比べて、問題がないかを確認する。

次に施工が始まったら、配筋やアンカーボルトの位置などが設計図どおりに施工されているかを確認する。材料搬入時には、搬入された資材に間違いがないかもチェックする。工場で構造部材を加工する際には、工場に出向き、製品の品質や加工状況を確認するのも構造監理業務の1つである。

最後に完成した躯体に問題がないか確認することを忘れてはならない。コンクリート工事ではジャンカなどが生じることもあり、適切な処置方法を提案することも重要である。

建築基準法では、施工時の中間検査が義務付けられている。各検査機関（国土交通省指定）によって時期は異なるが、施工のある特定の段階で、担当者が状況を確認に来る。意匠設計者や現場監督だけで説明が難しい場合は、構造設計者が立ち会って説明する。

● ジャンカ
型枠解体後のコンクリート表面にみられる砂利の露出、空隙といった欠陥。生コンクリートが十分に充てんされなかった部分

## 監理の主なチェックポイント

| 整理（確認）業務の流れ | 施工管理者の作成書類 | 監理者のチェックポイント |
|---|---|---|
| ①工程計画の確認 | 工程表 | ①品質が確保できる適切な工程か |
| | | ②施工した品質を確認できる工程か |
| | | ③施工図の承認工程は明確か |
| | | ④材料・機器等の承認工程は明確か |
| ②施工計画の確認 | 総合施工計画書<br>工種別施工計画書 | ①適用図書（設計図書、各仕様書など）と整合されているか |
| | | ②要求品質（精度等の管理項目）が明確になっているか |
| | | ③要求品質を達成するための具体的な施工計画になっているか |
| | | ④品質を確認するための方法が明確か |
| | | ⑤該当物件特有の条件を考慮しているか |
| ③施工図の承認 | 躯体図<br>工種別施工図<br>各所詳細図 | ①設計図書との整合性がとれているか |
| | | ②設計図書に分散して盛り込まれている設計上の要求が集約されているか |
| | | ③関連する工事との関係が明確になっているか |
| ④工事の確認 | 工事報告書<br>自主検査報告書 | ①検査の目的が明確か |
| | | ②検査・試験方法が明確か |
| | | ③合否の判定基準が明確か |
| | | ④不具合があった場合の改善方法が明確になっているか |
| | | ⑤品質に関する記録が維持管理されているか |

# 構造監理の流れ

## 施工図の監理

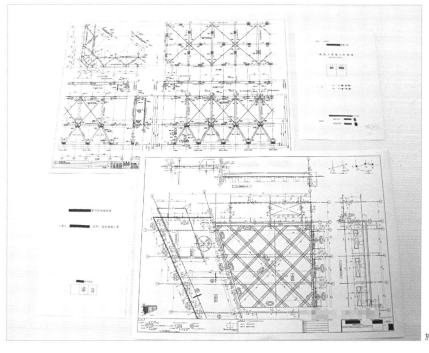

施工関係図書（施工図と施工計画書）

構造監理の基本は、設計図書と現場での施工が一致していることを確認することである。図面の監理では、施工図が構造設計の意図を正しく反映しているかを確認する。施工計画書では、所定の品質を確保した躯体が施行可能かを確認する

## 現場の監理

### ①製品検査

鉄骨工場での柱部材の現場検査。寸法や溶接状況を確認

現場に持ち込まれる製品や材料が、設計図書や施工計画書の内容と相違がないかを確認する

### ②受入検査

生コンクリートの受入検査。スランプ値などを確認

### ③配筋検査

鉄筋の配筋検査。定着位置やかぶり厚を確認

荷重と外力

構造の材料と仕組み

構造部材の設計

地震に負けない建築

構造設計の実務

構造計算の実務と法規

# 施工図・施工計画書

## 構造設計者が最も注意して確認するのは躯体図。
## 構造図と見比べて部材の幅やレベルなどに相違がないかを確認する

### 施工図・施工計画書の注意点

施工図・施工計画書とは、施工者が設計図書を読み取り、現場の各工事業者に情報を伝達するための図書のことである。内容としては躯体図、製作図、コンクリート配合計画書、コンクリート打設計画書、鉄骨工事製作要領書などがある。

なかでも構造設計者が最も注意して確認しなければならないのは躯体図である。躯体図には、部材の符号や幅、レベル、ふかしなど、コンクリート躯体をつくるうえでの情報がすべて描き込まれる。構造設計者は、構造図と見比べて、記載内容に食い違いがないか確認する。

一般に施工図には鉄筋の加工図が入っていないため、躯体図を確認する際には配筋上の問題点がないかも確認する。躯体図には、構造図では分からない詳細な躯体形状が描き込まれているので、躯体図のチェック時に、配筋の追加指示が必要かを検討することもある。

### 構造ごとのチェックポイント

施工図・施工計画書は、構造ごとに次のような確認ポイントがある。

#### ①鉄筋コンクリート造

コンクリートの配合報告書や打設計画書などをチェックする。配合報告書では設計基準強度、施工現場の温度補正値、コンクリート工場から施工現場までの経路と時間、コンクリート工場や技術者の資格などを確認する。打設計画書では、打設時の人数や打設機器の数、性能、順序などを確認する。

#### ②鉄骨造

製作図の一般図（伏図・軸組図）で部材の配置やメンバーを確認するだけでなく、継手位置も確認する。このとき、搬入や建方に問題がないかを鉄骨工場を含めて打ち合わせをする。このほか、継手リスト、溶接リスト、詳細図、製作要領書など確認する。

#### ③木造

伏図、軸組図、プレカット図を確認する。

● レベル
水平または基準となる高さ

● ふかし
構造上とは関係なく、デザインまたは納まりのため仕上げ面を前に出すこと

### 施工計画書と施工要領書の内容

**施工計画書**

（専門工事業者の意見を参考に施工者が作成する施工全体を計画した図書）

**施工要領書**

・工場製作要領書
・超音波探傷検査要領書
・工場施工要領書
（施工計画書の内容をもとに専門工事業者が作成する具体的な技術要領書）

### 施工計画書の記載内容の例

a. 総則…適用範囲、変更追加
b. 一般事項…工事概要、建物概要、鉄骨工事概要
c. 要求品質・設計仕様…高力ボルト、アンカーボルト、精度、塗装
d. 施工条件…工事期間、敷地条件、近隣協定、採用工法
e. 組織（管理体制）…社内組織、専門工事業者組織
f. 日程計画…全体日程計画、詳細日程計画、労務計画
g. 準備工事…アンカーボルト、建方準備、搬入仮置、足場施設
h. 高力ボルト接合…高力ボルトの選定、管理項目、検査
i. 現場溶接…技量資格、養生施設、検査
j. 共通安全事項…重点安全事項、作業中止条件、管理項目

g.h.iには基本作業毎の作業標準を作成する

## 施工図の例（鉄筋コンクリート造）

### 伏図

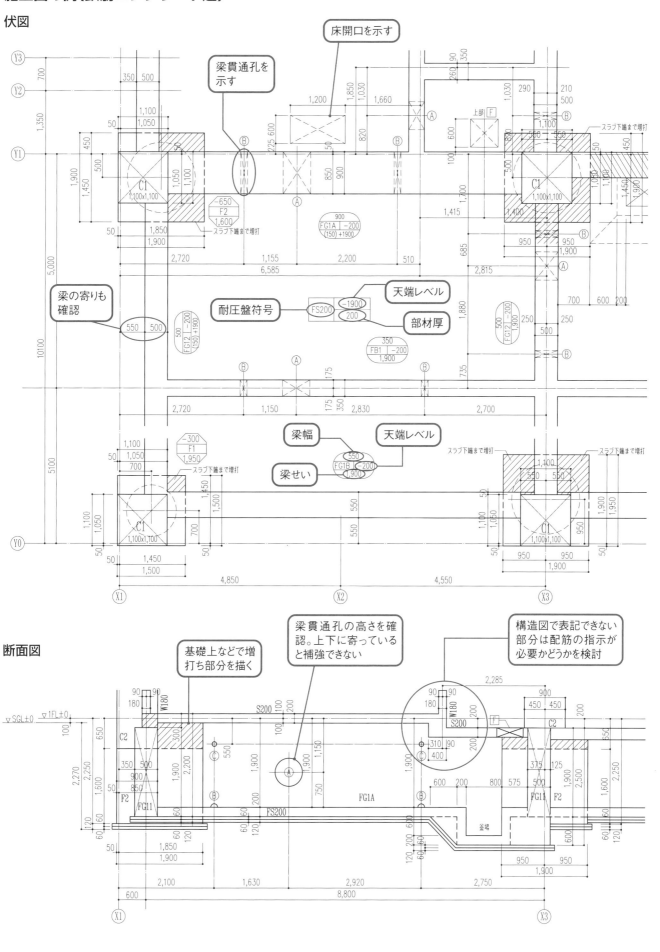

### 断面図

施工図は部材符号や寸法、寄り、スパン、レベルなどが構造図と相違ないかを確認する

# 木造の構造監理

## 図面では断面の寸法、仕口の形状などを確認。
## 現場では基礎鉄筋の配筋、金物の種類・設置位置などを確認する

### 図書・図面の監理

木造の構造図には、伏図と軸組図がある。特に伏図は、架構の整合性や金物の位置などの確認には欠かせない図書である。現在は、プレカット工場が作成するプレカット図を伏図の代用として構造監理に用いることが多い。

伏図やプレカット図では、部材の断面寸法や仕口の形状などを確認する。図面に材種や金物が表記されていない場合は、構造強度にかかわる事項なので必ず問い合わせをする。また、プレカット工場の仕口はほぼ同じ形状のため、スパンの大きい梁がある場合、仕口に十分な耐力があるかも確認する。

軸組図では、間柱や開口部の位置をチェックする。

### 現場の監理

木造住宅でも、基礎部分はコンクリート躯体となるため、配筋やコンクリートの監理が必要となる。

基礎工事の監理では、基礎伏図に描かれた部材寸法やスパン、レベルなどを確認する。プレカット図では、アンカーボルトが記載されていないことが多いので、必ず図面上と現場で配置個所などを確認する。

木造住宅の基礎の配筋は、鉄筋コンクリート工事のように専門の鉄筋工が行うことはほとんどない。そのため、配筋工事の注意点を事前に現場監督と打ち合わせることが重要だ。現場では配筋検査を行い、定着長さやかぶり厚が十分に確保されているかをチェックする。

構造図や基礎工事以外には、建方時の精度、金物類の位置と種類の確認などを行う。金物類は、引寄せ金物を中心にチェックする。

構造用合板を張る場合は、釘のピッチや仕様を確認するのも構造監理業務の1つである。

● プレカット
建築の木工事部分について、あらかじめ工場などで原材料を切断したり加工を施しておくこと

● かぶり厚
鉄筋コンクリートの鉄筋から外側までのコンクリートの厚さ

● 引寄せ金物
柱が土台や梁から抜けるのを防ぐために用いる金物で、柱の上下に取り付ける補強金物。ホールダウン金物ともいう

## 木造の構造監理の主なチェックポイント

| 施工関係図書の監理 | | □ コンクリートの配合報告書　　□ 基礎躯体図　　□ プレカット図　　□ 施工工程表 | | |
|---|---|---|---|---|
| 現場での監理 | ● 地縄 | □ 建物の位置 | | |
| | ● 水盛り・遣方 | □ GL・建物の位置 | | |
| | ● 根切り・地業 | □ 床付け（根切底の状況） | □ 地業の仕様 | |
| | ● 配筋工事 | □ 鉄筋径 | □ 鉄筋の本数・ピッチ | |
| | | □ 基礎立上り部 | □ 補強筋（スリーブ、人通口） | |
| | ● 型枠工事 | □ 寸法・位置 | □ かぶり厚 | |
| | | □ ホールダウン金物・アンカーボルトの取付け位置 | | |
| | ● コンクリート打設 | □ 生コンクリート受入検査（スランプ値など） | □ 打設後アンカーボルトの位置・養生 | |
| | ● 建方 | □ 材料 | □ 柱・梁の配置 | □ 階高 |
| | | □ 建入れ直し | □ 金物取付け位置 | |
| | ● そのほか | □ 防腐・防蟻処理 | □ 構造用合板などを留める釘ピッチ | |
| | | □ 木部の電気配管の貫通孔 | | |

# 鉄骨造の構造監理

## 図面では工場の認定グレードや製作図の部材寸法などを確認。工場では部材の寸法、現場では建方やボルト締めなどを確認する

### 図書・図面の監理

鉄骨造の監理では、まず鉄骨工場の製作能力を確認する。工場の能力は製作要領書で判断できる。この図書は製作図に添付されていることが多い。JIS工場かどうか、認定グレードや施工実績、溶接工は人数だけでなく能力を見るため溶接技能者（WES資格）の有無などもチェックする。

また製作要領書では、管理体制や製作工程ごとの注意点、溶接棒の管理方法、溶接方法なども同時に確認する。

次にチェックするのは製作図である。伏図と軸組図で部材符号や断面形、長さ、寸法、継手位置を確認する。溶接リスト（標準図）や継手リスト（標準図）の内容も重要である。ボルトの位置は締められるべき個所に設けられているか、溶接は可能かなどについて、工場と打ち合わせが必要な場合もある。

詳細図では、意匠的な納まりに対して構造計画が影響を与えていないかを確認する。

### 現場の監理

監理する現場は、部材の製作現場と施工現場の2つがある。

製作現場で行う監理は、原寸検査である。部材の重要な部分を原寸で図面に起こし、現物と対照する。

原寸検査を終え、製作された部材は、搬入前に製品検査を行う。各部分の寸法をメジャーで計測し、製作図と違いがないかを確認する。このときに、第三者試験機関による溶接部の超音波探傷試験を行うことも多い。

施工現場では建方検査が最も重要である。柱が直立しているか、梁のスパンは間違いないかなどは、現場ですぐに判断できないため、機械で計測した結果で確認する。

部材の位置が確定すると、部材を仮留めしていたボルトを本締めする。本締め後は、ボルトの留め具合に問題がないかを確認する。

● 認定グレード
国土交通大臣が認定する鉄骨工場のグレード。グレードは高いほうからS、H、M、R、Jの5段階。高いほど大規模な建物で使用する鉄骨を製作できる。指定評価機関が鉄骨の品質や品質管理体制、技能者の能力などを総合的に審査して決定する

● WES資格
WES（日本溶接協会規格）にもとづく溶接技能者資格

## 鉄骨造の構造監理の主なチェックポイント

| 施工関係図書の監理 | ☐ 鉄骨製作要領書　　☐ 鉄骨建方要領書または施工計画書　　☐ 超音波探傷試験要領書 ☐ 原寸検査要領書　　☐ 製品検査要領書 ☐ 製作図（①アンカープラン、②伏図・軸組図、③継手リスト、④溶接リスト、⑤詳細図） | | |
|---|---|---|---|
| 現場（工場）での監理 | ● 原寸検査（工場） | ☐ 工場の確認（大きさ、設備・作業環境、周辺環境）　　☐ 工事内容の確認 ☐ テープ合わせ（工場と現場で使用する巻尺の誤差の確認）　　☐ フィルム検査 ☐ コンピューター上での原寸確認 | |
| | ● 基礎・配筋・アンカーボルト | ☐ 建物の位置　　☐ GL・建物の位置　　☐ 床付け（根切底の状況） ☐ 地業の仕様　　☐ 配筋検査　　☐ アンカーフレームボルト位置 | |
| | ● 製品検査 | ☐ 寸法　　☐ ねじれの有無　　☐ 溶接部の状況　　☐ 梁の取付位置 | |
| | ● 建方検査 | ☐ 部材配置　　☐ 高さ　　☐ 倒れ・ねじれ　　☐ 建入れ直し | |
| | ● ボルト締め | ☐ マーキングがなされているか　　☐ トルクの確認 | |
| | ● デッキ工事 | ☐ デッキの方向　　☐ スタッドの配置　　☐ 焼抜き栓の溶接ピッチ | |

# 鉄筋コンクリート造の構造監理

## 図面ではコンクリートの配合と躯体図を確認し、現場では配筋や生コンクリートの状況を確認する

### 図書・図面の監理

鉄筋コンクリート造の監理では、コンクリートの配合計画書をまず確認する。生コンクリートの配合は、設計図に記入した仕様から工場の実績や打設時の温度補正などを考慮して決められる。工場では計画された仕様が各種基準や設計図書の仕様と相違ないかを確認する。必要ならば、計画した配合でコンクリートを練り、スランプ値や空気量、塩化物量の計測も行う。

図面では主に躯体図をチェックする。躯体図には、構造図よりも詳細な情報が記載されているので、スパン、寸法、部材符号、レベルを構造図と比較するだけでなく、意匠図を参考にしながら躯体図に間違いがないかを確認する。

打設計画書や鉄筋加工要領書、型枠施工要領書などの施工資料は、小規模建築では確認しないことが多い。しかし、設計で想定した品質を満たすかを確認するために必要な資料である。

### 現場の監理

施工現場での監理は、配筋検査や生コンクリートの受入検査などの立ち会いが中心である。

配筋検査では、設計図書と見比べながら、鉄筋の径やピッチ、継手長さ、定着長さ・方向、かぶり厚などを確認する。さらに施工の精度を確保できるよう、スペーサーの数や結束、型枠にぐらつきがないかなどを確認する。

コンクリート打設時には、生コンクリートの受入検査に立ち会う。生コンクリートのスランプ値、空気量、温度、塩化物量が現場での標準的な監理項目である。コンクリートの仕様によっては、フロー（コンクリートの硬軟を示す指標）を確認する。また、近年では、単位水量の検査も現場で行うようになってきた。

● スランプ値
生コンクリートの軟度を表す値。値が大きいほど軟らかい。円錐台形の枠にコンクリートを詰め、板の上に置き、枠を引き上げた時に残ったコンクリートの高さで測定する

● スペーサー
鉄筋コンクリートのかぶり厚を均一にするために、型枠などと鉄筋の間に差し込む仮設材

## 鉄筋コンクリート造の構造監理の主なチェックポイント

| 施工関係図書の監理 | | ☐ 鉄筋加工要領書<br>☐ コンクリート配合計画書<br>☐ 杭・打設計画書 | ☐ 圧接施工要領書<br>☐ コンクリート打設計画書<br>☐ 工程表（①月間工程、②週間工程） | ☐ 型枠施工要領書<br>☐ 躯体図 |
|---|---|---|---|---|
| 現場での監理 | ● 基礎 | ☐ 建物の位置<br>☐ 地業の仕様 | ☐ GL・建物の位置 | ☐ 床付け（根切底の状況） |
| | ● 配筋検査 | ☐ 鉄筋の径<br>☐ 圧接位置・形状<br>☐ かぶり厚<br>☐ 配管補強<br>☐ 立上り位置 | ☐ 鉄筋の本数・ピッチ<br>☐ 継手位置・長さ<br>☐ スペーサーのピッチ<br>☐ 貫通孔補強 | ☐ 鉄筋の材質<br>☐ 定着長さ・方向<br>☐ 開口補強<br>☐ 差し筋位置 |
| | ● 型枠 | ☐ 形状 | ☐ レベル | ☐ 種類（普通、打放し） |
| | ● コンクリート打設 | ☐ コンクリート受入れ検査<br>☐ 塩化物量<br>☐ 単位水量 | ☐ スランプ値<br>☐ 運搬時間<br>☐ フロー | ☐ 空気量<br>☐ 打継ぎ位置<br>☐ 温度 |
| | ● 強度試験 | ☐ 強度試験は試験場で行い、設計基準強度以上であることを確認する | | |

# 鉄筋の監理

## 鉄筋は加工要領書がなければ躯体図でチェックする。
## 現場では本数、径、ピッチ、定着長さ、継手長さなどを確認する

### 図書・図面の監理

木造、鉄骨造、鉄筋コンクリート造に共通するのが鉄筋の構造監理である。

監理では、鉄筋の加工図や加工（施工）要領書を参考にしたいが、比較的大きな現場以外では描かれることがない。そこでこれらの図書がない場合は、躯体図で配筋が問題になりそうな部分を事前にチェックして、現場監督と協議しておく必要がある。躯体図には、構造図と違い、窓廻りや細かな立上りなどが描かれるため、配筋の調整が必要な個所をより詳細に読み取ることができる。

加工要領書がある場合は、鉄筋の材質やミルシートの確認方法、折り曲げ方法、保管方法、定着方法、スペーサーの大きさと取り付け方向などを確認する。工務店やゼネコンの自主検査のチェックリストも確認したい。太い鉄筋径を採用している場合は、圧接の施工要領や、施工者の資格の有無も確認する。

### 現場の監理

施工現場では、配筋検査を行う。基本的には、詳細図や配筋標準図、部材リストを見ながら、鉄筋の本数、径、ピッチ、定着長さ・方向、継手長さ、立上り壁の差し筋位置（コンクリート打継ぎ部を一体化する鉄筋）を確認する。圧接部の形状や位置もチェックする。

このほか型枠の傾きや固定方法、スペーサーの位置・ピッチ・大きさなども確認する。特にスペーサーは、まったく有効でない位置に設置されていることが多いので注意が必要である。

設備配管を基礎や躯体に埋める場合は、配管の設置方法や位置の確認も重要である。CD管が主筋に固定されていたり、集中している部分がないかをチェックする。電気の配管などは事前に経路が分からないことが多いので、配筋検査は、できるだけ配管も行われている状態で行うことが望ましい。

● ミルシート
鋼材メーカーが発行する鉄筋や鉄骨の品質証明書。呼び名、径、化学成分、数量、各試験結果などを記載する

● CD管
電線やケーブルを通す合成樹脂管。自由に折り曲げて使用できるが、耐燃性（自己消火性）はない

## 鉄筋の監理ポイント

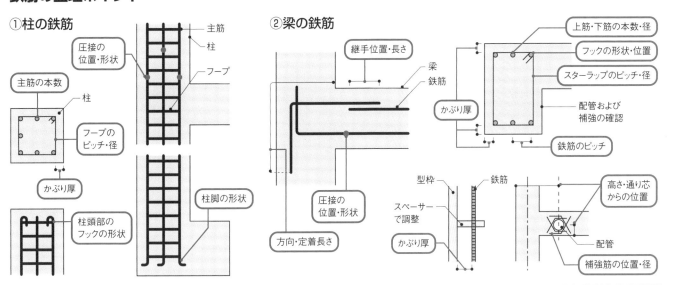

①柱の鉄筋

主筋 / 柱 / フープ / 圧接の位置・形状 / 主筋の本数 / 柱 / フープのピッチ・径 / かぶり厚 / 柱脚の形状 / 柱頭部のフックの形状

②梁の鉄筋

継手位置・長さ / 梁鉄筋 / 圧接の位置・形状 / 方向・定着長さ / かぶり厚 / 上筋・下筋の本数・径 / フックの形状・位置 / スターラップのピッチ・径 / 配管および補強の確認 / 鉄筋のピッチ / 型枠 / 鉄筋 / スペーサーで調整 / かぶり厚 / 高さ・通り芯からの位置 / 配管 / 補強筋の位置・径

# 建築基準法と構造規定

## 建築基準法では20条で建築物全体の構造強度に触れており、その他、各構造別でも基本書となる本がある

### 建築基準法の構造規定

建築構造に関する規定は、建築基準法と建築基準法施行令に定められ、告示がその内容を補完している。

建築基準法で建物の構造強度に関して触れている条文は、法20条だけである。法20条は、建物が耐えるべき荷重や外力の種類を例示し、建築物の区分に応じて必要な技術的基準に適合することを義務付けている。

法20条で適合することを義務付けられた技術的基準を具体的に規定しているのが建築基準法施行令である。

ただし、構造技術は日進月歩で発展しており、その都度すべての法文に反映することはできない。そこで、新しい技術的基準などについては、大臣が制定した告示で規定されている。

### 各構造別の基本書

構造関係の規準や指針は非常に多くある。各構造別に基本書と呼べるものがあるので、最低限それらは押さえておきたい。

構造関係の基本書として挙げられるのが、『建築物の構造関係技術基準解説書』（監修・国土交通省住宅局建築指導課ほか）である。建築基準法や建築基準法施行令、告示などの難解な条文を分かりやすく説明したものである。

木造では『木造軸組工法住宅の許容応力度設計』（監修・国土交通省住宅局建築指導課ほか）、鉄骨造では『鋼構造設計指針』（日本建築学会）を読んでおきたい。

『鉄筋コンクリート構造計算規準・同解説』（日本建築学会）は、鉄筋コンクリート造の部材の計算方法だけでなく、モデル化の方法や応力計算の方法まで記述されている。壁式の鉄筋コンクリート造では『壁式鉄筋コンクリート造設計施工指針』（編集・国土交通省国土技術政策総合研究所ほか）が基本書である。

他に、基礎について取り扱った『建築基礎構造設計指針』（日本建築学会）などがある。

## 主な団体が発行する構造関連の規準書

| 団体名 | 主な規準書 |
|---|---|
| 日本建築センター | 『建築物の構造関係技術基準解説書』『壁式ラーメン鉄筋コンクリート造設計施工指針』『壁式鉄筋コンクリート造設計施工指針』ほか |
| 日本建築学会 | 『鋼構造設計指針』『建築基礎構造設計指針』ほか各構造設計指針、『鉄筋コンクリート構造計算規準・同解説』ほか各構造計算の規準・同解説書 |
| 公共建築協会 | 『建築構造設計基準及び同解説』ほか |
| 各都道府県建築士事務所協会 | 『建築構造設計指針』ほか |
| 日本住宅・木材技術センター | 『木造軸組工法住宅の許容応力度設計』 |
| 日本建築防災協会 | 『木造住宅の耐震診断と補強方法』ほか |
| 日本鋼構造協会 | 『鋼構造物の疲労設計指針・同解説』ほか |
| 新都市ハウジング協会 | 『CFT構造技術指針・同解説』ほか |

法律以外にも、各団体が構造関係の規準を発行しており、構造設計の際には参考にする必要がある。写真は構造設計に必要な規準類を集めたもの。1つにまとめると人の背たけよりも高くなる量だ

## 建築構造に関する法規

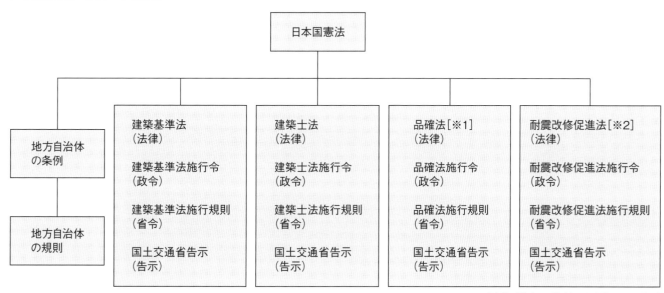

※1 正式名称は「住宅の品質確保の促進等に関する法律」
※2 正式名称は「建築物の耐震改修の促進に関する法律」

## 建築基準法の主な構造規定

| 条 | 主な内容 |
|---|---|
| 6条 | 適合性判定の義務化 |
| 18条 | 確認や検査に対する手続きや指針に関する内容規定 |
| 20条 | **構造耐力に関する規定、構造計算対象建築物の区分**<br><br>↓<br><br>具体的規定は建築基準法施行令81条で規定 |

## 主な建築基準法施行令

| 条 | 主な内容 |
|---|---|
| 36条 | 構造方法に関する技術的基準 |
| 81条 | **法20条各号に応じた構造計算基準の適用範囲**<br>（時刻歴応答解析の規定） |
| 82条 | **構造計算の手法**<br>①許容応力度計算<br>②保有水平耐力計算<br>③限界耐力計算 |
| 83～88条 | 荷重・外力の算出方法 |
| 89～94条 | 各種材料の許容応力度の算出方法 |
| 95～99条 | 各種材料の材料強度の算出方法 |

# 建築士法

## 建築士の資格は、1級、2級、木造、構造設計1級、設備設計1級の5種類。資格によって設計・監理可能な建物は異なる

### 建築士法とは

建築士法は、1950年に制定された法律で、「建築物の設計、工事監理を行う技術者の資格を定めて、その業務の適正をはかり、もって建築物の質の向上に寄与させること」（士法1条）を目的としている。

建築士法が定義する建築士の資格には、国土交通大臣の免許を受けて業務を行う1級建築士、都道府県知事の免許を受けて業務を行う2級建築士、木造建築士がある。資格によって、建築できる建物の規模や用途が制限される。学校や病院などの公共性の高い建物で500m²を超える建築や、延べ面積が1,000m²を超える建物などは、1級建築士でなければ設計・監理をすることができない。

公共性の高い建物で延べ面積が30m²を超えるものや階数が3以上の建物は、1級建築士か2級建築士でなければ、設計・監理ができない。上記以外の建築物で、延べ面積が100m²を超える建物の場合は、1級建築士、2級建築士、木造建築士でなければ設計・監理できない。

### 2007年の士法改正

耐震強度偽装事件を受けて、2007年に建築士法が改正された。

構造計算で建築物の安全性を確かめた旨の証明書を確認申請時に添付することになり、証明書の書式は、建築士法施行規則17条の14の2に定められている。

資格制度では、建築士法上の1級建築士の資格者であることを前提に、構造設計1級建築士の資格が新たに創設された。09年5月下旬以降、一定の条件を満たす建物の構造設計に構造設計1級建築士が関与することが義務付けられている。また同時に、設備設計1級建築士も創設された。

● 延べ面積
建物各階の床面積を合計したもの。延べ床面積と同じ

---

## 建築士でなければ設計・工事監理ができない建築物の規模・構造・用途（士法3条～ 3条の3）

| 延べ面積（S） | | 高さ≦13m　かつ　軒高≦9m | | | | | 高さ＞13m　または軒高＞9m |
|---|---|---|---|---|---|---|---|
| | | 木造 | | | 木造以外 | | すべて |
| | | 1階 | 2階 | 3階以上 | 2階以下 | 3階以上 | 構造・階数に関係なく適用 |
| S≦30m² | | 無資格 | | | 無資格 | | 1級のみ |
| 30m²＜S≦100m² | | 無資格 | | | 2級以上 | | 1級のみ |
| 100m²＜S≦300m² | | 木造以上 | | | 2級以上 | | 1級のみ |
| 300m²＜S≦500m² | | 木造以上 | | | 2級以上 | | 1級のみ |
| 500m²＜S≦1,000m² | 下記以外の用途 | | | | | | 1級のみ |
| | 特定の用途 | | | | | | 1級のみ |
| 1,000m²＜S | 下記以外の用途 | 2級以上 | | | | | 1級のみ |
| | 特定の用途 | | | | | | 1級のみ |
| 無資格：誰でもできるもの<br>木造以上：木造建築士、2級建築士、1級建築士ができるもの<br>2級以上：2級建築士、1級建築士ができるもの<br>1級のみ：1級建築士ができるもの<br>特定の用途：学校、病院、劇場、映画館、観覧場、公会堂、集会場（オーディトリアムのあるもの）、百貨店 | | | | | | | |

注　災害時の応急仮設建築物は誰でもできる

## 構造設計1級建築士の認定条件

1級建築士として5年以上の構造設計または設備設計に従事した後に、講習（構造設計、法適合確認に関する講義・修了考査）を修了した者

## 安全証明書

第四号の二書式（第十七条の十四の二関係）

構造計算によって建築物の安全性を確かめた旨の証明書

建築士法第20条第2項の規定により、別添の構造計算によって下記の建築物の安全性を確かめたことを証明します。

令和　年　月　日

（　）建築士（　）登録第　　　　　　　号
氏名

（　）建築士事務所（　）知事登録第　　　　　号
所在地
名　称
電話　（　）　　　　　　　番

委託者　　　　　　　　　殿

| 建築物の所在地 | |
|---|---|
| 建築物の名称及び用途 | |
| 建築面積 | ㎡ |

現在、構造計算書には安全証明書を添付している

出典）日本建築センター

## 構造設計1級建築士の関与が義務付けられている建築物

| 建築士 | 対象建築物 |
|---|---|
| 構造設計1級建築士 | ①1級建築士の業務独占に係る建築物［※1］のうち、構造方法について大臣認定が義務付けられている高さ>60mの建築物（法20条1号）<br>②ルート2、ルート3、限界耐力計算による構造計算を行うことにより構造計算適合性判定（ピアチェック）が義務付けられている高さ≦60mの建築物（法20条2号［※2］）<br>③上記①②の規模でも図書省略を受けた建築物と型式適合認定を受けた建築物は対象外 |
| ※1の建築物<br>（1級建築士の業務独占に係る建築物） | ①学校、病院、劇場、映画館、百貨店等の用途に供する建築物（延べ面積>500m²）<br>②木造の建築物　または　建築物の部分（高さ>13m　または　軒高>9m）<br>③鉄筋コンクリート造、鉄骨造等の建築物・建築物の部分（延べ面積>300m²、高さ>13mまたは　軒高>9m）<br>④延べ面積>1,000m²　かつ　階数≧2の建築物<br><br>注　上記のうち、法85条1・2項に定める応急仮設建築物を除く |
| ※2の建築物<br>（法20条2号に該当する建築物） | 高さ≦60mの建築物で以下のもの。<br>①木造の建築物（高さ>13m　または　軒高>9m）<br>②鉄筋コンクリート造の建築物（高さ>20m）<br>③鉄骨鉄筋コンクリート造の建築物（高さ>20m）<br>④鉄骨造の建築物（階≧4、高さ>13m　または　軒高>9m）<br>⑤積組造の建築物（階≧4）<br>⑥補強コンクリートブロック造の建築物（階≧4）<br>⑦柱間隔が一定以上ある建築物や耐力壁の少ない建築物等これらに準じるものとして国土交通大臣が指定したもの（平19国交告593号）<br><br>注　非木造建築物については、上記のうち、階数≧2または延べ面積>200㎡のものに限られる |

# 構造計算ルート

構造計算ルートという用語には「建築基準法の計算方法」と、
「耐震計算」の2通りの意味がある

## 2つの意味がある計算ルート

「構造計算ルート」という言葉は、法律用語ではない。しかし、構造関連の法令と密接にかかわっている用語なので意味をよく理解しておくべきである。

「計算ルート」という用語には、2通りの使われ方がある。

1つは、建築基準法で認められている計算手法(許容応力度計算、保有水平耐力計算、限界耐力計算、時刻歴応答解析)を指す場合である。「許容応力度計算ルート」「限界耐力計算ルート」のように使われる。

もう1つは、耐震計算と呼ばれる一連の構造計算の過程を指す。通常は、計算ルートというと耐震計算ルートの場合が多い。

## 耐震計算ルートとは

耐震計算とは、許容応力度計算(1次設計)と建物の規模などによって保有水平耐力計算(2次設計)が必要となる計算手法である。計算の過程には、令82条の各号に規定された計算手法に加えて、地震に対する安全性を確保するための規定が含まれている。建物の規模などによってルートは3つに分かれ、小規模から大規模になるにしたがって「ルート1」「ルート2」「ルート3」と呼ばれる。

各ルートで確認する項目は、木造やRC造など構造種別により若干異なるが、ほとんどは同じである。ルート1とルート2は許容応力度計算、ルート3は許容応力度計算+保有水平耐力計算となる。

申請業務では、ルート2・3を採用すると指定機関などによる構造計算適合性判定が必要になるが、ルート1では必要ない。

なお、木造の場合は許容応力度計算(ルート1)も行わない「壁量計算ルート」と呼ばれる構造計算のプロセスが認められている。

## 各設計ルートの考え方

| 設計ルート | 構造設計の考え方 |
|---|---|
| ルート1 | 小規模な建物で、十分な強度をもっているものが対象(RC造は、高さが20m以下という条件しかない)。部材の粘りなどについては特別な要求がない |
| ルート2 | 本来、ルート3で計算するべきだが、建物の高さがさほどなく(31m以下)、形状的にバランスがよいものについては、保有水平耐力を検討しなくても、十分な粘りと強度が確保されていることが検証されればよい |
| ルート3 | 最も基本的な計算ルート。高さが60m以下のすべての建物に適用し得るもの |

# 構造計算ルート

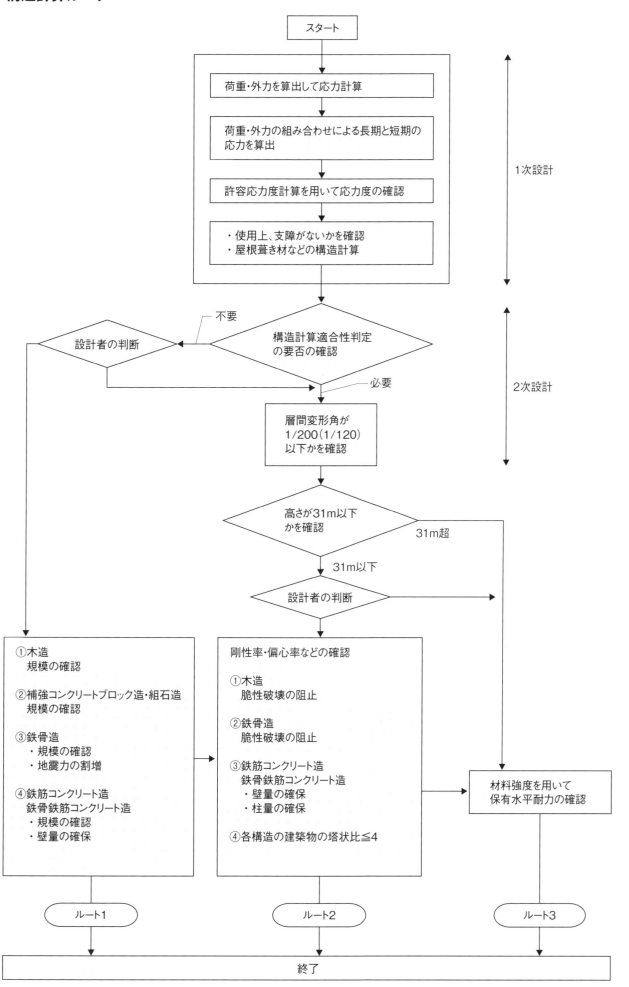

荷重と外力

構造の材料と仕組み

構造部材の設計

地震に負けない建築

構造設計の実務

構造計算の実務と法規

# 確認申請

確認申請では、構造計算書、構造設計図書、安全証明などを提出し、
構造の安全性を証明する必要がある

## 構造に関する確認申請業務

建物を建築する際は、工事着手前に確認申請書（設計図書などを含む）を行政や民間確認検査機関に提出しなければならない。計画が建築基準法に適合しているかの確認を受けることが、同法で義務付けられている（法6条）からである。また、2007年の法改正により、ある一定規模の建物または構造計算ルート2・3で安全性を確認した建物は、指定構造計算適合性判定機関による審査を受けなければならなくなった。

具体的な構造設計にかかわる確認申請業務は、構造計算書や構造設計図書の作成、安全証明などの書類を作成し、構造の安全性を証明することである。

書類を特定行政庁や民間確認検査機関に提出した後は、構造計算書や構造図に対する質疑が提出先から送られてくるので、それに対しての回答資料を作成し、建築主事（多くは代理の担当者）へ説明を行う。場合によっては、質疑内容について構造図や検討書を追加で提出する。

## 確認申請に派生する業務

構造関係の確認申請では、申請図書の作成から派生する業務もある。

確認申請では、担当機関や担当者によって構造設計に対する見解が異なることが少なくない。確認申請をスムーズに進めるためには、「建築行政情報センター」のホームページ（有料）などから構造関係の情報を事前に集めたり、必要に応じて行政や民間確認検査機関と事前協議をしなければならない。

建築基準法は、確認申請の一部として中間検査と完了検査を義務付けている。建築主事などが行うこれらの検査に立ち会い、申請図書と工事内容に食い違いがないことを説明することも確認申請に派生する構造関係の業務だといえる。

● 建築主事
建築確認申請の内容が建築基準法に適合しているかを審査する公務員。実際には区域担当者が代行し、最終チェックだけを行うことが多い

---

### 確認申請が必要な建築物（法6条）

| 適用区域 | 用途・構造 | 規　模 | 工事種別 | 確認期限 |
|---|---|---|---|---|
| 全国 | ①特殊建築物［※1］<br>（1号建築物） | 用途に供する床面積＞200m² | ・建築（新築、増築、改築、移転）<br>・大規模な修繕<br>・大規模な模様替（増築してその規模になる場合を含む）<br>・①への用途変更 | 35日以内 |
| | ②木造建築物<br>（2号建築物） | 下記のいずれかに該当するもの<br>・階数≧3<br>・延べ面積＞500m²<br>・高さ＞13m<br>・軒高＞9m | | |
| | ③木造以外の建築物<br>（3号建築物） | 下記のいずれかに該当するもの<br>・階数≧2<br>・延べ面積＞200m² | | |
| 都市計画区域<br>準都市計画区域<br>準景観地区<br>知事指定区域［※2］ | ④4号建築物 | 上記①②③以外の建築物 | 建築（新築、増築、改築、移転） | 7日以内 |

注　防火地域・準防火地域以外で、10m²以内の増築、改築、移転の確認申請は不要
※1　法別表第1（い）欄の用途の特殊建築物　　※2　都市計画区域・準都市計画区域は都道府県知事が都道府県都市計画審議会の意見を聴いて指定する区域を除く　準景観地区は市町村長が指定する区域を除く　知事指定区域は都道府県知事が関係市町村の意見を聴いて指定する区域

# 構造関係の確認申請の流れ

## ①法20条4号建築物

意匠設計者・構造設計者:構造設計図書

↓

構造審査なし

## ②法20条3号建築物

構造設計者:構造設計図書

↓

行政庁または確認検査機関:質疑
↓　↑
構造設計者:質疑内容の検討・回答・修正

↓

確認済書の交付

## ③法20条2号建築物

構造設計者:構造設計図書

↓

行政庁または確認検査機関:質疑
↓　↑
構造設計者:質疑内容の検討・回答・修正

↓（構造設計図書の送付）

適合性判定機関:質疑
↓　↑
行政庁または確認検査機関
:質疑内容の検討・回答・修正
↓　↑
構造設計者:質疑内容の検討・回答・修正

↓（適合性判定証明書を送付）

行政庁または確認検査機関

↓

確認済書の交付

## ④法20条1号建築物

構造設計者
:構造設計概要書（＋構造計算書）の作成

↓

指定性能評価機関
↓
委員会や部会:質疑
↓
構造設計者:質疑内容の検討・回答・修正

↓（性能評価書の交付・送付）

国土交通省:認定書の交付

↓

構造設計者:構造計算書・認定書・評価書をまとめ、提出

以下の流れは、2号建物と同じ

荷重と外力

構造の材料と仕組み

構造部材の設計

地震に負けない建築

構造設計の実務

構造計算の実務と法規

# 構造計算適合性判定

一定規模またはルート2・3で構造計算を行った建物は、
構造計算適合性判定機関による審査が義務化されている

## 構造計算適合性判定とは

2005年後半に耐震強度偽装事件が発覚し、従来の確認申請制度だけでは構造計算書の偽装などを見逃さず、厳格に審査を行うことが困難であることが判明した。構造計算適合性判定は、これをきっかけに08年6月の建築基準法改正で新設された制度である。

確認申請は、法令などに定める技術基準への適合性を審査するが、構造計算適合性判定は、一定規模またはルート2・3で構造計算を行った建物を対象に、高度な工学的判断を含む構造計算の適合性を判定する。具体的には、①工学的な判断を伴うモデル化の妥当性、②構造計算に適用した解析法・算定式の妥当性、③演算の適正さ(演算結果の信頼性)、の3点を中心に審査・判定する。

確認申請の判定は、特定行政庁の建築主事や指定確認検査機関が行う。一方、構造計算適合性判定は、各都道府県知事が指定した指定構造計算適合性判定機関が行う。指定構造計算適合性判定機関は、適合性を判定し、結果を記載した通知を特定行政庁や指定検査機関に交付する。特定行政庁や指定検査機関は、先に適合性が認められた建物に限り確認を行うことができる。

## 構造計算業務の流れ

判定を受ける際は、まず特定行政庁や指定確認機関に確認申請書と構造設計図書を提出し、それに対する質疑に回答するため追加・修正などを行う。その後、指定構造計算適合性判定機関に書類が送られ、判定される。

構造計算適合性判定のやりとり方法は機関によって異なる。ただしいずれの場合も、指定構造計算適合性判定機関が適正であると判定すると、書類は確認検査機関に戻され、最終的に確認を受けることになる。

## 確認申請と適合性判定の違い

| 確認申請の確認内容 | 適合性判定の確認内容 |
|---|---|
| ●図書および書類の記載事項が相互に整合しているかを確認<br>●設計者および監理者が建築士法により規定される建築士かを確認<br>●申請にかかわる建物が建築基準法に適合するかの審査(構造計算の確認審査など) | ●建築基準法に規定する基準に従った構造計算によるものに対してそれぞれ「判定すべき事項」について審査<br>●認定プログラムでは、使用条件が一致していることを確認<br>●認定プログラムの審査計算結果と構造計算書が一致していることを確認 |

## 構造適合性判定を要する建物の要件例

| 規模による区分 | 木造 | 高さ＞13m<br>軒高＞9m |
|---|---|---|
| | 鉄骨造 | ①地上階≧4<br>②地上階≦3<br>　・高さ＞13m<br>　・軒高＞9m |
| | 鉄筋コンクリート造 | ①高さ＞20m<br>②高さ≦20m<br>　・耐力壁や構造上主要な柱が一定量未満 |
| 計算方法による区分 | ①許容応力度等計算を行ったもの（ルート2）<br>②保有水平耐力計算を行ったもの（ルート3）<br>③限界耐力計算を行ったもの<br>④大臣認定プログラムにより構造計算したもの | |

## 判定のやりとり

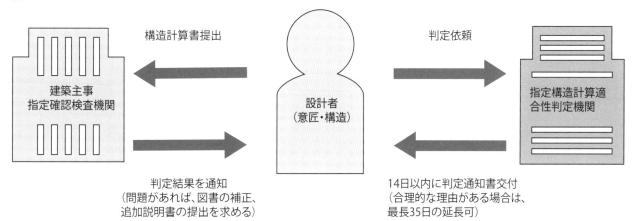

構造計算書提出

建築主事<br>指定確認検査機関

設計者<br>（意匠・構造）

判定依頼

指定構造計算適<br>合性判定機関

判定結果を通知<br>（問題があれば、図書の補正、<br>追加説明書の提出を求める）

14日以内に判定通知書交付<br>（合理的な理由がある場合は、<br>最長35日の延長可）

## 構造設計者とソフトオペレータの構造計算ソフトのフローの違い

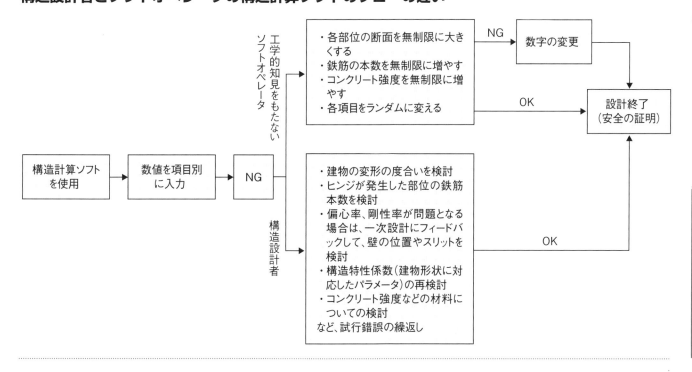

ソフトオペレータ<br>工学的知見をもたない

・各部位の断面を無制限に大きくする<br>・鉄筋の本数を無制限に増やす<br>・コンクリート強度を無制限に増やす<br>・各項目をランダムに変える

NG → 数字の変更

OK

設計終了<br>（安全の証明）

構造計算ソフトを使用 → 数値を項目別に入力 → NG

構造設計者

・建物の変形の度合いを検討<br>・ヒンジが発生した部位の鉄筋本数を検討<br>・偏心率、剛性率が問題となる場合は、一次設計にフィードバックして、壁の位置やスリットを検討<br>・構造特性係数（建物形状に対応したパラメータ）の再検討<br>・コンクリート強度などの材料についての検討<br>など、試行錯誤の繰返し

OK

# 索 引

〈著者略歴〉

江尻憲泰 ［えじり　のりひろ］

1962 年東京生まれ。 1 級建築士、構造設計 1 級建築士、JSCA 建築構造士。'86 年千葉大学工学部建築工学科卒業、'88 年同大学大学院修士課程修了。同年青木繁研究室入所。'96 年江尻建築構造設計事務所設立。現在、日本女子大学教授。

## 世界で一番くわしい建築構造 最新版

・・・・・・・・・・・・・・・・・・・・・・・・・・・・・・・・・・・・・・・・・・・・・・・・・・・・・・・・・・・・・・・・・・・・・・・・・・・

2022年6月3日　初版第 1 刷発行

| | |
|---|---|
| 著　者 | 江尻憲泰 |
| 発行者 | 澤井聖一 |
| 発行所 | 株式会社エクスナレッジ |
| | 〒106-0032　東京都港区六本木 7-2-26 |
| | https://www.xknowledge.co.jp/ |
| 問合せ先 | 編集　Tel：03-3403-1381　Fax：03-3403-1345／info@xknowledge.co.jp |
| | 販売　Tel：03-3403-1321　Fax：03-3403-1829 |

・・・・・・・・・・・・・・・・・・・・・・・・・・・・・・・・・・・・・・・・・・・・・・・・・・・・・・・・・・・・・・・・・・・・・・・・・・・